Joseph Andras

KANAKY

Auf den Spuren
von Alphonse Dianou

Ein Bericht

Aus dem Französischen
mit einem Glossar und einer Zeittafel
von Claudia Hamm

Carl Hanser Verlag

Die französische Originalausgabe erschien 2018
unter dem Titel *Kanaky. Sur les traces d'Alphonse Dianou. Récit*
bei Actes Sud in Arles.

1. Auflage 2021

ISBN 978-3-446-26913-2
© ACTES SUD, 2018
Alle Rechte der deutschen Ausgabe
© 2021 Carl Hanser Verlag GmbH & Co. KG, München
Karte S. 6–7: © Thierry Renard
Umschlag: Peter-Andreas Hassiepen, München
nach einem Entwurf von Actes Sud
Foto: © Alphonse Dianou in den 1980er Jahren, Familienarchiv
Satz: Greiner & Reichel, Köln
Druck und Bindung: CPI books GmbH, Leck
Printed in Germany

 MIX
Papier aus verantwortungs-
vollen Quellen
FSC® C083411

Also habe ich den roten Schal der Kommune, den ich durch tausend Widrigkeiten hindurch gerettet hatte, in zwei Hälften geteilt und ihnen eine zur Erinnerung geschenkt.

LOUISE MICHEL
In Neu-Kaledonien (1898)

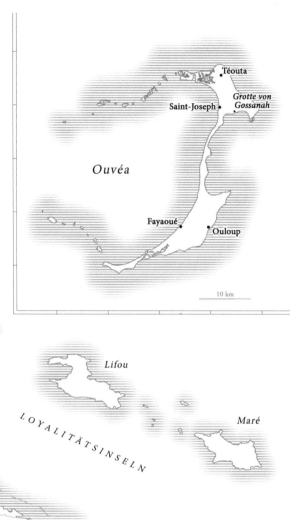

VOM MENSCHEN ERZÄHLEN, von dem erzählt wird, er sei keiner mehr. Den Kipppunkt erfassen, den Moment, an dem die Spezies ihre Maske fallen lässt und sich mit sabberndem Maul und sprießendem Fell davonstiehlt. An die Grenze gehen, die Markierung ausmachen, die Seele derjenigen von uns ausloten, die in Ungnade gefallen sind, die degradiert und deklassiert wurden. »Die Barbarei dieser Menschen, falls man sie überhaupt als solche bezeichnen kann«, sagte irgendwann irgendein französischer Staatspräsident, damals noch Premierminister, über die, die für die Unabhängigkeit ihres Archipels zur Waffe griffen. Ja, sicher, es ist Blut geflossen, und der Kampf ist verloren, wenn Fleisch zerfetzt wird, um sich durchzusetzen, und sei es, um ihn zu gewinnen; ja, es ist Blut geflossen, nachdem über ein Jahrhundert lang schon so viel geflossen war, weil einige es als neue Hausherren und Sittenwächter für angebracht hielten, ihre Fahne zu hissen, als pisse man in eine Ecke.

Einer dieser »Barbaren« hat irgendwann mein Interesse geweckt. Warum gerade er? Ein Gesicht hilft, eine Vision zu umreißen, eine Geschichte trägt Die Geschichte. Das mag willkürlich sein, sicher, ungerecht, ja wahrscheinlich, doch unser Mensch wird nur verständlich, wenn man seine Angehörigen anhört, zumal in diesen Gegenden, wo das Wort *ich* wie ein Schimpfwort klingt.

Der Journalist erforscht, der Historiker erklärt, der Aktivist erwirkt, der Dichter ergreift; bleibt dem Schriftsteller, seinen Weg zwischen diesen vier Brüdern zu suchen: Er hat weder die Vorbehalte des Ersten, noch den Abstand des Zweiten, weder die Überzeugungskraft des Dritten, noch das Feuer des Vierten. Er hat nur seine Ellenbogenfreiheit und seine unverhüllte Sprache, sein Hin und Her und manchmal Stolpern zwischen Gewissheiten und Gerüchten, innerem Aufschrei und Urteil, Tränen in den Augen und dem Schatten der Bäume.

1 Von der ersten Sekunde an, da ich seinen Vornamen radebreche, weist er mich zurecht. »Ihr Z'oreilles könnt das nicht aussprechen!«, knurrt Pierre – Umun auf Drehu – in den Bart, den er nicht hat. Sein kurzes Haar ist verwegen weiß, sein Oberkörper nackt, die Shorts schwarz. Er breitet die Wäsche, die er im Brunnen auf dem Hauptplatz gewaschen hat, über die Wedel einer Kokospalme. Ein zerschlissener Rucksack, aus dem eine Dose Number-One-Bier heraussteht, wartet am Baumstamm. Die Vögel tun, was sie am besten können, wenn sie nicht gerade fliegen, sie singen, und ich frage Pierre, an dem alles so aussieht, als lebe er von der Hand in den Mund – ich werde später noch einmal auf ihn treffen und auch dann nicht viel mehr aus ihm herausbekommen –, ob die Wäsche trockne wie gewünscht. Blöde Frage, Sonne sei Dank, aber man soll ja auch mit Unbekannten reden.

Er kommt auf mich zu und setzt sich zu meiner Rechten. Und fragt mich aus dem Nichts, was ich von den Überlegungen Freuds zur Unterdrückung sexueller Instinkte halte, wie er sie in *Das Unbehagen in der Kultur* beschreibt. So aus dem Stand nicht sehr viel. Sein Körper ist hager, seine Wangen zerfurcht – er hat die sechzig sicher schon hinter sich. Ob ich wisse, fragt er, ohne sich um irgendwelche Zusammenhänge zu scheren, was ein Kanak sei? Durchaus. »›Neukaledonien‹, das klingt schon nach Kolonie; ich hoffe, du bist nicht wegen der Strände hier!«, pfeift er durch die Zähne und zündet sich eine Zigarette an. »Ich war immer für die Unabhängigkeit«, setzt er nach und bietet mir ein Bier an, das ich ablehne, was dem Schelm ohne Lächeln nicht unrecht ist, »hast du ein Problem damit?« Absolut nicht. Deswegen bin ich sogar hier – nachdem ich mich über ein Jahr lang auf diese Reise vorbereitet habe. Er schweigt, staunt: Wie ich denn von ihnen gehört hätte, über zweiundzwanzigtausend Kilometer hinweg? Das erste Mal vor vielleicht zehn Jahren, in Büchern, die junge Menschen prägen wie Reisen: von Louise Michel, der Anarchistin, und den Kommunarden, die 1871 deportiert wurden, nachdem sie, wie Marx so schön sagte, zu »Himmelsstürmern« geworden waren … Er begreift. Und knüpft an: »Wir Kanak* haben eine Kultur, wir haben traditionelle Werte. Überzeitliche Werte! Die Demokratie des französischen Staats ist uns schnurz, wir haben unsere eigenen Institutionen. Aber manches, was der Kolonialstaat mitgebracht hat, ist auch brauchbar: die Clique von Voltaire und Montesquieu zum Beispiel. Das ist wichtig. Wir können uns nicht in unser kleines Kanakentum verkriechen. Das geht nicht.«

Ein paar junge Melanesier führen nicht weit von uns ein Gespräch, manche auf dem Rasen, manche auf Matten liegend. Ein Bus fährt an. Ein asiatischer Restaurantbesitzer mit rundem Kopf und Nickelbrille öffnet die blauen Türen zu seiner Garküche. Pierre bläst Rauch aus. »Wenn wir unsere traditionellen Werte verteidigen wollen, müssen wir uns dem Universellen öffnen. Man muss ein Teil der Dinge sein. Wenn

---

* Die Unabhängigkeitsbewegung beschloss im Jahr 1984, dass die Bezeichnung »Kanak« (eine Ableitung des im Zuge der Kolonisierung eingeführten hawaiianischen Begriffs »canaque«) undekliniert gebraucht wird – die vorliegende Erzählung folgt dieser Regelung.

du dich nicht auf die historischen Veränderungen des Universellen einstellst, läufst du Gefahr, deine eigenen Werte zu verlieren. Ich weiß nicht, ob du weißt, was ich meine.« Zwei oder drei Männer spielen auf einem grobgefugten Mäuerchen Schach, andere Boules. Kinder beginnen mit einer verbeulten Wasserflasche ein Fußballmatch. Ich weiß genau, was er meint.

Am 22. April 1988 stürmten ein paar Dutzend Unabhängigkeitskämpfer mit Stich- und Schusswaffen eine Gendarmerie auf dem Ouvéa-Atoll. Vier Militärangehörige verloren ihr Leben bei dem, was eigentlich als Geiselnahme ohne Opfer geplant war, um das Mutterland, das seit den Wahlen zwei Jahre zuvor von François Mitterrand in Kohabitation mit Jacques Chirac regiert wurde, in die Knie zu zwingen. Ein Fiasko: Die in drei Gruppen aufgeteilten Gendarmen wurden von Kanak, die bereits aktiv vom Staat gesucht wurden, überstürzt an für sicher gehaltene Orte gebracht – eine Gruppe in den Süden des Atolls, die beiden anderen, die bald zusammengelegt wurden, in die »heilige« Grotte von Watetö. Über zehn Tage Gefangenschaft. Schließlich ein Sturmangriff von seltener Gewalt: über siebzig Soldaten für dreiundzwanzig Gefangene, von etwa dreißig Unabhängigkeitskämpfern sterben neunzehn, zudem zwei Soldaten, aber nicht eine Geisel.

Den Papieren nach alles Franzosen.

»Die Sache mit der Grotte von Gossanah«, erklärt Pierre, »ist die logische Folge von allem, was seit 1878 passiert ist. Sie ist Teil der Geschichte.«

1878 heißt: der von Ataï, dem »Oberhäuptling« der Komalé, angeführte Aufstand der Kanak gegen das Kolonialregime – Loyalisten erschlugen den Krieger mit einer Axt.

»Versteh mich richtig, ich spreche vom französischen Staat als imperialistischem Kolonialstaat, nicht vom französischen Volk, das ich schätze. Und dessen Kultur ich liebe.«

Der Anführer der Geiselnahme hieß Kahnyapa Dianou. Mit Taufnamen Alphonse. Unter diesem wird er zumeist auch erwähnt, und mit diesem versuche ich mir den achtundzwanzigjährigen jungen Mann in all den Monaten vorzustellen, in denen ich Frankreich nach allen verfügbaren Informationen über ihn absuche – doch die sind spärlich. Auch wenn es an Berichten zur Erstürmung der Gendarmerie nicht mangelt, rutscht die Person außerhalb der ihr gewöhnlich – je nach Laune und oft auch Hautfarbe – zugeschriebenen Attribute »Terrorist« oder »Märtyrer« durch die groben Maschen der Erinnerung.

Auch von seinem Gesicht kaum eine Spur: hier ein Medaillon mit einem Porträt auf seinem Grab, dort ein Foto, auf dem er mit verwundetem Bein ausgestreckt auf einer Bahre liegt. Umso mehr trage ich dieses Bild mit mir herum und schaue es immer wieder an – ohne recht zu wissen, ob es mir wohl irgendwann gelingen wird, in das schlagende und sich durchschlagende Herz hinter der harten Schale des Sozialisten in khakifarbener Jacke zu dringen oder ihm auch nur näherzukommen.

Und Alphonse Dianou?, taste ich mich vor.

»Alphonse ist wie ein Sohn.«

Und plötzlich bricht Pierres Stimme. Seine Lippen zittern und bringen keinen Ton mehr heraus, seine Augen werden trübe, dann feucht. Er wird laut – ich meine sogar, er schreit: »Er lebt weiter! Er ist dem französischen Imperialistenstaat auf die Nüsse gegangen! Dem westlichen Imperialistenstaat! Das ist ein Mann! Der hatte 'n Arsch in der Hose! Um die Gefangenen aus der Bastille zu befreien, braucht man Eier, Dianou hatte welche! Das ist dieselbe Geschichte!« Pierre hat ihn nie kennengelernt, er ist ihm nicht einmal begegnet, doch er spricht von ihm wie von einem Verwandten, dessen Verlust eine Wunde hinterlassen hat, die auch nach drei Jahrzehnten noch offensteht.

»Die waren ganz allein in der Grotte – selbst die Befreiungsfront hat sie im Stich gelassen! Wären sie weg von dort, wären sie zu Alphonse gegangen ... Sind sie aber nicht. Ein zwanzigjähriger Kanak heute weiß das alles nicht. Denn es wird alles dafür getan, damit die Geschichte nicht weitererzählt wird. Und ich rede nicht mal von den Weißen, selbst unter uns ist das inzwischen tabu!«

Pierre macht eine zweite Dose auf, vielleicht ist es auch schon die vierte. Er beruhigt sich. Und fährt fort: »Ich bin sechsundsechzig, und ich boykottiere aktiv das für 2018 geplante Referendum! Genau wie die Abkommen von Matignon und Nouméa. Wir wissen genau, dass solche Wahlen die französische Herrschaft nur festigen. Da ist Tahiti, Wallis, Futuna ... Wir sind im Pazifischen Ozean, alles rund um uns herum ist angelsächsisch. Da wird Frankreich seinen Einfluss in der Region doch nicht aufgeben! Niemals!«

Er steht auf, und so plötzlich, wie er sich zu mir gesetzt hat, läuft er nun zu den Schachspielern auf der anderen Seite der Parkallee. »Ein rassistisches Spiel«, lacht er noch, bevor er mir den Rücken zukehrt: »Weiße gegen Schwarze.«

Ich bin gerade in Nouméa angekommen.

2 Auch als leichte Brise fordert der Wind die Erhabenheit der Palmen heraus; ein Frachter, mit straffen Tauen an die Poller gebunden, schluckt die Fliegen vom Quai; der Himmel ist von einer Bläue, die ihm niemand abzusprechen wagte; das glatte Meer spiegelt die Liebe, die der Mensch ihm entgegenbringt. Ein Kanak sitzt auf einer Kiste und angelt. Ich laufe durch den Hafen, an aufgestapelten Containern entlang, sicher dieselben, die ich auch an den rauen Rändern von Le Havre gern betrachte.

Die Straßen huldigen unverblümt der Weltmacht: Clemenceau, Foch, Anatole France, Schlacht an der Somme, Austerlitz … »Die wird man irgendwann mal umbenennen müssen«, erklärt mir später ein Unabhängigkeitsbefürworter, wobei er van Gogh behalten will, wenn Jules Ferry beseitigt werden soll (»Alles Typen, die wir nie gekannt haben!«, ergänzt ein anderer). Zwei junge Frauen haben sich Blumen in die Haare gesteckt; eine Menge Melanesier in ihrem Alter tragen Militärhosen, um den Kopf ein Sweatshirt gewickelt, an den Füßen Sandalen. Von einer gelenkigen Hebebühne aus wird im Stadtzentrum der Weihnachtsbaum geschmückt: mit Girlanden und allem Drum und Dran; in diesen Breiten hüllt sich der Winter in Sonnenstrahlen.

Ich nehme an einem kleinen Marktstand Platz, einen Kaffee und meine Notizen zur Hand, tief in der Tasche Pazifik-Francs. Mit gerunzelter Stirn studiert ein Rentner das Morgenblatt, die beschürzten Kellnerinnen machen sich in der Hitze der Grills zu schaffen. Litschis, Zitronengras, Taroknollen, Yamswurzeln, Süßkartoffeln, grüne Chilis, Ananas, Maracujas, Maniok, »schöne fette Meerbarben«, Langusten, Zackenbarsche und »frisch gefangene Shrimps«: das Lärmen der Marktstände. Ich sitze neben einem Kanak mit Dreadlocks und Baseballcap und denke an einen Neffen von Alphonse Dianou, Iabe, den ich vor zehn Monaten abends in einer schlecht beleuchteten Pariser Kneipe in der Nähe von Bastille traf. Ich denke an unsere ersten Mailwechsel und seine ausgeprägte Direktheit – »du kannst über Alphonse Dianou und den Unabhängigkeitskampf der Kanak nicht ohne deren Zustimmung und Beteiligung schreiben. Vielleicht erlaubt die Fiktion solche Freiheiten, aber die Realität verlangt, dass man sich abstimmt, denn der Kampf geht weiter« – und seine einzigartige Art, wie er am Tisch im Halbdunkel des Raums seine so langen Hände bewegte, während er ernst und bestimmt, ohne das geringste Zittern in der Stimme und mit bohrendem Blick zu mir sprach. Er berichtete mir von seinen heftigen Vorbehalten zu Beginn – »wir müssen unsere Geschichte selber schreiben« – und davon, wie er nach einem Gespräch mit seiner Tante, Alphonse Dianous Schwester, seine Meinung geändert hatte. »Sie sind weder Kanak noch Caldoche[*], also kann man Ihnen zumindest nicht vorwerfen, parteiisch zu sein.«

---

[*] Diese Bezeichnung wird lebhaft diskutiert. Die aus Europa stammenden weißen (bzw. manchmal auch ethnisch gemischten) Bewohner Neukaledoniens werden im Allgemeinen »Caldoches« genannt bzw. in jüngerer Zeit »Kaledonier«, da der erste Begriff als kultureller zwar anerkannt, von den Betreffenden aber als abwertend empfunden wird. Weil »Kaledonier« jedoch auch melanesische – also kanakische –, polynesische oder asiatische Wurzeln haben können, wird zum Zweck eines besseren Verständnisses für Einwohner mit europäischen Wurzeln in diesem Buch dennoch und ohne jede Nebenbedeutung die Bezeichnung »Caldoches« verwendet.

Er erklärte mir, wenn die politische Situation es erfordere, sei er jederzeit bereit, in seine Heimat zurückzukehren, die entschlossensten seiner Landsleute würden schon mitmachen – zweifellos bei der Revolution. Denn ja, der Kampf geht weiter. Ich hatte gespürt, wie sehr er mich taxierte und versuchte, meine Motive und Gedanken zu ergründen, wahrscheinlich aus Angst, ich könne auch düsterere hegen, und ich konnte ihn gut verstehen: Politik verlangt Vertrauen, nicht Blauäugigkeit. Mir war klar, dass eine mögliche Absage von ihm bedeutet hätte, mein Vorhaben aufzugeben. Doch Iabe hörte mir zu, wie nur wenige zuhören: Sein Schweigen hatte nicht den geringsten Anstrich von Erwartung – diesen grellen, nur allzu bekannten, wenn der andere nur darauf wartet, selbst das Wort zu ergreifen, und dafür sogar in Kauf nimmt, es dem Vorredner abzuschneiden –, nein, sein Schweigen hatte einfach im Raum gestanden, mit seinem ganzen Gewicht.

Iabe hatte mir jene jungen Exilanten aus den Kolonialgebieten in Erinnerung gerufen – eine Erinnerung, die bei mir aus zusammengestoppelten Lektüren und Bildern besteht –, die nach dem Zweiten Weltkrieg in ich weiß nicht welchem Pariser Arrondissement wohnten und jenem Funken nachjagten, jenem Bruch mit der alten Welt, jener Sekunde, in der für den alles kippt, der an eine Neugeburt glaubt. Ich hatte an Nguyen Ai Quoc gedacht – den späteren Hồ Chí Minh, mit dessen Porträt ganz Vietnam tapeziert war, als ich das Land einmal bereiste und dabei seine Gefängnisgedichte las – und wie dieser zwischen Bibliotheken und Zellen der französischen Sektion der Arbeiter-Internationale hin und her gelaufen war, Aufrufe verfasst und mit allem verkehrt hatte, was die schöne Gastgeberin und Folterhure Frankreich an Dickschädeln zu bieten hatte.

Danach traf ich Iabe mehrmals wieder. Ohne dass er eine große Zeremonie daraus gemacht oder irgendwelche Spielchen getrieben, mich auf die Probe gestellt oder große Reden geschwungen hätte; er erwähnte nur die Verantwortung, die jetzt in meiner Hand liege, und betonte – beim Zubereiten von (verkochten) Nudeln in einer kleinen Wohnung, in der die Fahne der Unabhängigkeitsbewegung prangte –, dass uns in diesen vier Wänden Alphonse Dianous Geist umgebe und dass man Begegnungen im Leben nicht zufällig mache, nie.

Die Nacht bricht über Nouméa herein.

Ein paar betrunkene Kanak, noch Schüler, ziehen unterhalb eines Hügels herum. Einer von ihnen schlägt auf den Rollladen eines geschlossenen Geschäfts. Ein anderer sitzt reglos auf einer Treppenstufe, den Kopf in die Hände gestützt. Ein junges Mädchen in halblangen Shorts und Flipflops fragt mich, woher ich käme, sie selbst sei melanesisch-japanische Mestizin und hoffe, irgendwann auch mal »nach Frankreich« zu kommen.

3 Kötrepi (sprich Ketschepi) geht auf die fünfzig zu und hat kurze, graue Haare und einen langen, weißen Bart. Als Mitglied der Kanakischen Befreiungspartei, der in seiner Jugend – von der er offenbar nichts verloren hat – den Spitznamen Gavroche trug, spricht er mal belustigt, mal gezielt von »Leuten aus dem Volk« und »Geldsäcken«. 2018er-Referendum hin oder her, die jungen Leute müssten auf die Unabhängigkeit vorbereitet werden. Kötrepi arbeitet in der Biolandwirtschaft und war bei der Besetzung der Gendarmerie dabei – in den berühmten Monaten April und Mai 1988 versorgte er die Entführer und Geiseln in der Grotte von Watetö mit Lebensmitteln. Am Steuer seines Wagens sitzend zeigt er mir das Kreis-A, das Symbol der Anarchie, das er sich am Vortag, oder war es der davor, egal, auf den Knöchel gemalt hat.

Wir setzen unseren Weg zu Fuß fort, im Vorbeigehen pflückt er ein paar Blätter von einem Strauch, über den ich nichts weiß, außer dass er Dämonen und böse Geister fernhalten soll.

»Hier, die musst du kauen.«

Auf einer Anhöhe zwischen Baumkronen steht eine Statue von Jean-Marie Tjibaou, dem Sozialisten und führenden Kopf der kanakischen Unabhängigkeit, der 1989 von einem ehemaligen Pfarrer ermordet wurde, aus Kötrepis Tribu (sprich Tribü). Gavroche legt ein paar Sous zu seinen Füßen. Eine symbolische Geste, der man im Alltag der Kanak allerorts begegnet und deren Sinn es ist, bei entsprechenden Anlässen – Treffen,

Einladungen, Festen, Gedenkfeiern – mit Worten und Gaben seine Ehrerbietung zu erweisen: *faire la coutume*. Eine allgemeine Bezeichnung, die ursprünglich von den Europäern benutzt wurde, um das politische, philosophische und spirituelle melanesische System zu beschreiben, und die später von den Kanak in ihre Alltagssprache übernommen wurde. Die Coutume, erklärte seinerzeit Tjibaou, sei das, was das Volk der Kanak »von der technischen, ökonomischen und kommerziellen Welt« unterscheide – Kötrepi respektiert Jean-Marie Tjibaou »wie einen großen Bruder«, vertraut er mir an.

Doch auch wenn der Mitunterzeichner des Matignon-Abkommens durch die Erinnerungen geistert, stehen ihm nicht alle Herzen offen: Als entweder hochverehrter oder verfluchter Gegner der Frankreichtreuen gilt er den einen wegen seiner Kompromisslosigkeit als Held, den anderen dagegen als Renegat, dem man vorwirft, er habe die Kämpfer in der Grotte im Stich gelassen und mit der Unterzeichnung besagten Abkommens die Unabhängigkeit verschleudert – denn dieses fordert »einen dauerhaften Frieden«, der sowohl »auf Koexistenz und Dialog gegründet« ist »als auch auf die gegenseitige Anerkennung der Identität und Würde aller Bevölkerungsgruppen«.

Eine Mitte der 1990er Jahre erschienene Sammlung von Schriften und Interviews von und mit ihm hatte mich bei meinen Vorbereitungen begleitet. Als ich ihrem bronzenen Autor gegenüberstehe, fallen mir drei Sätze wieder ein: »Der Kampf für die Freiheit der Kanak ist, trotz der Sonne, ein harter Kampf. Er ist wie der von David gegen Goliath, wobei sich in diesem Fall David einen Weg durch den Busch schlagen muss, um gegen einen Goliath zu kämpfen, der alle Mittel und Wege hat, der Hubschrauber und Gewehre hat, der einfach alles hat. Doch wir, wir haben das Recht dazu.«

Die Hauswand eines lokalen Polizeichefs, lese ich in *Les Nouvelles calédoniennes* (zu 180 Francs), sei in Païta, auf der westlichen Seite der Südprovinz von Grande Terre, mit einem Graffito besprüht worden: »Landräuber«. Ein ehemaliger Hafenarbeiter – der »meistgesuchte Mann des Landes« – sei außerdem flüchtig: ein Spross der Tribu Saint-Louis, der auf der Insel berüchtigt ist für seine Ausweichmanöver, Fallen und mindestens konfliktuösen Beziehungen zu den Ordnungskräften. Der Bandenführer und Familienvater mit dem Spitznamen Banane beteuert, er habe zur Waffe gegriffen, um den Tod eines jungen Kanak zu rächen, der am Steuer eines Transporters durch die Kugeln eines Gendarms starb, von dem es heißt, er habe direkt auf ihn gezielt.

»Wir wissen doch, was das bei denen heißt, ›Notwehr‹«, kommentiert Kötrepi skeptisch und ein wenig müde.

Die Trikolore war gerade am Mast der Gendarmerie von Fayaoué im Süden des Ouvéa-Atolls gehisst worden. Zur Kaserne gehörten drei feststationierte Gendarmen, ein mobiler und siebenundzwanzig weitere, die im Frühjahr 1988 zur Verstärkung aus dem Mutterland geholt worden waren.

Die Gendarmen waren dabei, zu frühstücken, zu schlafen, Muscheln zu putzen, zu schreiben, zu diskutieren oder sich zu waschen. Ihre Frauen hatten die Kinder zur Schule gebracht und waren gerade zurückgekommen. Es war noch nicht einmal acht Uhr (das heißt im Mutterland zweiundzwanzig Uhr des Vortags), als vier Kanak das Büro des Brigadeführers betraten – worüber sich niemand wunderte, denn die französischen Militärpolizisten kauften oft Langusten und frischen Fisch von den Kanak. Doch an diesem Freitag, den 22. April 1988, dem Tag vor dem ersten Durchgang der Präsidentschaftswahlen, hatte man andere Sorgen als Festgelage: statt der üblichen Begrüßungen und Scherze Schreie und Messer. »Ihr seid Gefangene«, rief einer der Kämpfer. Tränengas spritzte, eine Schlägerei folgte, ein Leutnant der mobilen Gendarmerie schoss; ein direkt in den Kiefer getroffener Kanak brach zusammen, nachdem er den Schützen mit einer rotstieligen Axt schwer am Schädel verletzt hatte.

Panik auf beiden Seiten: Die vom Front de libération nationale kanak socialiste FLNKS *– Kanakische sozialistische Front der nationalen Befreiung – veranlasste und in deren Auftrag von Alphonse Dianou angeführte Operation war nicht als Blutvergie-*

ßen gedacht gewesen. *Die Gendarmerie besetzen und mit einer Geiselnahme Druck auf die imperialistische Politik des französischen Staats ausüben, das ja, aber ohne irgendjemandes Leben zu gefährden.* Ziel der Aktion war vor allem, die örtlichen Regionalwahlen zu torpedieren, die auf Druck der kaledonischen Rechten mit den Präsidentschaftswahlen zusammengelegt worden waren, und damit das nach Chiracs Minister für Überseegebiete benannte »Pons-Statut II« Nr. 88–82 vom 22. Januar zu verhindern. Ein Gesetz, das die Regionalwahlen umorganisieren und das Territorium zum Nachteil der Kanak neuaufteilen sollte: »Dieses Statut schaufelt unserem Volk das Grab«, erklärte Jean-Marie Tjibaou wenige Tage nach der Erstürmung der Grotte.

»Der da hat geschossen!«, schrie man auf der Seite der Kanak.

»Zu den Waffen!«, hallte es von der anderen wider.

Eine Gruppe von Unabhängigkeitskämpfern brach durch den Haupteingang, eine zweite überwand ein Absperrgitter, eine dritte sprang über einen Zaun: Die Gendarmerie war umzingelt. Wie viele waren sie? Etwa dreißig, schätzte die Liga für Menschenrechte; knapp fünfzig, behauptete einer der Gendarmen in einem schriftlichen Bericht; um die sechzig, mutmaßte der Sonderkorrespondent Henri Weill.

Dem Hauptfeldwebel gelang es, ein SOS zu funken, ein Gendarm rannte los, um sich sein Dienstgewehr zu schnappen, andere versteckten sich im Raum mit dem Stromaggregat, die Waffenkammer wurde von den Unabhängigkeitskämpfern geplündert – die meisten trugen Tücher oder Sturmhauben über dem Gesicht, manche hatten Messer oder Jagdgewehre dabei. Schüsse von beiden Seiten. Verwirrung. Alles ging schnell, zu schnell; noch heute, egal von welcher Seite, gibt es keine stringente Erzählung, die rundum lückenlos und schlüssig wäre. Sechs-

undzwanzig Gendarmen ergaben sich, die Kämpfer befahlen ihnen, sich auf dem Hof auf den Bauch zu legen, dann banden sie sie im Regen paarweise aneinander.

Auch wenn die Nachrichtendienste der Polizei wussten, dass die Nummer zwei des FLNKS *gerade nach Ouvéa aufgebrochen war, und ihnen seit März bekannt war, dass es zu gewaltsamem Widerstand kommen könnte, beteuern die Gendarmen von Fayaoué später, sie hätten nichts dergleichen kommen sehen. »Die friedliche Hausbesetzung«, wie sie von jenen, die die Offensive geplant hatten, immer wieder genannt wurde, hatte sich in ein Drama verwandelt: Drei Gendarmen verloren ihr Leben, ein weiterer erlag später seinen Verletzungen, und die Aufständischen sahen sich plötzlich gezwungen zu improvisieren – und schleunigst zu verschwinden. Ein anonymer mobiler Gendarm erinnert sich 2011 an die überraschende »Ruhe« von Alphonse Dianou: Er habe die Gruppe wie ein »echter kleiner Warlord« angeführt.*

»Herr Präsident, welche Zukunft halten Sie uns offen? Werden wir die Letzten der Mohikaner im Pazifik sein, so wie es auch die letzten Tasmanier gegeben hat? Sie wissen, dass das Volk der Kanak sich immer geweigert hat, als archäologisches Relikt der Weltgeschichte betrachtet zu werden. Erst recht wird es sich weigern, eines der französischen Kolonialgeschichte zu sein. […] Die öffentliche Meinung Frankreichs reagiert empfindlich auf die Massaker in Palästina und im Gaza-Streifen. Erinnern Sie die Franzosen bitte daran, dass in ihrem eigenen Land, einem Land am Ende der Welt, das sie Frankreich nennen, die Situation die gleiche ist wie in den besetzten Gebieten«, hatte Tjibaou eine Woche zuvor Mitterrand in einem offenen Brief gewarnt.

Dreizehn Tage später wird der Befehl zum Sturmangriff gegeben.

4 »Warum soll ich glauben, dass Sie uns nicht genauso verraten werden wie alle anderen?«, fragt mich Alphonse Dianous Sohn, der auf der Terrasse einer Bar am Yachthafen links neben mir sitzt. Darewa ist dreißig, hat zwei Kinder und eine Anstellung als Wachmann bei einem Supermarkt. Hohe Gestalt, breite Schultern, gerunzelte Stirn, dichter Bart und verschlossene Züge: ein abweisendes Profil. Er trägt eine Camouflage-Hose, ein Lächeln wird man von ihm nicht bekommen. »Noch ein kleiner Kanak, der sterben musste«, sagt er über den Fahrer, der von dem Gendarm erschossen wurde.

Ich treffe seine Mutter Hélène, eine Altenpflegerin für pensionierte Caldoches und Kontinentalfranzosen, und mache die Coutume: Ich halte eine Ansprache und reiche ihr eine Schachtel Tee, ein Tischobjekt und einen Manou, ein pareoartiges Stück Stoff, wie man es bei solchen Anlässen üblicherweise verschenkt. Sie ist äußerst sanft und diskret, ihr Blick verheißt Wohlwollen. Die aschgrauen Haare sind zurückgebunden; zwei goldene Ohrringe rahmen ihr ovales, von ein paar Sommersprossen geziertes Gesicht. Sie trägt ein mit großen Motiven bedrucktes Kleid und spricht leise und beherrscht, doch sobald es um ihren verlorenen Mann geht, können die Augen ihre Gefühle nicht verbergen.

Ohne ihre Zustimmung werde ich nicht weitermachen und unverrichteter Dinge zurückfahren. Ich bemühe mich, mein Vorhaben und meine Absichten darzulegen: Ich möchte verstehen, wer Alphonse Dianou war, über die Geiselnahme hinaus, die hinreichend dokumentiert ist; ich möchte begreifen, was ihn angetrieben hat; ich möchte mit dem Lebensweg eines Einzelnen von einem kollektiven Kampf erzählen, der uralte Wurzeln hat; ich möchte denen das Wort erteilen, um die es hier in erster Linie geht, und nur ein Band sein, ein Erzähler, der nach Möglichkeit die weiterexistierenden, aber auch die vergessenen Teile der Geschichte birgt; ich möchte die Gedächtnisse unserer beiden Welten verknüpfen, und sei es nur mit einem dünnen Faden: das ihres gedemütigten Kanakys und das meines vergesslichen Frankreichs.

»Das ist eine offene Wunde, die blutet innen weiter«, erklärt Darewa, zündet sich eine Zigarette an und führt sie an seine zusammengepressten Lippen. Er weiß nicht recht. Kann mir so aus dem Stand keine Antwort geben. Und erinnert sich verbittert an einen französischen Film, der seinen Vater zu einer fiktiven Figur gemacht hat – seine Wut und Empörung, auch wenn er sie zurückhält, sind deutlich zu spüren. »Sehen Sie die Boote und die Yachten da? Darauf werden Sie nie einen Kanak sehen. Die sind für die Besitzenden da, die Ladeninhaber, Touristen. Reichen. Nicht für die Kanak.«

Wir verabreden, uns bald wiederzusehen.

Der Abend schlägt zu und raubt der Sonne die Kraft, hinter der Kathedrale Saint-Joseph bricht sie zusammen. Schwarzbraune und blassviolette Wolken überspannen einen durchgebläuten Himmel.

Dany, einundvierzig, hat das Gespräch begonnen, oder war es vielleicht doch ich, er sitzt auf einem Mäuerchen unter einer Kokospalme, auf seinem freundlichen Kopf eine rote Mütze.

Er kommt von der Insel Maré und beschreibt mit großer Hochachtung das Stammesleben, wie es fast überall in Neukaledonien geführt wird, vom Hinterland bis zu den Inseln: Es gibt keine Diebe und keine Prostitution, von seinem kleinen Stück Land und seinem Boot kann jeder auch ohne Geld leben. Dany bleibt nie länger als zwei, drei Tage in Nouméa; die Stadt ist Gelegenheit für ein paar Einkäufe oder einen Tapetenwechsel, mehr nicht. Um nichts auf der Welt würde er nach Frankreich fahren, er zieht die Banyanfeigen des Pazifiks dem Stahlbeton vor und die Coutume dem »Gesetz der Weißen«.

Und Alphonse Dianou? Der war »ein Vorbild«. »Aber«, fügt er lakonisch hinzu, »man fragt sich immer noch, was da eigentlich wirklich passiert ist.«

5 Wenn es in Nouméa 43 % Caldoches und etwa 23 % Kanak gibt, so kehren sich die Zahlen um, sobald man einen Bus besteigt: Weiße fahren damit so selten, dass ich oft der einzige bin.

Winzige, auf Zettel gedruckte Gedichte schaukeln auf der Höhe der Haltegriffe hin und her. Die Jugend, die sich in allen Ecken des Globus ähnelt, scrollt auf ihrem Smartphone ihren Facebook-Account durch. Ein alter Melanesier steigt zu, in der Hand eine Pflanze in einem Plastikbecher. Durchs Fenster sehe ich einen Golfplatz und auf zwei, drei Mauern Hakenkreuze, gleichzeitig überfliege ich die Zeitung: Wieder ist von Zusammenstößen zwischen Kanak-Banden und Ordnungskräften die Rede, die Schlagzeile spricht sogar von einem beunruhigenden – wenngleich inexistenten – »Bürgerkrieg«.

In der Bibliothek blättere ich ein knappes Dutzend Bücher und Zeitschriften durch: Interviews mit Michel Rocard (dem Wegbereiter des nach der Geiselnahme unterzeichneten Matignon-Abkommens), Texte von Pierre Declercq (einem in Neukaledonien ansässigen Kontinentalfranzosen und glühenden Befürworter der Unabhängigkeit, der 1981 mit einem Schuss in den Rücken aus einem Jagdgewehr ermordet wurde, zweifellos von Rechtsextremen), Memoiren von Charles Pasqua (Innenminister zum Zeitpunkt der Ereignisse, die mich hier beschäftigen) … Zwischen Gedichtfetzen und lokalen Telefonnummern kritzele ich Notizen auf die Seiten meines schwarzen, gewachsten Leinenhefts, dann suche ich in der elektronischen Datenbank – und stoße auf ein Foto von Alphonse Dianou. Darauf trägt er einen Strickpullover, eine Halskette, Hufeisenbart, Koteletten und einen Afro und schüttelt lächelnd einem Mann die Hand. Er sieht athletisch aus. Schließlich finde ich eine Pressezeichnung aus dem Jahr 1988: eine Karikatur von Dianou mit nacktem Oberkörper, Lendenschurz, einem Knochen in der Nase, in der Hand eine in der Sowjetunion und in Libyen hergestellte Bombe mit Lunte ... In der Bildunterschrift eine Anspielung auf al-Gaddafi, den angeblichen Komplizen der Geiselnahme. In einem dreckigen Maul mit breiten, selbstgewissen Zähnen ein feistes Lachen.

Ein Caldoche, den ich nach dem Weg frage, entschuldigt sich, mir keine Auskunft geben zu können, er komme aus dem Hinterland und kenne praktisch keine Straße in der Hauptstadt; ein Transvestit auf dem Strich ein paar Meter weiter, in der Nähe eines Tati-Ladens, hilft mir weiter. Auf dem Asphalt wehen traurig die Federn eines überfahrenen Vogels, in der Ferne erblicke ich einen Standort der berühmten Société le Nickel: »das grüne Gold« des Archipels, des weltweit sechstgrößten Produzenten dieses begehrten Erzes ... Ein Bus bringt mich weiter in den Norden von Grande Terre – auf der Fahrt unterhalte ich mich mit einer jungen Frau aus Vanuatu, sie ist Mutter von zwei Kindern und hat sich von ihrem kanakischen Mann getrennt: Sie habe den familiären Druck nicht mehr ausgehalten. »Lieber sterben, als in einer Tribu oder im Hinterland zu leben.« Die Städterin weiß nicht, was sie beim Referendum wählen wird, sie zweifelt an der Vertrauenswürdigkeit der zukünftigen politischen Führer Neukaledoniens und sorgt sich ob der Vorstellung, die Korruption könne noch mehr zunehmen.

Die Sonne macht sich so selbstgewiss breit wie der Schweiß auf meiner Stirn. In einem Dorf setze ich mich neben zwei offenbar ziellosen, fermentierten Getränken zugeneigten Kanak ins Gras. Schweigend mustern wir die graue Fratze der Straße. Ein Streifenwagen fährt vorbei, bremst ab, fährt weiter und kommt dann noch einmal vorbei. »Ein Weißer mit zwei Schwarzen – die glauben, du kaufst Shit von uns.« Sie haben beide keine Kinder, und einer von ihnen, mit zotteligem Bart und Haupthaar, versichert mir, Alphonse Dianou, »den jeder hier kennt«, sei lebendig eingesargt worden. Die Geschichte sei weithin bekannt. Die blutigen Fingerabdrücke auf dem Sargdeckel hätten es bewiesen. »Er hat gegen die Armee der Weißen aus dem Mutterland gekämpft.«

Weniger als eine Minute entfernt bieten mir junge Mormonen, Missionare aus Kanada, den USA und den Philippinen, auf dem Parkplatz eines Supermarkts voller Pick-up-Trucks eine Bibel an. Ich setze meine Route auf den von Palmen gesäumten, befestigten Wegen fort. Am Horizont Hügel, am Himmel Wattebäusche. Ein schwarzer Hund trottet in der schönen Einsamkeit eines Tiers, das die Kunst beherrscht, sich sowohl Zuneigung als auch Respekt zu verschaffen, den versengten Asphalt entlang.

Unterwegs mache ich Bekanntschaft mit einer gewissen Roberta – klein, rundlich, strahlend –, sie ist auf einem benachbarten Militärstützpunkt als Putzfrau angestellt. Wir beschließen, zusammen nach Nouméa zurückzulaufen. Als sie ein junges Mädchen war, wurde ihr Haus von Caldoches niedergebrannt; sie hat Jahre gebraucht, um sich von ihrer »negativen« Grundeinstellung gegenüber Weißen freizumachen und festzustellen, sagt sie, dass es überall und zu jeder Zeit genauso viele gute wie schlechte Menschen gibt. Sie hofft inbrünstig darauf, dass das Referendum zur Unabhängigkeit führt. »Dann verlieren Sie aber Ihren Job!«, scherze ich, sie lächelt: »Unter den Umständen wäre ich gern arbeitslos!« Auf dem Stützpunkt habe ein Soldat ihr erklärt: »Hier ist Frankreich«; sie habe entgegnet, erzählt sie, auch wenn der Boden zweifellos Frankreich gehörte, »befindet sich unter dem Asphalt doch die Erde von Kanaky«. Ihr Stolz ist unüberhörbar. Und weder verbittert noch nachtragend.

Wie sie eigentlich gemerkt hat, dass ich ein »Z'oreille« bin, einer aus dem Mutterland? »Euch erkennt man auf den ersten Blick, ihr seid anders als die Caldoches. Außerdem habt ihr komische Sachen an. Und die Caldoches fahren praktisch nie mit den Öffentlichen.« Und was hält sie von jenen Kanak, die Frankreich treu sind? Zuerst ein Lachen. »Die lieben Geld und Komfort. Sobald die ihr gemauertes Haus und ihr Beamtengehalt haben, vergessen sie alles andere.« Und was von der Bindung der Caldoches an die französische Republik – die doch, außer ihrer Liebe zu größtmöglichen Abstraktionen, nichts mit diesem Archipel gemein hat? Roberta verzieht leicht und eher verschmitzt als missbilligend das Gesicht: Das habe sie auch nie so richtig verstanden … Sie lädt mich ein, bei Gelegenheit ihre Tribu zu besuchen; ich notiere mir die Adresse, kann aber nicht versprechen, dass ich werde kommen können.

Und Alphonse Dianou? »Der ist ein Held.«

6 Die Kathedrale sticht ihr Kreuz in die gelblichen und blasslila Schleier der Morgendämmerung. Die Luft füllt sich mit Grasgeruch und Grillengezirp. Auf einem Balkon blättere ich die Notizen durch, die ich mir seit einem Jahr gemacht habe.

Ich habe alle Attribute zusammengetragen, die Alphonse Dianou in fast drei Jahrzehnten von französischen Printmedien zugeschrieben wurden: Mal ist er »ein Fanatiker, ein Profi«, ein »Hysteriker« voller »Grausamkeit« und von »legendärer Streitsucht« (ein Unteroffizier der Antiterroreinheit der Nationalgendarmerie GIGN); mal ein cholerisches Wesen und »Opfer seiner sprunghaften Launen« (ein Brigadegeneral); ein »Spinner« in »ständigem Hass«, der fähig war, ohne lange zu fackeln »kurzen Prozess« zu machen (ein Journalist von *France Inter*), ein »religiöser Eiferer« (der Minister für Überseegebiete), ein »Schwärmer« (ein General der Gendarmerie und ein Fallschirmjäger der Marine), ein »glänzender Redner mit einer gewissen Ähnlichkeit zu Bob Marley« (ein Unteroffizier), ein »melancholischer, etwas manisch-depressiver«, »charismatischer«, »intelligenter und aufrichtiger, aber perspektivloser« Mann (ein ehemaliger GIGN-Chef), ein »sturer« Aktivist (ein Reporter), ein »Schüler von Gandhi« (ein Philosoph), ein wahrscheinlich drogenabhängiger »Fantast« mit »roten, blutunterlaufenen« Augen, ein »schwarzer Vercingetorix«, der sich für den legendären Ataï hielt und als »großen Zauberer« sah (ein Sonderkorrespondent), ein »herumgeifernder« Kerl, der von »brüllender« Wut zur »düstersten« Depression wechseln konnte (ein seinerseits von *Europe 1* zu *Paris Match* gewechselter Journalist), »ein sanfter, eigentlich friedlicher Träumer«, ein »idealistischer, großzügiger« junger Mann, der »in die Verzweiflung abgerutscht« ist (zwei Journalisten von *Le Monde*, darunter Edwy Plenel).

Ein nicht gerade schmeichelhaftes Porträt.

Hier wird man keinen Marmor verschwenden.

Bestenfalls ein interessanter Träumer auf Abwegen, schlechtestenfalls ein Wahnsinniger, eine Bestie. Und doch das hartnäckige Gefühl: Irgendetwas stimmt hier nicht. Ein armseliges, schnell zusammengeschustertes Bild. Jeder weiß – es ist eine Binsenweisheit –, dass Engel und Dämonen nur in religiösen Schriften oder verwirrten Geistern existieren, jedem ist klar, dass der Held der einen meist der Schurke der anderen ist, bis sich herausstellt, dass er weder das eine noch das andere ist, sondern einer, der aus der Menge hervorsticht und mit der Lähmung bricht.

Und trotzdem ein Knoten.

Eine Gräte in der Luftröhre.

Dianou, der Priester werden wollte und dafür ein Studium absolviert hatte, war kurz vor der Besetzung der Gendarmerie noch ein aktiver Pazifist gewesen. Ein überzeugter. Im Juli 1987 hatte er ein Interview gegeben, in dem er sich auf Gandhi und das Evangelium berufen und erklärt hatte: »Länder, die sich mit Waffengewalt befreit haben, hatten später Regierungen, die sich mit Waffengewalt gegen das Volk durchgesetzt haben.« Wie konnte dieser Mann innerhalb von neun Monaten – nicht einmal dreihundert Tagen – zu jenem blutrünstigen Mörder werden, von dem man immer wieder liest? Eine von der Menschenrechtsliga beauftragte Untersuchung hatte 1989 dazu aufgerufen, »eine genauere Studie von Alphonse Dianous Geisteshaltung« anzufertigen: eine bis heute unerfüllte Aufgabe. Die ganze Zeit drehte ich mich um dieses Fragezeichen und starrte immer wieder auf das Foto, das ich ständig bei mir trug: vergeblich. Der Verletzte auf der Bahre, diese erschütternde Christus- oder Guevara-Figur, blieb stumm.

Ich suche die Geschäftsstelle des Vereins auf, der die Zeitung des FLNKS herausgibt, der größten Allianz von Unabhängigkeitsparteien, für die Alphonse Dianou als Mitglied der Union calédonienne seit 1984 aktiv war. Sein Sohn erwartet mich, zwei seiner Freunde arbeiten hier. Beim Eintritt ins Büro erblicke ich Stapel der letzten Ausgabe, sie warten darauf, ausgeliefert oder verschickt zu werden. Auf der Titelseite fettgedruckte Buchstaben und Fotografien von Demonstranten, die die blau-gelb-rot-grüne Fahne mit der emblematischen, pfeilartigen Firstspitze der Kanak-Hütte schwenken: »Vereint bringen wir das Land voran, 2018 IST DAS MÖGLICH«. Auf einem Plakat an der Wand ein Foto von Pierre Declercq, umrahmt von seinem Bart und seinen Gedanken: »Der Begriff Kanak bezeichnet keine Ethnie und keine Rasse: Das Ziel einer kanakischen Gesellschaft ist die Erschaffung eines multikulturellen, solidarischen, brüderlich zusammenlebenden Volks. Das bedeutet, dass die zukünftige Gesellschaft nicht ausschließlich melanesisch sein wird. Wir respektieren das Recht auf Andersartigkeit, aber wir werden dafür sorgen, dass dieses keine Herrschaftsverhältnisse begünstigt, in denen eine Ethnie eine andere dominiert.« Unweit davon ruft ein Poster zur Dekolonisierung auf – in einer Vignette ein Porträt von Éloi Machoro, einer wichtigen Figur der kanakischen Unabhängigkeitsbewegung, der drei Jahre vor Dianou von der GIGN umgebracht wurde.

Darewa bietet mir einen Kaffee an.

Dann schlägt er mir vor, zur Tribu Téouta in den Norden des Ouvéa-Atolls zu fahren und dort den Cousin ersten Grades von Alphonse Dianou – einen gewissen Christophe – zu treffen und seine Zustimmung zu diesem Projekt einzuholen. Darewa sagt nicht mehr dazu, doch ich schließe daraus, dass ich seine bereits habe.

Ich laufe durch die Baie des Citrons zurück, ein berühmtes Stadtviertel mit weichem Sandstrand, Seglern, Touristen, Goldkettchen, Sonnencreme, Nachtklubs, Schmerbäuchen und Bikinis: Cannes oder Saint-Tropez mitten in Ozeanien. Dieser Kontrast überrascht mich immer wieder neu; es scheint, als lägen Welten zwischen der ausgestellten Sorglosigkeit und Lässigkeit an manchen Orten und dem, was ich anderswo höre und sehe. Ein Student aus dem Elsass, der auf Durchreise auf Grande Terre ist, um »was von der Welt zu sehen«, in den Küchen der Stadt ein paar Kröten zu verdienen und mit den Mädchen zu tanzen, hat keine Ahnung von der hiesigen politischen Situation – er erzählt mir etwas von der Kriminalität der Kanak und einem Gespräch mit einem Caldoche-Taxifahrer, das ihn scheinbar sehr verunsichert hat: »Wenn die hier für die Unabhängigkeit stimmen, hau ich sofort nach Neuseeland ab.« Ein Kontinentalfranzose, der seit so vielen Jahren hier lebt, dass er sie nicht mehr zählt, erklärt mir später fast dasselbe und argumentiert, heutzutage bekämen alles »nur noch die Melanesier«, so überbehütet seien sie, meint er, aufgrund der vorherrschenden »politischen Korrektheit«.

An meinem Imbissstand auf dem Markt lese ich das Organ des FLNKS. Drei Kanak, einfache Bürger, beschreiben darin ihre Vision von der Unabhängigkeit, die irgendwann, und je eher desto besser, kommen wird: »Respekt gegenüber unseren Lebensräumen und dem, was uns ausmacht«, »Unabhängigkeit heißt, unser Land selbst zu regieren und selbst zu entscheiden, mit wem wir zusammenarbeiten wollen«, »Unabhängigkeit heißt, souverän zu werden, Entscheidungen über die Zukunft unseres Landes selbst zu treffen und mit anderen Nationen, vor allem der französischen, auf Augenhöhe zu verkehren«. Und der Leitartikel verkündet: »Kanaky muss frei werden!«

Die Geiseln wurden gegen neun Uhr morgens in Handschellen aus der Gendarmerie geführt und auf entwendeten Militärfahrzeugen fortgefahren. Die Unabhängigkeitskämpfer improvisierten pausenlos – »sie wussten nicht so recht, was sie mit uns anfangen sollten«, erklärte später einer der Gefangenen. Auf Vorschlag von Alphonse Dianou, der darauf drängte, die Spuren zu verwischen, wurde eine Gruppe von elf Gendarmen in den Süden von Ouvéa gebracht und eine fünfzehnköpfige andere mit Jeeps, Pick-ups und Land Rovern in die entgegengesetzte Richtung. Dianou übernahm zusammen mit seiner rechten Hand, Wenceslas Lavelloi, und seinem Bruder Hilaire die Führung.

Es regnete. Einige Geiseln liefen barfuß oder mit nacktem Oberkörper, manche in Boxershorts durch den Wald. Das Korallengestein zerkratzte die Haut. Von Dorf zu Dorf wurden die Entführer beklatscht und die Gefangenen, wie ein Gendarm später behaupten wird, hier und da beleidigt. Kaum einer sprach – außer Alphonse Dianou, der bei dieser Gelegenheit eine »leidenschaftliche« Rede gehalten haben soll. Keine Gewalt. Das Trinkwasser war knapp, alle teilten sich ein paar Kekse und ein paar Brocken Käse.

Es dauerte nicht lang, da wussten alle Bescheid.

Der Premierminister Jacques Chirac prangerte den »Terrorismus« an und erklärte sich auf RTL »bestürzt über die rohe Gewalt und Barbarei dieser Menschen, falls man sie überhaupt als solche bezeichnen kann«. Die überregionale Presse machte wie üblich kurzen Prozess: Vier Gendarmen seien »mit der Axt« erschlagen worden, titelte France-Soir; ein »Gemetzel«, erklärte Le Figaro (der Anfang Juni noch einmal rückfällig wurde und von »zerstückelten« Leichen sprach); Gendarmen seien »brutal mit der Machete erschlagen« worden, behauptete Le Parisien. Eine Eilmeldung der AFP sprach von einem Massaker »mit Stichwaffen« und die Fernsehnachrichten von Antenne 2 benutzten dieselben Worte. In Neukaledonien machten Gerüchte von Verstümmelungen die Runde, von zerstückelten Leichen und abgeschnittenen Geschlechtsteilen und Köpfen ...

Die Autopsie der drei in der Gendarmerie umgekommenen Polizisten widersprach all dem: Nicht einer war durch Stiche getötet worden – weder Edmond Dujardin (eine Kugel ins Handgelenk, eine andere in die Brust, möglicherweise nachdem er einen Kanak mit einem Schuss in den Oberschenkel verletzt hatte), noch Jean Zawadzki (eine Kugel in den Schädel, als er mit der Faust den Zugang zum Waffenlager mit den Sturmgewehren verteidigte) und auch nicht Daniel Leroy (eine Ladung Blei ins Herz, nachdem er sich ergeben hatte). Georges Moulié war wenig später in einem australischen Krankenhaus an den Folgen eines Kopfschusses gestorben, weil er sich geweigert hatte, sich auf den Boden zu legen (sein Sohn wird dieser Darstellung widersprechen: Eine Axt oder Machete habe seinen Tod verursacht). Doch die düstere Legende hält sich mancherorts hartnäckig – bis zur Behauptung, »Ehefrauen« seien »vergewaltigt« worden ...

Das Scharmützel hatte weniger als eine Stunde gedauert. Und der Chef des FLNKS, Jean-Marie Tjibaou, erklärt: »Die Sklaven heben den Kopf.«

Über dreihundert Gendarmen aus dem Mutterland wurden auf das Atoll geflogen, Journalisten dagegen nicht zugelas-

sen. Der Flugplatz wurde geschlossen, aus Angst, er könne Ziel einer separatistischen Offensive werden – was tatsächlich auch ursprünglich geplant war, um nach der Einnahme der Gendarmerie das Anrücken von Verstärkung aus Nouméa zu verhindern (ein Plan, den man nach dem 22. April aber aufgegeben hatte: Eine Abteilung von Kämpfern war zum Flughafen gefahren, hatte beim Anblick des Aufgebots von Absperrungen und Militärs jedoch wieder kehrtgemacht). Jacques Chirac verlangte auf einer Krisensitzung Landkarten von Ouvéa zu sehen. Ein Kabinettsmitglied des Verteidigungsministeriums wird später dazu schreiben: »Der Premierminister spürt sofort, dass diese Sache ihn wenige Tage vor den Wahlen teuer zu stehen kommen könnte. Er ahnt, dass die Geiseln von Ouvéa eine ›politische Bombe‹ sind, die ihm jeden Moment in den Händen explodieren könnte.«

Der FLNKS erklärte, die Entführer seien bereit, die Geiseln – »Kriegsgefangene« – unter drei Bedingungen freizulassen: Abzug der Truppen vom Atoll, Absage der Regionalwahlen vom 24. April (das heißt vom nächsten Tag) und Einsetzung eines Vermittlers durch Mitterrand und Chirac zur Lösung des Konflikts.

Etwa fünfzig Barrikaden waren von den Kanak auf Ouvéa errichtet worden, um die französischen Truppen aufzuhalten – Pfähle, Bäume, Autowracks, Korallenblöcke, verbrannte Reifen –, doch ein paar junge Kanak hatten geplaudert: Ein Konvoi von Militärfahrzeugen mit den Entführern und Geiseln sei auf dem Weg nach Gossanah gesehen worden ... Ein loyalistischer Spitzel diente sich der Armee als Geländeführer an und bat darum, einen Kampfanzug tragen zu dürfen. Als Helikopter anflogen, flüchteten die Bewohner von Gossanah in alle Richtungen; einer von ihnen wurde von einem Puma-Hubschrauber sieben Mal gestreift. Am Boden fielen Schüsse.

Etwa zwanzig GIGN-*Männer verließen unter Führung von Hauptmann Philippe Legorjus zusammen mit dem* EPIGN *– der Fallschirmfliegereinheit der Nationalgendarmerie – ihr Quartier in Satory.* »Begonnen hat das Ganze eigentlich in Libyen. In Tripolis. Im Büro von Muammar al-Gaddafi«, *schrieb allen Ernstes ein Journalist, der früher Fallschirmflieger in Algerien gewesen war.*

Zwölf Tage später wird der Befehl zum Sturmangriff gegeben.

7 Ich treffe Kötrepi wieder. Wir sind mit Pater Roch Apikaoua verabredet, dem Generalvikar der Erzdiözese von Nouméa. Er ist ein Verwandter von Dianou und war mit diesem im Priesterseminar Pacific Theological College in Suva, der Hauptstadt der Fidschi-Inseln. Während der eine katholischer Priester und nationaler Vorreiter für den interreligiösen Dialog wurde, tauschte der andere das Kreuz gegen den Busch ein …

Pater Apikaoua empfängt Besucher am laufenden Band – wir warten im lichten Innenhof vor seinem Büro neben der Kathedrale, an deren Haupteingang zu lesen steht, der Diözesanbischof von Neukaledonien habe »dieses Land Gott geweiht«. Die Säulen sind mit bunten Tüchern umwickelt, die Pflanzen lassen auf dem Boden ihre Schatten spielen. Wir sind dran. Zwischen einem Regal mit alten Büchern, das die ganze Wand bedeckt, einem Christusbild, melanesischen Statuetten, einem Kruzifix und einer kleinen, geschnitzten Modellhütte nehmen wir an einem flachen Glastisch Platz.

Kötrepi macht die Coutume – Pater Apikaoua hört ihm zu, legt zum Zeichen der Annahme seine Hand auf die Gabe, dann antwortet er: Er heiße uns willkommen und preise die Erinnerung an die *Alten*. Ich erkläre ihm die Gründe für meinen Aufenthalt und meine Hoffnung, er könne mir vielleicht von der Art der Freundschaft und der wirklichen Persönlichkeit dessen erzählen, der früher sein Weggefährte war. Der Kirchenmann spricht gewandt, gewählt und gefällig. Er trägt ein geblümtes Hemd und eine dunkle Hose. Seine Schultern und sein Gesicht sind breit, die steingrauen Haare kurz, die Augen leicht zusammengekniffen, sein Lächeln sanft – kurz oder alles in allem: eine Erscheinung. Die Geschichte, erklärt er, kann man nicht auf die Fakten reduzieren, aus denen sie sich zusammensetzt; die Geschichte ist eine Erzählung. »Sobald Alphonse mit anderen zusammen war, war er die Gemeinschaft. Ich denke an die Gendarmerie, die Grotte, das Jahr 1988. Sie wissen wahrscheinlich, dass man sich in der Kultur der Kanak als Plural versteht, insofern werden Sie über alle sprechen müssen.« Ich habe nicht vor, eine Monografie im akademischen Sinn zu schreiben, erkläre ich, eher eine Erzählung mit vielen Stimmen, eher eine Suche als eine Untersuchung, ein biografisches Buch, das verschiedene Zeiten und Sichtweisen verbindet. Sich der historischen Wahrheit so weit wie möglich anzunähern heißt natürlich auch, das deutlich zu machen, was nicht bekannt ist, und die Komödie der angeblichen Objektivität bloßzustellen – das gebietet allein die Höflichkeit. »Also ein synoptisches Werk?«, fragt er nach und ich ahne, worauf er anspielt: die ersten drei Evangelien des Neuen Testaments. Ja, genau. Er fährt fort: »Der Fall Ouvéa wird in den bestehenden Darstellungen wie etwas behandelt, das im Ausland passiert ist, und doch besaßen die neunzehn Unabhängigkeitskämpfer, das dürfen wir nicht vergessen, denselben Pass wie die Soldaten, von denen sie getötet wurden. Alle, die gestorben sind, waren Franzosen. Aber oft genug wird dieses Drama so erzählt, als sei Unwürde im Spiel gewesen: Im Hinblick auf Leben und Tod behandelt man die einen nicht genauso wie die anderen. Seit hundertfünfzig Jahren stehen die Kanak auf der Seite, die immer unrecht hat. Unrecht, das zu sein, was sie sind. Doch meines Wissens sind nicht sie losgezogen und haben Frankreich erobert.«

Seine Stimme ist ruhig, fest und beständig wie ein uralter Berg, der sich der Bewegung seiner Gesteinsschichten sicher ist.

»Ich glaube aufrichtig daran, dass die Tränen der Mutter eines Gendarms genauso schwer wiegen wie die der Mutter eines gefallenen Kanak. Sie müssen gegen das unnachgiebige Denken einzelner Lager anschreiben. Von der Humanität sprechen, die unsere Menschenfamilie teilt. Ahnen Sie, wie viel Verantwortung Sie auf sich nehmen müssen?« Ich werde mich in jedem Fall bemühen, diese Aufgabe zu erfüllen – und das Projekt aufgeben, sobald es mir entgleiten sollte.

Pater Apikaoua beendet das Gespräch, indem er sein Ende auf später verschiebt: »Fahren Sie nach Ouvéa. Sprechen Sie mit Alphonse' Familie. Man darf die natürlichen Beziehungen nicht übergehen. Ich gehöre nicht zu Alphonse' engsten Verwandten. Kommen Sie zu mir zurück, wenn diese eingewilligt haben, mit Ihnen zu reden. Dann kann ich Ihnen von dem Mann erzählen, den ich gekannt habe.«

8 Die *Marseillaise* hallt mit Orchesterlautstärke durch die Nacht von Nouméa – die Nacht, von der Louise Michel in ihrem Buch *Légendes et chants de gestes canaques* schrieb, sie verbinde »den Himmel und die Erde« des Archipels.

Ich halte einen Brief von Marie-Claude Burck in den Händen, der Schwägerin von François Burck, einem ehemaligen Priester und Unabhängigkeitsbefürworter, Mestizen und zeitweiligen Vorsitzenden der Union calédonienne, der 2014 verstarb. Sie selbst hat mit Alphonse Dianou zusammengearbeitet, erklärt mir aber, es sei ihr unmöglich, diese Geschichte noch einmal aufzurollen, sie sei zu schmerzhaft für sie und mit zu traurigen Erinnerungen behaftet. Dennoch hat sie sich durchgerungen, mir drei Fotos aus ihrem Privatbesitz zu schicken: Das erste datiert vom 3. Juli 1987, von einem Geburtstagsfest ihres Sohnes und von Alphonse Dianou, seinem achtundzwanzigsten. »Nie hätten wir gedacht, dass das sein letzter sein könnte!«, schreibt Marie-Claude Burck dazu. In Blau gekleidet schüttelt Dianou mit strahlendem Lächeln die Hand eines sitzenden weißen Mannes. Das zweite, das einige Tage später aufgenommen wurde, zeigt eine bunte Tischgesellschaft: Ich erkenne Hervé Ott, einen französischen Pazifisten, und vier Stühle weiter Dianou, der konzentriert auf eine Speise schaut, die er gerade verzehrt. Das letzte, ein Schwarzweißfoto, zeigt ihn im Profil im Vordergrund auf dem 18. Kongress der Union calédonienne im November 1987, also sechs Monate vor seinem Tod.

Meine Briefpartnerin gesteht mir, sie behalte Alphonse in »sehr warmer Erinnerung«.

Ich beende gerade das Buch *Mon cheminement avec Éloi Machoro* von besagtem François Burck, das auf den Loyalitätsinseln erschien und das ich vor ein paar Tagen in einer Buchhandlung im Stadtzentrum gekauft habe. Machoro ging mit großem Getöse in die Geschichte ein, als er 1984 im Rathaus von Canala die Wahlurne mit einer Axt zerschlug: ein symbolischer Protest gegen das französische Behörden- und Wahlsystem. »Unser Kampf ist hart, muss aber mit reinem Herzen geführt werden«, erklärte er einmal. »Für die öffentliche Meinung sind die Kanak viel zu unbedeutend, als dass jemand entschieden Partei für sie ergreifen würde.« Mitterrand war an die Macht gekommen und hatte die Latte für Selbstverpflichtungen und Versprechen von Regierungsseite zunächst hoch gehängt (1979 hatte die sozialistische Partei »ihre volle Solidarität« mit der Unabhängigkeitsfront erklärt; Aktivisten der Union calédonienne, die die so lange erhoffte »Rückkehr der Linken« feierten, hatten sogar den Slogan skandiert: »Mitterrand gleich Sozialismus, Mitterrand gleich Unabhängigkeit«), doch nachdem sich Machoro von seiner Enttäuschung erholt hatte, war er sich gewiss: Sobald es um die Unterwerfung von Kolonisierten geht, halten Rechte und Linke zusammen wie Pech und Schwefel. Die »Staatsordnung«, das »Gesetz der Republik« und die »Rechtmäßigkeit der Kolonisation«, selbst wenn sie »progressiv« daherkommen, verfolgen dasselbe Ziel: »den Wohlhabenden auf Kosten des Geschädigten« zu verwöhnen.

Machoro, Minister für Sicherheit in der vom FLNKS selbsternannten provisorischen Regierung von Kanaky – einer Regierung, deren Verfassungsentwurf zum »multiethnischen«

Charakter des Landes stand, Laizismus forderte, für ein parlamentarisches System warb und den Sozialismus (unter Garantie von Privat- und Familieneigentum) zum »Leitprinzip der Wirtschaftspolitik« erklärte –, wurde am 12. Januar 1985 von einem mit einem Scharfschützengewehr Modell F1 bewaffneten GIGN-Mann erschossen. »Neutralisiert«. Ein Bauernhof im Morgengrauen, eine Entfernung von hundert bis zweihundert Metern zwischen Schütze und Ziel, ein oder zwei Schüsse, ein Loch im Brustbein. »Das also ist mein Ende«, soll der kanakische Revolutionär – tatsächlich oder nicht, was soll's – gemurmelt haben, als er zusammensank.

Ein »Unfall«.

Eine »Fehlhandlung«, die dennoch »dem Frieden diente«, schrieb der Hochkommissar der Republik Edgard Pisani, der damals unter Befehl der Regierung Fabius und des Präsidenten Mitterrand stand, in seinen Memoiren. Dieser wiederum eilte zum Ort des Geschehens, um daran zu erinnern, »dass Frankreich vorhabe, seine Rolle und strategische Präsenz in diesem Teil der Welt aufrechtzuerhalten«. Natürlich im Dialog und ganz unparteiisch. »Wir wurden aufgefordert, die Sache geheim zu halten und zu sagen, es sei ein Unfall gewesen«, erklärte allerdings ein Gendarm namens Lahouari Bouhout im Dezember 1986.

An diesem Januartag wurde ein Mythos (eine Idee plus Blut) geboren: Mit der Ermordung eines Gegners durch den Staat bestärkte er dessen Nachfolger nur in ihrer Überzeugung. Und die erschöpften und aufgebrachten, ermatteten und umzingelten Entführer beschäftigte drei Jahre später in der Tiefe ihrer Grotte mit der Totemschlange praktisch nur noch eine Frage: Wer von den GIGN-Männern, die sie kurz nach den Gendarmen zusätzlich gefangen genommen hatten, hatte den Befehl gegeben, Machoro umzulegen?

»Der Kaledonier ist intelligent, aber er ist ungeheuer pervers. Wenn man in diesem Land in Sicherheit leben will, muss man zuerst diese Bevölkerung ausrotten«, hatte drei Jahre nach der Eroberung des Archipels im Namen des Kaisers Napoleon III. schon Kommandant Raymond Testard empfohlen.

9 An der Zwischendecke des Einkaufszentrums baumeln Girlanden. Das Radio spielt ein Lied von Mike Brant, wir nehmen am Tisch eines Bistros Platz. Dave ist der Sohn von Wenceslas Lavelloi, dem Mitstreiter von Alphonse Dianou bei der Geiselnahme. Der Stammhalter wirkt wie ein wandelndes Paradox: Trotz seines Vollbarts und der robusten Arme verströmt der siebenunddreißigjährige Koloss eine ungewöhnliche Güte. Er trägt eine Arbeitsuniform – er ist Wachmann auf dem Parkplatz eines Leader-Price-Supermarkts –, seine Stimme ist wie Samt, sein ganzer Ausdruck äußerst liebenswürdig.

»Unser Papa hat uns nicht mit auf die Versammlungen der Basisgruppen gelassen. Also sind wir mit den Kindern spielen gegangen … Das sind vage Bilder, aber mir war bewusst, dass Papa ein Aktivist war. Zu Hause in Tindu waren wir sechs oder sieben.« Hatten sie etwas von den Vorbereitungen der Operation mitbekommen? Nein, kein bisschen, antwortet er. Seine Familie habe von der Aktion in der Gendarmerie erst zur selben Zeit erfahren wie der Rest der Welt. »Ich würde gern mehr darüber wissen, aber Mama will uns nichts erzählen. Sie hat innerlich sehr gelitten, sie will nicht, dass auch wir leiden – sie behält alles für sich, es ist ihr Geheimnis … Die Versammlungen fanden oft bei jemandem zu Hause statt, entweder bei Alphonse in Rivière Salée oder bei den Tangopis in Montravel. Wir waren damals sehr eng miteinander, die Ereignisse danach haben uns auseinandergerissen … Alphonse und mein Papa standen sich sehr nahe: Unsere Familien sind oft zusammen an den Strand gegangen und haben gemeinsam gegessen ... Die Bedeutung von dem, was sie getan haben, ist uns erst mit der Zeit klargeworden. Und wir waren stolz darauf. Das hat uns unsere Würde wiedergeschenkt.«

Dem Titan steigen Tränen in die Augen.

Ich entschuldige mich dafür.

»Schon in Ordnung«, sagt er.

»Papa war ein guter Mensch. In den 1970er Jahren, in der Zeit unserer *Alten*, standen die Melanesier auf der einen Seite und die Caldoches auf der anderen. In der Schule erlebten wir damals dasselbe wie sie früher: Die Caldoches steckten mit den Ordnungskräften und den Lehrern unter einer Decke, und die Schulleitung nahm sie auch dann in Schutz, wenn sie unrecht hatten. Aber heute verstehen wir uns gut: Unsere Generation ist offener. Damals haben sie zu mir gesagt, ich sei der Sohn eines Terroristen.«

Er lacht, dann fährt er fort: »An meinem Arbeitsplatz sind mir mal zufällig zwei frühere Lehrer begegnet, nach ihrem Einkauf sind sie zu mir gekommen, um mich um Entschuldigung zu bitten. Für alles, was sie während meiner Schulzeit zu mir gesagt haben. Sie hatten den Film *Rebellion* von Mathieu Kassovitz gesehen und verstanden, was wir erlebt hatten. Das hat mich gerührt.«

Ich höre keine Spur von Groll heraus. Nicht einen Hauch von Hass. Er bestätigt: Er trägt niemandem etwas nach. Und erinnert daran, dass es sich bei der Gendarmerie um einen »Unfall« gehandelt habe, dass das Ganze nie so hätte ausarten dürfen und er mit den Gendarmenfamilien mitfühle. Dass er sie sogar um Vergebung bitte. »Ich wünschte, man könnte Ouvéa anders sehen, ich wünschte, man könnte verstehen, dass wir keine Terroristen waren.«

Vorbeigehende winken ihm zu, während er in sein Croque Monsieur beißt.

Er zeigt mir Fotos seines Vaters – dessen Namen er sich als Jugendlicher auf den Arm tätowiert hat –, sie sind in seinem Handy gespeichert: Die physische Ähnlichkeit ist unverkennbar. Ob er weiß, warum seine Eltern ihm diesen Vornamen gegeben haben? »Die Mater findet Dave so toll« – wir lachen, alles klar, der Sänger von *Vanina*. Und er, wie hat er seine Kinder genannt? Sein Sohn trägt den Namen des erschossenen *Alten* und seine Tochter heißt Suamata, »die Tränen« – in Erinnerung an die Trauer in seiner Familie.

»Wir haben viele Tote gehabt ... Die Jungen wissen gar nicht genau, woran die *Alten* gestorben sind: Die Eltern haben sie nie wirklich aufgeklärt, und die Überlebenden haben nie etwas erzählt, obwohl ... die sind ja nicht gestorben, weil sie auf Kohle aus waren! Sie sind aus dem Gefängnis gekommen und haben nicht mehr darüber gesprochen – bis 2013, dem 25. Jahrestag der Geschichte mit der Grotte.«

Wir stehen auf. Dave gesteht mir mit funkelndem Blick, dass seine schüchterne Liebste, die hier im Einkaufszentrum für den Toilettenservice zuständig ist, uns von weitem zugeschaut hat. Wir verabreden, uns vor meiner Abreise zum Ouvéa-Atoll noch einmal zu treffen.

Alphonse Dianou und seine Kameraden irrten drei Tage lang durch den Wald, ohne zu wissen, wo sie sich und die Geiseln, die sie mit sich führten, verstecken sollten. Die zweite Gruppe im Norden, die von seinem Bruder Hilaire angeführt wurde, stieß nicht weit vom Hauptplatz der Tribu Gossanah auf die Grotte von Watetö: Dorthin flüchteten sie sich; dann kam auch Alphonse Dianou mit seiner Gruppe hinzu und brachte eine Coutume dar. »Das Loch der Krieger« lag in einem dreißig Meter breiten und fünfzig Meter langen Kessel. Mitten im dichten, üppigen Dschungel: unerreichbar für jeden, der ihn nicht kannte. Unsichtbar von oben. Ein Ort, dem manche besondere Kräfte zuschrieben: Auch Alphonse Dianou glaubte, die Geister der früher hier begrabenen Kämpfer würden sie beschützen und die Kugeln sie im Fall eines Angriffs nicht treffen. Die Geiseln wurden angewiesen, weder Zweige noch Pflanzen niederzutreten und ihre Stimmen zu dämpfen, um die Alten nicht zu wecken.

In Paris sprach die Generaldirektion der Gendarmerie von einer »Kriegshandlung, einer Kommandooperation, die professionell und brutal von ausgebildeten Personen verübt wurde«. Unverzüglich wurde die Armee mobilisiert: Auf Befehl von Premierminister Jacques Chirac bezog der Brigadegeneral und Oberbefehlshaber der Streitkräfte von Neukaledonien und ehemalige Fallschirmjägerleutnant in Algerien Jacques Vidal Stellung auf der Insel – und die normalerweise für solche Fälle verantwortliche Gendarmerie wurde ihrer Zuständigkeit enthoben (»eine absolute Demütigung für uns Gendarmen, eine Negierung der Zuständigkeiten, die viel über die Nervosität der Regierung aussagt«, schreibt später Oberstleutnant Alain Picard, inzwischen General, und ergänzt, »den Politikern« sei »ganz bestimmt wegen der anstehenden Wahlen« daran gelegen gewesen, »die Sache kurz zu machen«). Auch der Minister für Überseegebiete Bernard Pons reiste an.

Am Sonntag, den 24. April, ging Frankreichs Atem im Rhythmus der Wahl: im Rennen neun Kandidaten und ein Präsident, Mitterrand – der mit 34,11 % der Stimmen vor Jacques Chirac (19,96 %), Raymond Barre (16,54 %) und Jean-Marie Le Pen (14,38 %) in seinem Amt bestätigt wurde. In Neukaledonien wählte die Bevölkerung gleichzeitig ihre Regionalräte – der FLNKS hatte zum Boykott aufgerufen –, der Front national fuhr mit einem Gesamtergebnis von 22,49 % der Stimmen fünf zusätzliche Sitze ein (ein rasanter Aufstieg: Noch drei Jahre zuvor hatte die rechtsextreme Partei nur 7,37 % der Wählerstimmen auf sich vereinen können). Bernard Pons wird erzählen, er habe das Ergebnis der Präsidentschaftswahlen während eines Zwischenstopps auf dem Weg nach Neukaledonien erfahren: »eine große Niederlage für Chirac«.

Die Armee nahm das Dorf Gossanah in Beschlag.

In den Augen der Bewohner eine Besatzungsmacht. »Das hier ist ein Krieg!«, rief ein Unteroffizier der GIGN, Michel Bernard, der gerade gelandet war – und der 2003 in seinen Memoiren berichtet: »Auf allen Wegen, an jeder Ecke treffen wir auf Männer in Kampfanzügen. Das Dorf ist praktisch im Belagerungszustand. Die Armee der Eroberer hat sich breitgemacht, die Bevölkerung ist misstrauisch.« Ein ehemaliger Pfarrer, Djubelly Wea, erinnerte die Militärs an die Forderungen der Geiselnehmer: Abzug der

Truppen, Annullierung der Gesetze namens Pons-Statut I und II vom 17. Juli 1986 und vom 22. Januar 1988, Einschaltung eines Vermittlers zwischen den französischen Behörden und den Aktivisten. General Vidal verkündete, die Armee werde erst aus Gossanah abziehen, wenn die Geiseln gefunden seien. Beim Verlassen seiner Hütte rief der Pfarrer: »Es lebe Kanaky!« und »Nieder mit der französischen Armee!« In der Menschenmenge erhobene Fäuste. Fäuste des Widerstands. Der Kirchenmann wurde in Handschellen gelegt und eine Ausgangssperre verhängt. Die Soldaten trieben die Einwohner von Gossanah in drei Häusern zusammen – ihre Notdurft mussten sie bei vorgehaltenem Gewehr verrichten.

Ein Satz sorgte für zusätzlichen Zündstoff. »Ihr wollt nicht mit uns zusammenarbeiten, also erklärt Frankreich den Kanak den Krieg!«, habe der General gerufen, behaupteten die Kanak. Seitens des Mutterlands folgte ein entschiedenes Dementi: Ein »erfundener Satz«, versicherte man, »absolut unwahr«, schwor Vidal in seinen Memoiren. Allerdings veröffentlichte Le Figaro magazine *am 28. Mai 1988 die Zeugenaussage eines* GIGN-*Mannes, der bestätigte: »Wir waren Augenzeugen«, wie der General »deutlich vernehmbar« verkündete, er erkläre den Kanak den Krieg.*

»Die Unabhängigkeitskämpfer machen Revolution«, schrieb später der GIGN-*Gendarm Bernard, schimpfte auf »diese verdammten Wahlen« und gestand – und bedauerte –, einen Dorfbewohner geschlagen zu haben, um ihm Informationen zu entlocken (»er und seine Leute hätten aber auch nicht meine Brüder umbringen dürfen«, argumentierte der Elitesoldat). Ihr Kommandant, Hauptmann Legorjus, habe sich damals entschieden gegen solche Methoden gestellt.*

Jacques Attali, Mitterrands Sonderberater, schreibt später im zweiten Band seines Tagebuchs Verbatim, *es sei damals schwierig für sie gewesen, den Sieg des ersten Wahlgangs zu genießen, »der Fall Ouvéa« habe »die Freude doch sehr getrübt«.*

Elf Tage später wird der Befehl zum Sturmangriff gegeben.

10 Alle Bettler in Nouméa sind Melanesier. Einer von ihnen, ein in Lumpen gekleideter, vom Alkohol vernichteter, verwirrter und vielleicht für immer verlorener Vagabund – Bodensatz der Geschichte, Rückstand der sozialen Welt –, schnauzt mich an. Er scheint völlig wahllos durch die Straßen zu irren. Ein anderer, in Hafennähe, fragt mich, ob es vorstellbar wäre, an einem dieser Abende miteinander Sex zu haben, ich antworte mit einem Lächeln – ich werde ihm zufällig und am helllichten Tag noch einmal begegnen. Am Fuß einer Kokospalme sind ein paar *Mamas* in bunten Tuniken ins Gespräch vertieft. Eine muntere Clique von Jugendlichen übt sich in gefährlichen Rückwärtssaltos, während ich ein paar Verse der Dichterin Déwé Gorodé aus ihrem Buch *Die Wahrheit sagen* lese: »im Namen dessen was ist / und was nicht ist / oder der Meinen die nicht mehr sind / im Namen derer die am Rand stehen / vor einem ungeborenen Land«. Ein muskulöser, fies aussehender und mies gelaunter Typ mustert mich, spuckt ein paar Worte in einer der zahlreichen – fast dreißig – autochthonen Sprachen in meine Richtung und zieht weiter; eine junge Kanak-Frau auf einer Bank entschuldigt sich umgehend im Namen ihrer Leute; ich ahne, welcher Art seine Bemerkungen gewesen sein müssen.

Ich warte in einem der Hafencafés auf Hélène.

Der Himmel hat Durst und die Sonne ihren Spaß daran.

Sie setzt sich – diesmal allein.

»Als Alphonse vom Seminar auf den Fidschi-Inseln zurückkam, hat er sich ein Jahr Auszeit genommen. Sie haben ihn als Erzieher in Bourail in der Sacré-Cœur-Schule eingesetzt. Ich kannte ihn schon von früher, aber dort haben wir uns dann wiedergetroffen. Ich fragte ihn, warum ich ihn so lange nicht gesehen hätte, und er erzählte, dass er zum Studieren auf den Fidschis war. ›Ich wollte Priester werden, aber jetzt habe ich mir ein Jahr freigenommen‹, sagte er. ›Bei dem, was bei uns hier vor sich geht, weiß ich nicht, ob …‹ Er ist dann ein Jahr als Erzieher in Bourail geblieben. Danach ist er nach Saint-Louis gegangen, um in den Bergen bei den Trappistenmönchen nachzudenken. Und dort oben hat er die Entscheidung getroffen, das Priesterseminar zu verlassen. Das war vier oder fünf Jahre vor der Gendarmerie. Als wir uns wiedergesehen haben, hat er zu mir gesagt: ›Ich will für die Unabhängigkeit kämpfen. Und ich möchte dich etwas fragen: Willst du mit mir leben? Auch wenn es nicht einfach wird. Ich kann dir jetzt schon sagen, dass ich höchstens bis 1990 leben werde.‹ Ich habe ihn angesehen. Und er hat gefragt: ›Willst du?‹ Und ich habe ›ja‹ gesagt. Dann sind wir nach Nouméa gezogen. … Ich hatte ihn übers Volleyballspielen kennengelernt. Und seine Schwester war mit meiner großen Schwester in der Schule gewesen.«

Hélène spricht mit freundlicher, klarer Stimme. Zurückhaltend, aber diesmal entschlossener. Hat diese tragische Prophezeihung sie damals nicht schockiert oder zumindest irritiert? »Nein, das hat mir keine Angst gemacht. Er hatte zu mir gesagt: ›Wenn ich mich für dich entschieden habe, dann wegen deiner inneren Stärke.‹ Ich konnte was aushalten. Alphonse war Erzieher, er konnte sehr gut beobachten. ›Wir werden ohne Geld leben‹, hat er gesagt. Mein Papa, der bei der Union calédonienne gewesen war, war schon tot, und meine Mama fand das nicht schlimm, wir waren damals alle Teil dieses Kampfs. Also haben wir erst ein bisschen bei meinen Eltern gewohnt und dann bei seiner Mama in Rivière Salée. Ich bin aufs Feld gegangen, und er war die ganze Zeit unterwegs, um die Jugendlichen politisch zu bilden, in der Provinz und auf den Inseln – auf Lifou, Maré und Grande Terre. Alphonse hatte kein Abitur, nur einen Mittelschulabschluss. Aber danach hatte er Fernkurse belegt, und er sprach sehr gut Englisch. Er war in Australien gewesen, um bei einer Gruppe von Kernkraftgegnern mitzuarbeiten. Alphonse war nicht ehrgeizig, ich persönlich würde sagen, er war einfach integer. Er stand auf der Seite seines Volks. Er hat für seine Kultur gekämpft und dafür, dass Frankreich uns als ursprüngliches Volk hier anerkennt. Dass wir überhaupt da sind, dass wir existieren. Damals waren wir den Weißen in allem nachgestellt. Wenn im Rathaus zehn oder zwanzig Kanak in einer Schlange warteten, kam immer zuerst der Weiße dran. Also gingen wir an Orte, wo die Wichtigtuer waren, und tranken Kaffee oder aßen Eis, nur um ihnen zu zeigen, dass es auch uns noch gibt. Das waren so kleine Dinge, kleine Aktionen.«

Hélène zieht Briefe, Karteikarten, Fotos, eine Zeitschrift, eine Zeitung und ein Buch aus der Handtasche. Breitet sie auf dem Bistrotisch aus. Ich greife mir Alphonse Dianous Psalmsammlung heraus, der Einband ist vergilbt, fleckig, abgenutzt, ramponiert. Schlage sie auf. Lese die Verse, die er mit rosa Filzstift unterstrichen oder am Rand kommentiert hat. »Prozess gegen Jesus«, schreibt er hier, »Flehen« und »Auferstehung« dort. Seine Schrift ist rund, fast schülerhaft, Punkte sind kleine Kreise. Der Vers »Weichet von mir, alle Übeltäter; denn der HERR hört mein Weinen« ist eingekreist.

Ein Schwarzweißfoto zeigt Dianou in einer Jacke mit Schulterklappen und mit zusammengekniffenen Augen – die Sonne hat ihn geblendet, rechtfertigt ihn Hélène. Auf einer ganzseitigen Abbildung in einer trotzkistischen australischen Zeitung sieht man ihn heiter und vergnügt in Blouson und mit dunklem Schal. Der Titel des Artikels – ich übersetze – : »Im Kampf gegen den französischen Kolonialismus werden junge Kanak aktiv«. Der mit »f« geschriebene Alphonse wird als »Leader« der Jugend und Mitglied des Politbüros der FLNKS vorgestellt; in einem Interview spricht er von seiner Festnahme nach einer gewaltfreien Sitzblockade auf einem der bekanntesten Plätze in Nouméa, der Place des Cocotiers.

»Der Kontakt mit Alkohol und Drogen hat neben anderen Faktoren zu einer stark nachlassenden Beteiligung am Gemeinschaftsleben geführt«, analysiert Dianou. Im Interview erwähnt er das Interesse mancher Kanak für Ernesto Guevara, erläutert allerdings ausführlich, dass man weiter blicken müsse als bis zur Waffe, die dieser geschwenkt habe; er verweist auf Éloi Machoro und das Vermächtnis, das dieser mit seiner Erschießung an jenem Januartag hinterlassen habe: Entscheidend sei nicht die Waffe gewesen, die er bei sich getragen habe, sondern »seine politische Vision«. Denn man dürfe nicht vergessen: Machoro habe nie geschossen. Dieser Text erschien Anfang November 1987, sechs Monate später war Dianou tot.

Hélène fährt fort: »Alphonse hatte sich geschworen, nie, niemals, einen Tropfen Alkohol anzurühren. Sein Papa war ein gewalttätiger Alkoholiker gewesen … Und seine Mama eine sehr fromme Frau, die viel gebetet hat. Zur Zeit der ›Ereignisse‹ ging es seiner Mama sehr schlecht. Sie wurde krank und musste ständig ins Krankenhaus … Sie hat dann unseren Sohn, Darewa, zu sich genommen – das war nicht einfach für mich. In der Schule haben sie Darewa Terroristenkind genannt. Vor allem eine Lehrerin aus Perpignan – ich habe in der Zeitung gelesen, dass sie inzwischen gestorben ist. So war das damals. Wir waren bei der Beerdigung von Alphonse und den anderen nicht dabei. Auch unsere Kinder nicht.«

Nach der Geiselnahme mussten sie sich fünfzehn Tage lang in Nouméa verstecken. Die Polizei suchte sie. Sie wohnten in der Mietwohnung von Alphonse' Cousine in einer Hochhaussiedlung, sie durften nicht reden und nicht hinausgehen. »Das war hart, es war schwierig. Wie soll ich das beschreiben? Manchmal haben wir uns gefragt, ob das überhaupt die Wirklichkeit ist, ob wir nicht irgendwo zwischen Himmel und Erde schweben ... Wir waren zwischen ... Wir wussten nicht recht, was wir tun sollten.«

Wie hat sie überhaupt von seinem Tod erfahren? »Eine Cousine ist spätnachmittags gekommen und hat uns gefragt, ob wir wüssten, was auf Ouvéa kurz nach dem Armeeangriff passiert ist. Der Himmel hing voller dicker, schwarzer Wolken. Dann hat sie uns alles erzählt. Von den Toten, den Verletzten ... Wir sind dann zu Alphonse' Eltern gefahren – und haben nach und nach immer mehr erfahren: Leute kamen und gingen und brachten neue Informationen. Aber vom FLNKS hat sich niemand blicken lassen. Nicht ein Politiker. Das hat etwas mit mir gemacht ... Warum ist Jean-Marie Tjibaou im Jahr darauf zur Feier am Ende der Trauerzeit gekommen, aber war zum Zeitpunkt, als wir ihn gebraucht hätten, nicht da? Das frage ich mich immer noch. Bis heute.«

Ihre Stimme beginnt zu zittern, ihre Augen füllen sich mit Tränen.

Hatte sie gewusst, dass ihr Mann eine Gendarmerie besetzen wollte? Die Antwort schießt aus ihr heraus: »Nein! Ich hatte keine Ahnung! Nicht die geringste!«

»Wenn Alphonse einen ansah, waren seine Augen ... Er hat nicht nach rechts oder links geschaut, sondern einem direkt in die Augen. Sein Blick war ausdrucksvoll. Er hat einen spüren lassen, was er sagen wollte oder was er wollte, dass man versteht ... Wir hatten kein Geld, also konnten wir keine Fotos machen. Ich habe nur ein einziges Foto von uns beiden. Mehr gibt es nicht.« Sie hält es mir hin. Das Paar wurde stehend vor einem Prospekt mit einem gemalten Teich aufgenommen: Hélène mit zwei Zöpfen in einem rosa Kleid, Alphonse in Sportkleidung, einer türkisen Synthetikhose und Achselhemd. Sie schaut direkt in die Kamera, er wendet den Blick ab – er mochte keine Blitze, verteidigt ihn Hélène noch einmal.

»Bei meinen Eltern sind wir abends oft Hand in Hand durch die große Allee zwischen den Kokoshainen bei den Mangroven gelaufen, dann haben wir uns auf eine Holzbank gesetzt und er hat mir von seiner Arbeit erzählt. Manchmal haben wir ihn einen ganzen Monat lang nicht zu Gesicht bekommen. Dann hat er angerufen, um zu berichten, dass es ihm gut geht, oder um zu fragen, was bei mir los ist. Wir waren immer sofort auf einer Wellenlänge, als hätten wir uns erst am Vorabend verabschiedet ... Jeden Morgen ist er laufen gegangen. Immer! Er hat gern Sport getrieben. Morgens hat er eine Papaya gegessen und sich auch nicht beklagt, wenn es mal nichts zu essen gab. Zu Hause ist er immer barfuß herumgelaufen. Er hat gern den Boden unter den Füßen gespürt. Er hat unglaublich viel Musik gehört und einen Haufen Instrumente gespielt: Gitarre, Schlagzeug, Orgel, Zither ... Selbst mit den Zähnen hat er Gitarre gespielt oder hinter dem Rücken! Sein Lieblingslied war *No Woman No Cry*. Sobald er eine Gitarre in der Hand hatte, sang er dieses Lied!«

Ich bleibe an einem anderen Foto von ihm hängen, das 1983 in der Gemeinde Bourail aufgenommen wurde. Er singt und greift in die Saiten einer Steel Guitar.

Wie erklärt sie sich den Sinneswandel des Vaters ihres Sohnes? Was könnte passiert sein, dass er seinen rigorosen Pazifismus für eine Geiselnahme mit bewaffneten Komplizen aufgegeben hat, so schlecht ausgerüstet oder minimal ausgebildet diese auch gewesen sein mögen oder was immer manche Kommentatoren darüber behauptet haben? Hat es irgendeinen präzisen, klar erkennbaren Umschlagpunkt gegeben, einen Tag, an dem alles gekippt ist? »Ich habe keine eindeutige Wende bemerkt, aber Alphonse war insgesamt strenger geworden, das ja«, erklärt sie mit derselben ruhigen Stimme. »Aber tief in mir wusste ich, dass er immer bei der Gewaltlosigkeit bleiben würde: Als er gestorben ist, hatte er übrigens eine Holzkeule in der Hand und alle anderen Gewehre. Als er bei der Armee zur Musterung war, haben sie ihm gesagt, er müsse seine Haare abschneiden. Er hat ›nein‹ gesagt und den Raum verlassen. Letztlich musste er dann nicht zum Militär, er hatte ein Problem mit der Hüfte – als Kind ist ihm mal ein Stift eingesetzt worden – und wurde für untauglich erklärt. Alphonse hat oft von Luther King und Gandhi gesprochen. Vor allem von Gandhi. Er hat gesagt, ein Mann mit einem Stock kann die Dinge verändern.«

Ich erinnere sie an etwas ihr Wohlbekanntes: das Bild, das von Alphonse in der französischen Presse und praktisch allen Büchern gezeichnet wurde, die von den »Ereignissen« handeln (immerhin wurde die Hälfte davon von Militärs geschrieben und nicht eines von einem Kanak). Cholerisch, hysterisch, blutrünstig, mitleidlos. »Es hat mich überrascht zu hören, er habe in der Grotte Wutanfälle gehabt. Ich selbst habe ihn nie so erlebt. Er ist nie zornig gewesen, er hat auch nicht herumgeschrien. Er hat immer das Gespräch gesucht: Er weiß, wie er sich Gehör verschafft.«

Hélène benutzt Gegenwart und Vergangenheit in einem Satz, wohl dem, den ein Herz macht, das nicht aufhört zu lieben.

»Aber ich war nicht selbst in der Grotte, ich kann nicht mehr dazu sagen ... Sie wollten einfach nur die Gendarmerie besetzen, um das Pons-Statut und die Wahlen zu kippen. Ich lebe weiter, aber es gibt auch Tage ... Ich sehe meine Enkelkinder an und sage mir, wenn er noch da wäre ... Und Darewa hätte es leichter gehabt im Leben. Alphonse hätte gern einen Weg gefunden, um mit den Caldoches gut auszukommen. Sie haben unser Land erobert und sich die besten Teile geschnappt. So konnte es nicht weitergehen. Aber auf die Ereignisse von Ouvéa war ich nicht gefasst gewesen: Das hat mich wirklich kalt erwischt. Alphonse war ein paar Tage vor der Besetzung der Gendarmerie nach Hause gekommen. Er hat mir gesagt, er müsse am nächsten Morgen wieder fort. Er ist in die Kirche und hat die ganze Nacht lang gebetet, dann ist er zu meiner jüngeren Schwester gegangen, die bei der Kongregation Les Petites Filles de Marie war. Er hat die Coutume gemacht, ihr einen rotweißen Manou überreicht und ihr gesagt, er fahre nach Ouvéa, falls er nicht zurückkomme, müsse er auf sie zählen können. Er hat gesagt: ›Sag deiner großen Schwester danke; danke, dass sie mich hat gehenlassen.‹ Das war alles.«

Hélène schweigt.

Ich schenke mir Wasser ein.

»Er war eine Persönlichkeit und ist zugleich bescheiden geblieben. Demütig. Demut war für ihn das Wichtigste. Die kam bei ihm aus dem Herzen. Viele sprechen über Alphonse, ohne ihn gekannt zu haben. Er hat oft gesagt«, Hélène lächelt auf eine Weise, die ich an ihr noch nicht gesehen habe, »›Ich liebe meine Frau, wisst ihr. Sie geht aufs Feld, obwohl sie die Tochter eines Chefs ist!‹ Die Leute haben oft gedacht, dass er eine Lehrerin zur Frau hat ... Damit wollte er sagen: Man muss sich immer auf Augenhöhe mit den anderen begeben, selbst wenn man Rang und Namen hat. Man arbeitet für die Gemeinschaft. Für die Gemeinschaft gibt man alles. Er hätte nach Australien und nach Buenos Aires gehen können, aber er meinte: ›Solange mein Land nicht unabhängig ist, bleibe ich zu Hause. Ich will zu Hause sterben.‹ Er war sehr glücklich, Papa zu sein.«

Was hätte sie ihm gesagt, wenn sie ihn kurz vorm Betreten der Gendarmerie hätte sehen können? »Nichts. Das war eine Zeit des Kampfs. Auf Leben und Tod. Ich bin eine Frau, mein Platz ist zu Hause, ich bin die Stütze des Mannes. Er tut, was er tun muss. Alphonse wollte, dass Mitterrand herkommt und die Unabhängigkeit unterzeichnet. Ich habe ihn dabei unterstützt – ich habe für meinen Teil Verantwortung übernommen, aber ich hatte nicht damit gerechnet, dass das so ein Krieg werden würde ... Ich wusste, dass er ins Gefängnis kommen könnte, aber ... Ich bin danach zur Grotte gegangen, um Andacht zu halten. Ich habe seinen Schlafsack gesehen und seine Schuhe ... Später bin ich nie wieder hin. Er hat seinen Sohn nicht aufwachsen sehen. Daran denke ich am häufigsten. Oft, sehr oft.«

Ihr Blick trübt sich wieder.

Manchmal verkennt die Zeit die Tugenden der Erosion.

»Sie haben diese ganzen Abkommen gemacht ... Matignon, Nouméa ... Aber was ist der Sinn von all diesen Menschenopfern? Da war ja nicht nur Ouvéa. Es hat viele Opfer gegeben. Unsere Politiker interessiert nur der eigene Vorteil. Wenn sie in Paris zusammen auftreten, sind sie ein Herz und eine Seele, aber hier führen sie sich auf wie Hund und Katz! Wenn Wahlen anstehen, kommen sie in unsere Viertel. Sie versprechen das Blaue vom Himmel. Und sobald gewählt wurde – glauben Sie, die kommen wieder? Nicht ein einziges Mal! Bis zu den nächsten Wahlen ... Wir haben keinen Parteichef mehr, der für uns steht. Was haben die vom FLNKS für unsere Waisenkinder getan? Wir sind im Stich gelassen worden. Ich sage das nicht, um etwas zu fordern, ich habe nie um irgendwas gebettelt.

Ich möchte, dass die Franzosen verstehen, dass wir eine Sache verteidigen wollen. Dass Frankreich anerkennt, was es hier und in anderen Kolonien angerichtet hat. Die Kanak müssen allen anderen gleichgestellt werden. Hier ist immer noch der Kolonialismus am Werk, Geld ist wichtiger als alles andere. Aber die Kanak sind immer noch da. Wir machen weiter. Und wenn wir morgen wieder auf die Straße müssen, werden wir hingehen. Die, die gefallen sind, wollten eine bessere Welt für ihre Kinder.«

Sie öffnet ein Heft von Alphonse Dianou und fragt mich, ob sie mir ein, zwei Seiten daraus vorlesen dürfe.

11 »Meine liebste Hélène,
in diesem Heft will ich versuchen, meine Gedanken und Überlegungen festzuhalten. Möge es im Gebet geschehen, möge es das Werk des Heiligen Geists in meinem Menschenleben sein. Meine Liebste, wenn ich irgendwann einschlafen und in jenen Schlaf gehüllt sein werde, der irgendwann jedes Lebewesen umfängt, und wenn diese paar Gedanken und Überlegungen dazu beitragen können, unsere Gesellschaft menschlicher und zu einer der Liebe zu machen, dann veröffentliche die folgenden Seiten für die Jugend von heute und morgen. Du fragst Dich wahrscheinlich, warum ich vom Tod spreche: Der Tod ist nur ein Übergang, eine Brücke, die uns zu einem anderen Leben führt. Wir müssen lernen zu sterben. Wir müssen den Tod zähmen. Das hat mich ein Mann gelehrt und lehrt es mich weiter, der einen einfachen Namen trägt: Jesus. Er hat mich gelehrt, das Leben zu bewundern und zu lieben. Durch sein Leben habe ich verstanden, dass der Tod nichts ist gegen die Liebe. Ich kann dem Tod mit einem Lächeln auf den Lippen entgegensehen, denn es gibt die Auferstehung: nicht die von Lazarus, sondern die von Jesus selbst. Es ist großartig zu wissen, dass dieser Mann, der in den Tod vorgedrungen war, triumphierend aus ihm zurückgekehrt ist. In seiner Auferstehung lebe ich heute trotz meiner menschlichen Schwäche. Die Kraft der Auferstehung treibt mich dazu zu lieben und immer weiterzulieben. Wenn jemand irgendwann manche meiner Ge-

danken kritisieren sollte, möge er es in brüderlicher Nächstenliebe tun, zum Wohle aller. Es gibt keine logische Reihenfolge: Ich schreibe hier nur meine Überlegungen auf, so, wie sie mir kommen, eine nach der anderen, und ebenso meine Gedanken. Möge Christus in der Mitte dieser Worte stehen, denn nur er allein verwandelt den Menschen und seine Gesellschaft, nur er allein lässt den Menschen aus seiner Gesellschaft auferstehen.«

12 Auf *Qene drehu* – einer Sprache, die derzeit von sechzehntausend Menschen vor allem auf der Insel Lifou gesprochen wird – bedeutet Alphonse Dianous melanesischer Vorname Kahnyapa »Zucker«. Manche seiner Angehörigen nannten ihn auch Fonzy.

Alphonse war kein Mestize, nein, was immer das ein oder andere Buch darüber in die Welt gesetzt haben mag. Er »kam« nur »nach seiner Mutter«, deren Haut heller war als die der meisten Kanak. Er las viel. Und sprach oft vom Glauben. »Die Religion hat uns Gutes und Schlechtes gebracht. Denn wir hatten hier schon einen Glauben, auch wenn wir nackt herumgelaufen sind«, fügt Hélène hinzu. Sie zeigt mir den Kamm mit fünf Zacken – davon eine abgebrochen –, mit dem ihr Mann sich die Haare kämmte. Hélène hat eine Tochter aus einer ersten Ehe, Alphonse behandelte sie wie seine eigene und stellte sich immer als Vater von zwei Kindern vor – heute ist sie in einem großen Kaufhaus angestellt und möchte ihre Erinnerungen lieber für sich behalten.

Die größten Sorgen, fährt Hélène fort, machte er sich wegen des Alkohols. Der Alkohol ist im Gepäck der Kolonialherren mitgekommen und könnte, seufzt sie, die Gemeinschaft der Kanak nach und nach erledigen. Ich denke noch einmal an den jungen Hồ Chí Minh, der in Paris, wo er mehrere Jahre nach dem Ersten Weltkrieg lebte, über mehrere ziemlich eindrucksvolle Seiten hinweg auf die »Vergiftung der Eingeborenen« schimpfte, die durch das blühende Geschäft mit Alkohol und Opium ermöglicht wurde, das »Bajonett der kapitalistischen Zivilisation« und »Kreuz der sich prostituierenden Christenheit«.

»Es macht mich traurig, all unsere Jungs trinken zu sehen. Die hängen auf Partys rum und prügeln sich, betrinken sich und nehmen Drogen – das war früher nicht so! Aber als ich in Frankreich war, war ich auch schockiert: So viele Obdachlose! Worauf steuern wir denn da zu? Ein Mann hatte ein Schild, darauf stand, er habe Hunger! Da fühlt man sich schuldig. Hier in Nouméa gab es früher auch nicht so viele Obdachlose. Wenn ich kann, gebe ich ihnen Geld, aber ich sage ihnen auch immer, sie sollen in ihre Tribu zurückgehen und Landwirtschaft machen, da geht es ihnen gut, auf jeden Fall besser als in der Stadt. Hier leben wir an ungesunden Orten. Und man mietet, man zahlt. Und die Boote gehören alle denselben.« Natürlich würde Hélène sich wünschen, dass 2018 das Jahr der Unabhängigkeit würde, aber sie glaubt nicht wirklich daran: So einfach würden die Machthaber dieses Land nicht aufgeben.

Ich blättere noch einmal in Alphonse Dianous Psalter.

Rosa unterstrichen – die Rede ist vom Menschen: »Und seine Blätter verwelken nicht«. Außerdem: »Glücklich ist der Mensch«.

»So wie jeder« – wirklich jeder – hat auch Hélène gehört, Alphonse sei noch nicht tot gewesen, als man ihn in den Sarg legte. Die Spuren, das Blut …

»Angeblich hat er mit den Händen am Deckel gekratzt und versucht, herauszukommen.« Meines Wissens wurde das in keiner einzigen Veröffentlichung erwähnt. Eine »Legende«, schreibt mir Michel Tubiana dazu, der ehemalige Präsident der

Menschenrechtsliga und Anwalt des FLNKS. Ein vom Arzt Dominique Stahl unterzeichnetes medizinisches Gutachten habe eine Stunde nach Alphonse' Tod auf Ouvéa dessen Eintritt bestätigt.

»Ich will Ihnen etwas verraten«, fährt Hélène fort. »Ich habe immer gedacht, irgendwann kommt jemand zu mir und erzählt mir etwas über Alphonse. Darüber, wer er wirklich war. Als Sie mich angerufen haben, habe ich gedacht: Vielleicht ist es so weit jetzt, nach fast dreißig Jahren … Aber ich weiß, der Tag ist immer noch nicht da. Es gibt kleine Zeichen, kleine Dinge. Zum Beispiel sehe ich einen Schmetterling, der sich niedersetzt, nachdem ich gebetet habe … Das hat für Sie vielleicht keine Bedeutung, aber für mich … Ich bin nicht verbittert. Wir haben für die Gleichstellung von Schwarz und Weiß gekämpft. Dafür, dass es uns gut geht, dass wir alle zusammenleben können. ›Zwei Hautfarben, ein Volk‹, daran hat Alphonse geglaubt. Er wollte immer den Unterdrücker dazu bringen zu verstehen, warum er unterdrückt. Die Nachkommen der Franzosen, die sich früher hier angesiedelt haben – Sträflinge und Mörder –, verteidigen das einzige Stückchen Land, das sie je gekannt haben, das verstehe ich. Aber wer bei uns jeden Tag Maniok isst, dessen Leben ist nicht Geld: Der will, dass man anerkennt, dass er hier zu Hause ist.«

Ein Mann aus Gossanah packt schließlich aus. Ein Mann packt immer irgendwann aus und noch bevor man ihn dazu zwingt, so ist es seit jeher, das zeigt die Geschichte. Die Entführer und Geiseln befanden sich in der Grotte von Watetö, nicht weit von Gossanah entfernt, aber doch weit genug, als dass er sie auf der Landkarte hätte verorten können.

Ganz Grande Terre erzitterte: Eine Granate hatte sechs Gendarmen verletzt, ein weiterer war von einem Scharfschützen getroffen worden, ein junges kanakisches Mädchen war durch die »fehlgegangene« Kugel eines französischen Militärs gestorben; Wahlurnen wurden verbrannt, Straßensperren errichtet, Telefonkabel zerschnitten.

Die GIGN und die Fallschirmjäger des EPIGN kamen nach Gossanah. Die Stunde der »Verhöre« war gekommen. Wo war diese Grotte? Wo? Die Bewohner wurden vor der evangelischen Kirche zusammengetrieben (»um sie nicht zu erschrecken«, erklärte später irgendein Schreiberling). Kolbenhiebe, Stiefeltritte, Faustschläge. Die Zeugenaussagen der Kanak, die in der Presse abgedruckt oder bei der unabhängigen Ermittlung gesammelt wurden, welche unverzüglich von der Menschenrechtsliga veranlasst worden war, bestätigten: Prügel und Elektroschocks, Leute, die entblößt, Gefesselte, die in der prallen Sonne liegengelassen wurden, Todesdrohungen, vorgetäuschte Erschießungen, Strangulierungen, rassistische Beleidigungen, Verwüstung von Hütten, Diebstähle, Plünderungen, Tötung von Tieren.

Um die hundert Berichte: Von einem Kanak verlangte man, die Lage der Grotte in ein Heft zu zeichnen – er gehorchte nicht und erhielt Stromstöße an Brust und Bauch; ein anderer wurde mit einem Stück Stoff so fest am Hals angebunden, dass er ohnmächtig wurde; einem dritten, der auf dem Boden lag, wurde ein Gewehrlauf in die Hand gerammt, das Handgelenk verrenkt, der Hals abgedrückt und mit dem Gewehrkolben auf den Kopf geschlagen; ein weiterer wurde ausgezogen, auf die Knie gezwungen, geohrfeigt und geprügelt; noch einer wurde mit einer Axt bedroht und gezwungen zuzusehen, wie sein Sohn aus der Familienhütte gezerrt wurde – »ich glaube, sie haben ihn gefoltert, ich habe ihn schreien gehört«.

»Rede!«

»Warum wollt ihr die Unabhängigkeit?«

»Hier sind keine Journalisten, wir können mit euch machen, was wir wollen, da kennen wir keine Grenzen.«

Die Staatsdiener dementieren später derlei Vorwürfe: General Vidal spricht von »einem gewissen psychologischen Druck«, *namentlich* »sonst unüblichen Handlungen aus Ungeduld«; »es wurde geschlagen«, *gibt ein Gendarm zu, bemüht sich aber gleichzeitig klarzustellen, dass die Berichte darüber* »völlig übertrieben« *seien; ein* GIGN*-Mitglied erwähnt* »diese sogenannte Gewalt«, *die,* »auch wenn es stimmt, dass es gewisse Derbheiten gegeben hat«, *doch in nichts zu vergleichen sei mit der, die bei der Eroberung der Gendarmerie verübt wurde; ein Offizier lässt es auf einen heiklen Konjunktiv ankommen:* »Es würde mich sehr überraschen, wenn es irgendwelche Misshandlungen gegeben haben sollte.«

Der GIGN*-Kommandant Philippe Legorjus berichtet später in einem seiner Bücher, einige Gendarmen seien tatsächlich,* *so wie von den Kanak beschrieben, vermummt gewesen und es sei »geschlagen und getreten« worden – was man aber nicht als »Folter« bezeichnen könne. Eine aus fünf NGOs rekrutierte Untersuchungskommission veröffentlicht ein Jahr nach den Ereignissen einen Bericht, in dem es heißt, die Ordnungskräfte hätten sich »wie Kriegstruppen aufgeführt« und es seien zahlreiche Demütigungen, Misshandlungen und Freiheitsberaubungen festzustellen gewesen.*

»Sag die Wahrheit oder ich knall dich ab!«

Ein Oberstleutnant dagegen hatte den Kindern Süßigkeiten und den Älteren Tabak angeboten und erklärt: »Ich bin Christ. Aufseiten der Melanesier darf kein Blut fließen.« Über ihn hatte Alphonse Dianou später gesagt, er sei der »freundlichste« der Militärs gewesen – er war wohl auch der Letzte, der den Unabhängigkeitskämpfer noch lebend fotografierte: auf dem Rücken liegend, den Blick aufs Korallenmeer gerichtet.

Im Süden des Atolls ließen die Entführer die elf Geiseln aus der ersten der drei Gruppen frei; die Gefangenen erklärten, sie seien »nicht misshandelt« worden; die Entführer stellten sich selbst den Behörden und händigten ihre Waffen aus mit der wiederholten Erklärung, sie hätten kein Blutvergießen gewollt, die Gendarmen hätten niemals sterben dürfen und ihre Waffen seien nur »zum Einschüchtern« dagewesen. Sie hatten keinen Kontakt mehr zu ihren Kameraden – »sie wurden von den Ereignissen überrollt«, erklärte ein Gendarm, der vor Ort dabei gewesen war. Der Hauptfeldwebel von Fayaoué bekräftigte, sie seien »keine wirklichen, ausgebildeten Kämpfer« gewesen, sondern »einfache Bürger«.

Chirac wiederum verlangte Ergebnisse und tobte vor Ungeduld. »Es geht um die Ehre Frankreichs«, fluchte auch Minister

Pons. Ab diesem Zeitpunkt wendete die Armee die »Djebel-Taktik« an, schrieb Oberstleutnant Picard; es habe »eindeutig ein ›Algerisierungsprozess‹ eingesetzt«, bestätigte GIGN-Kommandant Legorjus.

»Es geht um die Ehre Frankreichs, um die Ehre der französischen Armee«, fluchte der Minister weiter.

Schon Ende 1986 hatte Mitterrand dem Generalsekretär des Präsidialamts zu Chiracs und Pons' Linie in Neukaledonien gesagt: »Die haben nichts gelernt. Mir kommt vor, ich höre dieselben Reden wie vor dreißig Jahren über Algerien.«

Zehn Tage später wird der Befehl zum Sturmangriff gegeben.

13 Die Nacht ist tintenschwarz – wie die Wörter, die ich heute Abend nicht werde schreiben können.

Dave fährt mich zu einem Nakamal weit außerhalb des Stadtzentrums – die Schankhütten aus Holz und Wellblech sind eine Tradition aus dem benachbarten Vanuatu. Kaputte Bussitze. Ununterscheidbares Gerümpel. Kein Fünkchen Licht, drei streunende Hunde, ein paar vage Silhouetten von Menschen. In Kokosnusshälften schenkt man uns Kava ein – ein hochgradig hypnotisches und mindestens entspannendes Getränk aus Lianenwurzelsud. Bevor wir trinken, gießt Dave einen Schluck auf den Boden: zur Erinnerung an »die gefallenen *Alten*«.

Wir setzen uns.

Der Geschmack ist bitter. Die Wirkung für den unerprobten Körper direkt: Der Mund ist wie betäubt und der Geist benommen, träge, in Watte gepackt. Irgendwo zwischen Hanf und Opium – melden zumindest meine subsaharischen und indischen Erinnerungen. Wir schauen zum Himmel, der schließt uns die Augen. Wir sprechen ein wenig über seinen Vater. Eine verflossene Liebe. Alphonse Dianou. Seine jüngere Schwester, die einmal in Frankreich war und ihre Koffer mit Billigschokolade gefüllt hat. Als ich aufwache, kann ich mich kaum erinnern, wie diese letzten Sätze zusammenhingen.

Zwei dagegen verfolgen mich seit vielen Monaten: der von Dianou auf seiner Bahre – allerdings nicht zum Zeitpunkt, als das Foto aufgenommen wurde, sondern von vorher. Er war gerade am linken Knie getroffen worden und musste vor der Grotte liegend darauf warten, dass man ihn abholte: »Philippe«, fragte er am Boden zerstört, am Tropf, »warum habt ihr das getan? Hätte man das nicht anders machen können?«

Die Frage war an den GIGN-Kommandanten gerichtet, der sich nach dem Sturmangriff über ihn beugte, während ein Dutzend Leichen um sie herumlagen.

»Anders machen.«

Ohne dieses Verb und dieses Adverb, auf die ich bei meinen Recherchen 2015 stieß, hätte ich vielleicht nie den Wunsch entwickelt, diesem Foto Leben und eine Stimme zu verleihen.

Im Parteisitz der Gruppe »UC-FLNKS und Nationalisten« warte ich geduldig in einem Vorzimmer. An der Wand ein Poster mit den Märtyrern von Ouvéa: »Töchter und Söhne dieses Landes, vergesst das nie«, liest man in weißen Buchstaben. An der Spitze einer Pyramide aus Gesichtern das von Alphonse Dianou, rechts darunter das struppige Lächeln von Wenceslas Lavelloi, genannt Vince, dem Vater von Dave, der links neben mir sitzt.

Der ehemalige Präsident der Kanakischen sozialistischen Front der nationalen Befreiung und derzeitige Chef einer Tribu hat sich bereiterklärt, mich zu empfangen. Man führt uns in einen Versammlungsraum, wie es viele gibt. Roch Wamytans Haar und Bart sind von einem fast schon weißen Grau. Er trägt ein türkises, kurzärmeliges Hemd. Vor ihm das Organ des FLNKS, eine Tasse Tee und ein Mobiltelefon. An der Wand die Fahne in den leuchtenden Farben der Unabhängigkeit.

Er habe Alphonse Dianou einige Zeit vor dessen Eintritt ins Priesterseminar kennengelernt, erzählt er mir. Dann habe er ihn mehrere Male auf den Fidschi-Inseln getroffen. »Wir waren beide Mitglieder der Union calédonienne, manchmal haben wir zusammen im Exekutivausschuss gearbeitet. Da wir uns immer montagabends getroffen haben und er kein Auto hatte, habe ich ihn oft mit nach Hause genommen. Auch im Justiz- und Friedensausschuss war ich mit Alphonse zusammen. Wir haben über Politik gesprochen, aber auch viel über die Kirche. Ich weiß noch gut, dass er immer wieder gesagt hat, wir bräuchten ›eine neue Christologie‹. Mit einem Bezug zur Volksbefreiung.«

War Alphonse von der lateinamerikanischen Befreiungstheologie der 1960er und 1970er Jahre beeinflusst? »Vielleicht. Ich kann mir vorstellen, dass das eine Inspirationsquelle für ihn war. Alphonse war ein überzeugter Katholik. Er wollte seinen Glauben zum Motor für den politischen Kampf machen, er hat sein Engagement aus dem gespeist, was er auf den Fidschis gelernt hatte. Letztlich war er ein linker Christ, ein linker Katholik. Es ging ihm um eine Art christianisierten Marxismus, er glaubte, man müsse das Leben und die Botschaft Christi studieren, um sie auf den Bereich des Sozialen anzuwenden.«

Und wie stand er zur Gewaltlosigkeit? Darüber habe er oft gesprochen, bestätigt Roch Wamytan. Er habe ihm auch von seiner Reise zu den Pazifisten in Australien erzählt. Alphonse Dianou, fährt der ehemalige FLNKS-Chef fort, habe sich nicht radikalisiert, zumindest sei ihm nichts dergleichen aufgefallen. »Er hatte mir erzählt, dass sie die Gendarmerie besetzen wollten – natürlich ohne die Details zu nennen. Die sind da nicht hinein, um Leute umzubringen, das Ganze ist ihnen entglitten. Sie waren völlig hilflos. Alphonse war kein gewalttätiger Mensch. Er war Humanist. Er wollte die Gesellschaft verändern und glaubte an den Dialog. Denn was wollte er denn letztlich?

Gehört werden! Die Geiseln umbringen, sobald sie in der Grotte waren? Von sowas war er weit entfernt.«

Ich bitte ihn, mir etwas zum Sturmangriff vom 5. Mai 1988 zu sagen, wie blickt er darauf? »Das war ein Riesenblödsinn. Pons hat sich von Jacques Lafleur, dem loyalistischen Gründer des Rassemblement pour la Calédonie dans la République, zu totalitären Auswüchsen hinreißen lassen. Die Armee loszuschicken, um französische Bürger zu bekämpfen, sowas hat es praktisch noch nie gegeben! Sie hätten das, was passiert ist, sehr einfach auch anders regeln können, ohne diese brutale Gewalt. Die Armee und der Staat hatten praktisch alle Kommunikationswege nach Ouvéa abgeschnitten. Wir hatten keinen Kontakt mehr zu den Leuten in der Grotte und auch nicht zu Jean-Marie Tjibaou. Wie hätte man so eine Krise bewältigen sollen? Man kann den FLNKS für einiges kritisieren, aber zu sagen, er habe sie im Stich gelassen, ist falsch, das ist einfach falsch! Ganz zu schweigen von dem, was all die Mittelsmänner dann daraus gemacht haben, die nach dem Regen wie Pilze aus dem Boden schossen ... Es hat an Transparenz und Klarheit gefehlt, die Grundsatzdevisen sind auf beiden Seiten falsch verstanden worden. Es wäre wirklich nicht nötig gewesen, die Armee zu holen!«

Roch Wamytan drückt sich äußerst gewandt aus; sein präziser, klarer, virtuoser Tonfall verrät einen, der sowohl in der politischen Rede als auch in der öffentlichen Debatte zu Hause ist.

»Ohne das, was auf Ouvéa passiert ist, hätte es das Abkommen von Matignon nie gegeben und danach auch nicht das von Nouméa. Das war ein Schlüsselmoment. Inzwischen beruft sich jeder gern auf Matignon und das ›gemeinsame Schicksal‹, die Entwicklung, die gereichte Hand, tralali, tralala; aber ohne das Opfer der neunzehn Männer wäre das alles nicht möglich gewesen! Das ist alles auf ihrem Tod gewachsen! Ich weiß nicht, wo wir ohne sie heute stünden – das darf man nicht vergessen. Wir müssen uns das immer wieder in Erinnerung rufen. Und wir sind noch nicht unabhängig! Die Politik, die wir heute im FLNKS verfolgen, knüpft an diese historische Entwicklung an: Die Verhandlungen, die sich aus diesem Drama ergeben haben, haben uns zum Selbstbestimmungsreferendum von 2018 geführt. Das hoffen wir zu gewinnen. Es ist das Ende der Geschichte, die letzte Etappe. Wir möchten glauben, dass Tjibaou richtig daran getan hat, Lafleur die Hand zu reichen. Wir müssen die neuen Generationen politisch bilden, diejenigen, die nicht mehr an die Politik glauben, die das Referendum boykottieren wollen. Wir befinden uns in einem Prozess. Der Kolonialismus ist überholt, das sagen auch die Vereinten Nationen, Frankreich muss sich von seinem Selbstbild als Weltmacht verabschieden. Wir wollen nicht als Konfetti des französischen Kolonialreichs betrachtet werden. Das ist vorbei. Frankreich muss die Völker, die es im Laufe seiner Geschichte kolonisiert hat, in die Freiheit entlassen, damit muss es sich abfinden. Es darf keine Politik verfolgen, die die Emanzipation dieser Völker ausbremst, verhindert oder vereitelt. Schlagt das nächste Kapitel auf! Wir können auch andere, neue und vielleicht interessantere Beziehungen zueinander eingehen!«

Sieht er die Linke und die Rechte in derselben Verantwortung für das Verbrechen des Kolonialismus? »In dieser Sache nehmen sie sich nichts. Wie sagte Chirac? ›Jacke wie Hose‹!« Er bricht in lautes Lachen aus, dann fügt er hinzu: »Ihre Politik orientiert sich an der Unabhängigkeit, das ist die rote Linie, die nicht überschritten werden darf. Sie kolonisieren Neukaledonien seit hundertdreiundsechzig Jahren: Es wäre Zeit, damit Schluss zu machen. Wir leben nicht mehr im 19. Jahrhundert! Lasst die Völker frei werden! Wir haben genug von dieser Logik der Herrschenden und Beherrschten. Wir sind die Letzten. Wir wollen ein eigenes Land sein, mit seinem eigenen Platz an der Pazifiksonne.«

14 Ich schaue noch einmal auf der Zeitachse nach, die ich mir in mein Heft gezeichnet habe: Da sind die Daten der Interviews, die Alphonse Dianou im April 1988 gab, dem Monat, in dem alles kippte, während ich noch ein Kind war; die Erwähnung von Gandhi, dessen Schriften er teilweise kannte, dem Helden des Spielfilms, den er jungen, zukünftigen Aktivisten vorführte; und jene Worte, die er in der Zeitschrift *Non-violence Actualité* äußerte, nur wenige Monate, bevor er mit einer traditionellen, geschnitzten Keule in der Hand die Gendarmerie betrat, um sie während der Präsidentschaftswahlen meines Landes zu besetzen und damit seines vor einem Gesetz zu bewahren – und, liest man einige und glaubt manchen der Autoren, um auf einen oder vielleicht auch zwei Gendarmen zu schießen, wie diese Einigen und Manchen beteuern –, und diese Worte sind folgende: »Für mich heißt der Grundsatz der Gewaltlosigkeit in einem Befreiungskampf, nicht nur sich selbst oder das eigene Volk, sondern auch den Unterdrücker zu befreien: indem man ihn dazu bringt, seine Rolle als Unterdrücker zu erkennen. Ein solches Anliegen ist schwierig zu vermitteln, denn die Leute hier haben viel gelitten.« Und weiter unten: »Man muss die Leute dazu bringen zu begreifen, dass Gewaltlosigkeit in einem Befreiungskampf eine echte und wirkungsvolle Waffe ist. Sie ist mit Sicherheit wirksamer als Gewalt, denn nach der Befreiung wird es leichter sein, das Land im gegenseitigen Verständnis der hier lebenden

Ethnien neu aufzubauen.« Und noch ein Stück weiter: »Wenn Menschen nicht daran gewöhnt sind, sprechen zu dürfen, dann hat der, der am lautesten spricht, die Waffe in der Hand. Die Gewaltlosigkeit dagegen erlaubt, verschiedene Standpunkte einander gegenüberzustellen und damit in den Diskussionen voranzukommen.«

Dieser Mann soll bereits besiegte Körper mit Bleikugeln durchsiebt haben?

Diese Darstellung hinkt.

Ein schiefes, schleppendes, schlecht gebautes Märchen.

Im Abkommen von Matignon, das einen Monat nach der Erstürmung der Grotte unterzeichnet wurde, einigte man sich auf eine Amnestie. Deswegen gab es keinen Prozess und folglich auch kein Urteil oder eine endgültige Feststellung der Tathergänge aufgrund von Beweisen und Zeugenaussagen. Die Geschichte kratzt noch an ihrem Schorf.

Ich würde alles darauf verwetten, dass Dianou kein falsches oder doppeltes Spiel gespielt und heimtückisch oder verlogen gehandelt hat. Dianou hat damals formuliert, was er auf dem Herzen hatte, und dieses Herz war nicht aus Stein. Für mich gibt es gar nichts zu wetten: Der authentische Aktivist, schrieb einige Jahrzehnte zuvor der aus der bolivianischen Haft entlassene Régis Debray auf den schönen Seiten, die er Pierre Goldman gewidmet hat, gehört zu einer ganz bestimmten und klar umrissenen Art von Menschen, nämlich »denen, *die ihr Leben einer Idee unterordnen*«, denen mit »einer körperlichen Beziehung zu einer Idee, was den ganzen Unterschied zwischen einem Aktivisten und einem Politiker ausmacht«. Diese Art kann sich nicht verstellen – sie kann natürlich lügen, manipulieren, betrügen, übervorteilen oder die eigene Mutter verkaufen, das ist klar, aber ohne je an ihren harten Kern zu rühren: Niemand verleugnet die Idee, ist sie einmal Fleisch geworden.

Dianou ist von dieser Art.

Auch wenn der Beweis dafür fehlt, trage ich dieses Gefühl seit meinen ersten tappenden Schritten in dieser Geschichte mit mir herum, vielleicht seit dem ersten Anblick des verletzten Mannes auf der Bahre – das linke Knie verbunden, die blutdurchtränkte Hose bis zum Oberschenkel aufgekrempelt, der rechte Fuß nackt, der Bauch von einer schamlosen Hand bloßgelegt, der linke Ärmel der khakifarbenen Jacke mit einer Kanaky-Fahne bestückt und angewinkelt auf der Brust, der Kopf seitlich nach hinten geknickt, ohnmächtig, die Augen geschlossen, der Bart schwarz, ein Ehering am Finger –, verletzt zwischen seinen Brüdern: Gefangenen, Überlebenden, die meisten mit bloßem Oberkörper, die Gesichter zu Boden gerichtet, die Hände hinterm Kopf verschränkt, zu Füßen der Lederstiefel meiner Landsleute.

Die legendäre »Schönheit des Verbrechens«, die zahlreiche Künstler und Schriftsteller fasziniert hat, lässt mich kalt; die Anziehungskraft der bösen Jungs, der Ehrenganoven, der Gangster von Miami, der an der Porte de Clignancourt niedergestreckten Staatsfeinde Nummer eins oder derer, die »wahllos in die Menge schießen, sobald es geht«, gleitet an mir ab. Ein berühmter zigarrenrauchender Anwalt behauptete einmal zu seiner eigenen Befriedigung, die Grenze zwischen Mensch und Tier sei das Verbrechen, die willentliche Tötung als Verstoß sei ein Akt der Freiheit – purer Genuss des Ästheten, reine Lust am Skandal.

Ich weiß um die Verführungskraft der Gewalt und um »ihre starken Farben, ihre Lieder, ihre Mimik«, wie Paul Valéry sie beschrieb; ich weiß um diese berauschende Melodie, die jeden betört, der die herrschende Ordnung nicht einfach hinnehmen kann – manchmal verstehe, manchmal spüre ich sie. Blut führt diesen kranken Weltentanz an, die Gewalt hat ihre Hand auf die Geschichte gelegt – das alte Lied. Ein Umsturz hat nur dann einen Sinn, wenn er auf die Befreiung einer Gruppe oder, wagen wir es doch, des ganzen Volks zielt.

Ich hatte hier und da Gelegenheit, mit dieser Art von Menschen, ehemaligen Rebellen aus Asien oder aus dem Orient, zu sprechen und mich mit anderen darüber auszutauschen, ob Indigene aus Chiapas oder Kämpfer für die kurdische Sache, Überlebende des geschleiften Chile oder einfache Bürger, die sich im Rauschen unserer anonymen Städte, Dörfer, Viertel, Gewerkschaftssitzungen, Plätze mit Demonstrationszügen und Flugzetteln auf schlechtem Papier unbeirrt gegen die Macht des Geldes und die »Demokratie« der Gutgestellten verwahren.

Diese Leute sind mir, sagen wir, vertraut. Ich glaube zu verstehen, was da seit mehreren Jahrhunderten in ihnen brodelt. Diese Leute sind bereit, alles zu geben – Zeit, ein Hemd, durchwachte Nächte –, ohne dabei auf Ruhm und Ehre zu hoffen oder auf Geld und Aufmerksamkeit zu schielen, und dann alles mit einem Streich ihrer eisernen Hand wegzufegen. Diese Leute sind von einer unerträglichen Art, der das Leben doch so viel verdankt.

Dass Guevara in der Sierra Maestra beim Anblick von Schusswaffen erbebte und einem Bauern den Abzug eines 32er-Kalibers an die rechte Schläfe drückte, weil dieser Verrat begangen hatte, um für Geld dem Regime des Tyrannen zu dienen, ist kein Geheimnis. Dass Jorge Semprún, damals Widerstandskämpfer, an einem Herbstmorgen an einem Fluss einen deutschen Soldaten mit einer Smith & Wesson erschoss, um ihm sein Maschinengewehr und sein Motorrad abzunehmen, ist verständlich, vor allem, wenn man weiß, dass er gezögert hat. Dass aber ein Nacheiferer von Gandhi unbewaffnete Männer umgelegt haben soll, da liegt der Hase im Pfeffer.

15 Was gibt es Groteskeres als den Handschlag eines Mannes, der – um klarzumachen, dass es ihm gut geht, was man ohnehin sieht – einem zur Begrüßung die eigenen Finger abquetscht? Der von Élie Poigoune, dem Präsidenten der Menschenrechtsliga, ist bloße, bescheidene Geste: ein Austausch, keine Eroberung. Wir bestellen Kaffee; die Masten der Boote radieren einen Rand des Himmels aus.

Élie Poigoune war eine der Leitfiguren im Kampfkomitee von Nouméa und engagierte sich zusammen mit allen anderen Unabhängigkeitsparteien – wie der Union calédonienne, dem Parti de libération kanak, dem Front uni de libération kanak – auf dem gesamten Territorium gegen das Pons-Statut. So kam es zu seiner Begegnung mit Alphonse Dianou. »Alphonse wollte Kirchenvertreter werden. Also hatten wir beschlossen, gewaltfrei gegen dieses Gesetz vorzugehen – ich war immer schon der Meinung, dass es nichts bringt, zu den Waffen zu greifen. Mein politischer Kampf hat in den 1970er Jahren begonnen, das heißt, ich war es gewohnt, Ordnungshütern standzuhalten und Repressionen zu bekämpfen, aber immer gewaltfrei. Ohnehin hatten wir auch gar keine Waffen ... Ich war kein besonders religiöser Typ, aber vielleicht bin ich tief im Inneren auch von der Religion geprägt – als Kind habe ich ganz selbstverständlich damit gelebt, mein Vater war Pfarrer, ich kenne diese Philosophie ganz gut ... Die Forderung nach Unabhängigkeit hat mit unserer Generation begonnen: Mehrere von uns waren zur Zeit der 68er-Bewegung zum Studieren nach Frankreich gegangen. Da wollte man Privilegien in Frage stellen, die Leute hatten einen Freiheitsdrang – das hat uns stark beeinflusst.«

Er studierte Mathematik in Montpellier und war nach seiner Rückkehr entschlossen, Bewegung in die Sache zu bringen. Die Gesellschaft war enorm gespalten und durch Rassismus und soziale Ungerechtigkeit zerrissen, sie brauchte ein neues Fundament. »Wir konnten so nicht weitermachen. Es gab keine Zukunftsperspektive für spätere Generationen. Wir waren beseelt von großherzigen Ideen und hatten keine klar umrissene Ideologie. Unsere erste Aktion haben wir 1974 in Anse Vata gestartet, als Protest gegen die Militärparade, mit der jedes Jahr die Eroberung von Neukaledonien gefeiert wird. Wir waren etwa fünfzig Leute. Und wir haben unseren Unmut klargemacht. Das ist eine Feier, die für den Beginn der Kolonisierung und der Herrschaft über die Kanak steht, das war beleidigend! Ich wurde einen Monat lang in Nouméa eingesperrt, weil ich einer der Anführer war. Unsere Aktionen waren friedlich. Aber die Polizei hat sofort auf uns eingeprügelt, weil Demonstrationen verboten waren.«

Poigoune spricht so leise, dass man sich fast vorbeugen muss, um alle Worte aufzuklauben, die er auf seinem Weg aussät. Sein Gesicht ist länglich und die Haare ergrauen langsam, so wie die Wolken, die in der Ferne vorüberziehen.

»Die Jungs aus Larzac sind hergekommen und Alphonse war so etwas wie ihr Kontaktmann. Mit ihm haben wir uns in den Vierteln versammelt und mobilisiert, wir haben den Leuten erklärt, dass wir gegen das Pons-Statut demonstrieren wollen. Wir sind herumgefahren. Es gab auch Hungerstreiks – bei denen war meine Frau dabei. Wir wollten eine Großdemonstration im Zentrum machen, auf der Place des Cocotiers, wir hatten geplant, mit Ballons an Schnüren zu kommen und sie in den Himmel steigen zu lassen, wenn die Polizei uns niederknüppelt. Manche Leute hatten Angst. Es war verboten zu demonstrieren, aber wir haben es trotzdem getan. Wir waren um die hundert Leute: junge und weniger junge.«

Der Platz – auf dem ich manchmal stundenlang lese – hat sich seitdem völlig verändert, erklärt er. Die Szene spielt sich Ende August 1987 ab: »Wir haben nicht den Verkehr behindert, wir haben einfach nur dagesessen. Die Polizisten sind gekommen und haben uns aufgefordert zu verschwinden, aber das wollten wir nicht, wir sind sitzengeblieben und sie haben auf uns eingeprügelt. Da sind alle fluchtartig auseinandergelaufen. Mich und Alphonse haben sie geschnappt und mitgenommen. Sie wussten, dass wir die Verantwortlichen waren, weil wir in Mikros gesprochen hatten. Sie haben uns niedergeknüppelt, wir waren verletzt, dann haben sie uns ins Gefängnis Camp Est gebracht.«

Das war mir bekannt – zumindest in groben Zügen. Drei Jahrzehnte sind vergangen, das ist mir bewusst, aber vielleicht erinnert er sich noch an irgendwelche, selbst winzige Details seiner Gespräche mit Dianou oder an dessen psychischen Zustand, nachdem er hinter Gittern war? »Ich habe zwei Nächte mit Alphonse verbracht. In einer Zelle mit zwei Betten. Das war das erste Mal, dass ich ganz allein mit ihm war. Da habe ich verstanden, was für ein Mensch er war. Er hat mir erklärt, warum er sich engagiert. Und ich habe innerhalb dieser zwei Nächte gesehen, wie sehr er sich verändert hat. Diese Geschichte hat ihn gezeichnet – er war zum ersten Mal geschlagen und ins Gefängnis gesteckt worden. Ich war daran gewöhnt, aber ihm ist das sehr nahegegangen. Er hat sich verändert. Was er gesagt hat, hat sich verändert.«

Wir befinden uns acht Monate vor der Geiselnahme, und Alphonse Dianou hat bereits mehrere Jahre gewaltfreien Protest hinter sich. »Was ich von unseren Gesprächen noch erinnere«, fährt Élie Poigoune fort, »ist der Satz: ›Mit der Gewaltlosigkeit bin ich durch, ich glaube nicht mehr dran; wenn ich aus dem Gefängnis komme, schnappe ich mir ein Gewehr.‹ Er war voller Wut. Ich habe damals gedacht, das geht vorbei. Ich habe ihm gesagt, ich erlebe solche Situationen seit Jahren, man darf sich nicht entmutigen lassen. Ich habe gedacht, vielleicht hört er auf zu kämpfen, aber dann habe ich verstanden, dass er eher einen Schritt weiter gehen wird ...«

Das also war der Bruch.

Schläge mit Knüppeln und zwei Tage Knast dafür, dass man mit Luftballons in der Sonne saß.

Damals, in diesem Sommer, in dem Alphonse Dianou gerade achtundzwanzig Jahre alt geworden war, wie auf dem Foto mit dem breiten Lachen und der ausgestreckten Faust.

»Im Gefängnis ist er umgekippt. Es war ein echtes Umschlagen. Er hat sich sehr schnell verändert. Vielleicht gibt es auch noch andere Gründe, in seinem Privatleben vielleicht, das weiß ich nicht ... Aber er war ein guter Mensch«, fügt mein Gegenüber leise hinzu.

»Alphonse war in dem, was er verteidigt hat, sehr christlich geprägt. Er war ruhig, aber konnte sehr entschieden sein. Er sprach oft vom Alkohol und dass er ihn hasste. Nach dem Gefängnis sind wir uns auf verschiedenen Versammlungen wiederbegegnet: Er war bei der UC und ich beim Parti de libération kanak.« Die Union calédonienne, erklärt er, erlaubte jedem Kampfkomitee, unabhängig über seine Aktionen zu entscheiden, seine eigene Partei dagegen arbeitete gewissermaßen zentralistisch und jeder musste sich mit der Parteileitung absprechen, bevor er aktiv wurde, Marxismus verpflichtet ... »Alphonse hat weiter seine Runden durch die Viertel gedreht, aber seine Worte waren härter geworden – ich bin zwar selbst nie dabeigewesen, aber das hat man mir erzählt. Er hat gesagt, wir dürften uns nichts mehr gefallen lassen, wir müssten uns so engagieren wie Jesus, selbst wenn wir unser Leben dabei verlören, es gebe keine andere Lösung mehr. Danach habe ich ihn nicht wiedergesehen ... und das bedauere ich sehr. Er ist nach Ouvéa gefahren und sie haben das getan, was Sie wissen ... Ich habe davon zur selben Zeit erfahren wie alle anderen.«

Élie Poigoune verstummt.

Trinkt einen Schluck Kaffee, dann stellt er die Tasse ab und fährt fort: »Alphonse war kein gewalttätiger Kerl. Das war eine Verzweiflungstat. Er hatte mir gesagt, er sei inzwischen überzeugt, gewaltsame Aktionen könnten die Regierung und den Staat zum Einknicken bringen. Er war sich sicher, er könne Mitterrand in die Knie zwingen und die Unabhängigkeit seines Landes erkämpfen. Aber das war ein Denkfehler ... Wenn die uns gegenüberstehen, schießen sie uns nieder, die würden nie nachgeben! Manche Kanak denken heute immer noch, Gewalt sei eine Lösung. Nein, Gewalt heißt Sterben! Die Streitkräfte gehören dem Staat und den Siedlern, das ist doch genau das, was sie wollen: uns auslöschen. Wir dürfen nicht zu den Waffen greifen. Wir brauchen einen gewaltfreien Diskurs, der mobilisiert; unsere Kraft ist das Wort. Wenn wir diese Schwelle überschreiten, werden wir die Folgen niemals kontrollieren können. Doch so viele, wie wir sind, können wir viel bewegen.«

Immer wieder wird Kritik am FLNKS laut, und immer wieder in den gleichen Worten: als Vorwurf. Aber haben die Parteichefs ihre Truppen wirklich auf freiem Feld im Stich gelassen? 2017 machte der Anthropologe Alban Bensa in der Zeitschrift *Mouvements* ein Geständnis von Léopold Jorédie öffentlich, dem Nachfolger von Machoro an der Spitze des Ministeriums für Sicherheit der selbsternannten Regierung des FLNKS: »Wir waren nicht darauf gefasst gewesen, überhaupt darüber nachzudenken; wir waren gelähmt und vollkommen überfordert.« Hätte der FLNKS, der von den Schöngeistern Neukaledoniens und Navarras bereits als »terroristische Organisation« eingestuft wurde, die Verantwortung für den plötzlichen Tod von vier Gendarmen übernehmen und die Schwächung seiner Gesamtstruktur in Kauf nehmen sollen? Hatte er eine andere Wahl, als jedes Kampfkomitee auf seine grundsätzliche Autonomie zu verweisen, um in einem Kampf, den er meinte, gegen die ganze Welt führen zu müssen, den Kopf über Wasser zu halten? Was hätte er darüber hinaus tun können, wusste er doch, dass sein wiederholter Vorschlag, einen Vermittler einzusetzen, im Mutterland ungehört geblieben war? Kurz, was hätte er tun sollen? Ich vertraue meine Fragen dem Präsidenten der Menschenrechtsliga an. »Viele Leute haben zu dieser Aktion ermutigt, wollten danach aber nicht dafür verantwortlich sein«, antwortet er. »Wir haben sie auf Ouvéa im Stich gelassen. Es hat keinerlei Unterstützung gegeben. Sie mussten mit den Sicherheitskräften allein fertigwerden. Das Politbüro des FLNKS hat seine Verantwortung nicht übernommen – ich hatte gleich nach dem Drama den Vorschlag gemacht hinzufahren, er wurde abgelehnt. Wir hätten ihnen danach sagen müssen, dass wir dem Ganzen nicht gewachsen waren, wir hätten uns entschuldigen müssen. Und zwar sofort. Wir haben es nicht getan, und das Ergebnis ist bekannt: Jean-Marie Tjibaou und Yeiwéné Yeiwéné, die beiden Chefs des FLNKS, wurden ein Jahr später von einem Kanak aus Gossanah erschossen.

Dianou, auch wenn er weniger bekannt ist als Machoro oder Tjibaou, war eine wichtige Persönlichkeit. Er hat seinen Teil der Arbeit geleistet ... aber die Sache ist entgleist. Sie hatten nicht vor, in der Gendarmerie zu schießen, das war ein Unfall. Aber die Reaktion des Militärs hat mich trotzdem nicht überrascht – die sind gewohnt, sowas blutig niederzuschlagen. Jetzt müssen wir gemeinsam etwas Neues aufbauen, zusammen mit allen anderen. Nicht alle Kanak teilen meine Ansichten, manche akzeptieren den Weg nicht, den das Nouméa-Abkommen vorsieht. Trotzdem muss man miteinander reden. Wir müssen die Konfrontation beenden. Es ist möglich – das haben wir bewiesen –, uns mit den Caldoches, die seit mehreren Generationen hier leben, zusammen weiterzuentwickeln und trotzdem unsere Eigenheiten und unsere Kultur zu bewahren, die uns anders- und uns ausmachen. Wir haben vorgeschlagen, das Land ›Kanaky-Neukaledonien‹ zu nennen, nach dem Beispiel von Papua-Neuguinea. Wir können auch beide Flaggen zusammen hissen oder gemeinsam eine neue entwerfen. Über diese Fragen kann man reden.«

Die überwältigende Mehrheit der Kanak sei für die Unabhängigkeit, sagt er mir zu Recht, aber deshalb werde es nicht weniger schwer sein, beim Referendum 2018 die Mehrheit zu erzielen. Solange manche Kanak bewusst nicht wählen gingen und sich sogar weigerten, sich beim Meldeamt zu registrieren ... »Wir müssen kämpfen, aber wenn wir es mit Waffen tun, werden wir die großen Verlierer sein. Natürlich, wenn ein Krieg ausbräche, könnte am Ende die UNO einschreiten und uns die Unabhängigkeit zusprechen, aber dann gäbe es Tote, viele Tote ...«

Der Aufstand der Kanak von 1878 kommt mir in den Sinn.

Er war zwei Jahrzehnte, nachdem der Archipel Eigentum des französischen Kaiserreichs geworden war, ausgebrochen. Ein französischer Militär, künftiger General und Kommandant einer Infanteriedivision im Ersten Weltkrieg, hatte dem Marine- und Kolonien-Minister damals einen Bericht vorgelegt: Die Gründe für den Aufstand seien nicht schwer zu begreifen, meinte er. »Nicht nur hat man ihnen den Großteil ihrer Ländereien weggenommen und ihre Kulturen zerstört, sondern auch die Gebeine ihrer Angehörigen in alle vier Winde verstreut.« Worauf der Militär namens de Trentinian noch hinzufügte, oft sehe man auch, wie die Kolonisten indigene Frauen entführten – zu Zwecken, die sich jeder denken kann.

Auch für weniger würde man ungeduldig werden ...

An einem Junitag griffen also Hunderte von Kanak zu den Waffen und stürzten sich – die Haut mit schwarzem Ruß aus Lichtnussbaumrinde beschmiert – in einem wohlgeplanten Angriff auf jeden Europäer, der ihnen über den Weg lief. Dabei wurden, sagt man, Gefangene befreit und Körper von Siedlern zerstückelt, verstümmelt und zuweilen aufgegessen. Der Häuptling, Ataï, wurde enthauptet; ein Gouverneur wandte sich an Seine Exzellenz, um diese zu beruhigen, der Aufstand sei »endgültig niedergeschlagen« worden.

Die Geschichte liebt zuweilen ihre Zufälle: Dieser Aufstand hatte mit dem Tod von vier Gendarmen begonnen; hundertzehn Jahre später erschütterte der von vier anderen Ouvéa – unter der Führung eines Mannes mit einer ähnlichen Keule in der Hand wie Ataï. »Hinter jedem Aufstand taten sich genealogische Tiefen auf, deren Kraft nicht in den noch unausgebildeten Ästen lag, sondern in ihren Wurzeln, sodass die Revolten, die überall auf der Erde aus dem Boden schossen, eine Art riesigen Totenkult zu feiern schienen«, schrieb Jean Genet in *Ein verliebter Gefangener* ...

Die fünfzehn Geiseln wurden in den hinteren Teil der Grotte gebracht – in den man nur mithilfe von Wurzeln und Lianen gelangte. Es gab darin fast kein Licht, und die Hitze dörrte die Kehlen zunehmend aus.

Alle hatten Hunger.

Alle waren äußerst gereizt.

Die Armee suchte die Grotten der Gegend ab – vergeblich. Die GIGN *fand ein Fahrzeug, das zum Transport der Geiseln benutzt worden war, darin Blut und Speisereste. In Gossanah wurden die Verhöre unter den bekannten Umständen weitergeführt.*

Die Eltern eines Entführers und der Sprecher einer benachbarten Tribu, den sowohl sein Glaube antrieb als auch der Wunsch, Leben zu retten, wie er später erklärte, versuchten, mit der bewaffneten Gruppe in Kontakt zu treten: Mit dem Einverständnis der Ältesten gingen sie mit einem Leutnant aus dem Mutterland in den Wald, um eine friedliche Lösung auszuhandeln, die im Einklang mit der Tradition der Kanak stünde, bei Konflikten einen Konsens zu finden. Über ihr Megafon appellierten sie an die Entführer, dann stießen sie auf einen von ihnen. Der Leutnant, Enkel eines Obersts, der in Cochinchina gestorben war, hielt Kontakt zu General Vidal.

Der Ton wurde schärfer.

An der Seite von zwei Kanak ging der Leutnant auf die Grotte zu; Dianou erklärte dem Sprecher der Tribu, er könne Entscheidungen nicht allein treffen und es wäre besser, sie stiegen zu ih-

nen in die Grotte herab, um besser diskutieren zu können. Sobald sie unten waren, forderte Dianou den Leutnant auf, ihm seine Pistole auszuhändigen; der Militär streckte sie hin – allerdings einem anderen Kanak. Wenceslas Lavelloi explodierte: Wie hatte dieser Bote sie nur so verraten können! Wie hatte er es wagen können, diesem Militär zu vertrauen und sie damit dem Staat auf dem Silbertablett zu servieren! Lavelloi schnappte sich die AA-52, *die sie in der Gendarmerie hatten mitgehen lassen – ein etwa zehn Kilo schweres, in den 1950er Jahren entwickeltes Maschinengewehr mit einer Feuergeschwindigkeit von siebenhundert Schuss pro Minute –, und wollte den »Verräter« niederstrecken, doch die Waffe hatte eine Ladehemmung. Er griff sich eine Axt, verfehlte sein Ziel aber erneut, denn Dianou warf sich dazwischen, um diesen Mord zu verhindern, wie mindestens drei Militärs berichteten. Der melanesische Sprecher wurde von Lavelloi und Dianou dennoch zusammengeschlagen und gefesselt (Alphonse bat ihn kurz darauf um Verzeihung, umarmte ihn und schenkte ihm Stoffe. Der Mann nahm die Entschuldigung an und erklärte später, der Chef der Unabhängigkeitskämpfer sei ein »netter und sehr kluger« Mann gewesen).*

Der Leutnant wurde mit Handschellen an einen der Gendarmen gefesselt. Alphonse Dianou, rasend vor Wut darüber, dass man sie so schnell aufgespürt hatte, rief, er fürchte sich nicht vor der französischen Armee, dieser Ort sei heilig und er habe nicht vor, irgendetwas anderes zu verhandeln als die Unabhängigkeit seines Landes. Hilaire hörte gar nicht mehr auf, mit der Waffe in der Hand herumzufuchteln. Philippe Legorjus wartete in der Nähe, verkrochen im Dunkel der hereingebrochenen Nacht.

Neun Tage später wird der Befehl zum Sturmangriff gegeben.

16 Ich schwimme in der Lagune des Ouvéa-Atolls – in der gleichnamigen Sprache »Iaai« genannt. Ihre Schönheit ist nicht eine weitere Zeile wert: Himmel und Sand das reinste Klischee, ein echtes Miniparadies. Ein Boot schmort in der Sonne. Drei Kanak-Mädchen bespritzen sich mit Wasser und Gelächter.

Einhundertzweiunddreißig Quadratkilometer, das ist die Fläche von Hyères im Département Var oder die von Montauban. Und sechsundzwanzig Einwohner auf jedem davon.

Weiße – Caldoches oder Kontinentalfranzosen – kann man hier an einer Hand abzählen, ich strecke meine einem gewissen Stéphane entgegen, hallo, herzlich willkommen, wünscht er mir, ich wohne hier seit zwanzig Jahren. Seine Haut ist sonnengegerbt, er ist der örtliche Grundschullehrer, Sohn eines Gendarmen und Vater eines Knirpses, der nach der kanakischen Coutume mit seinen pfiffigen acht Jahren von nun an *Hüter* ihres Bodens ist. Das Menschenjunge kennt die Namen aller Bäume und jagt Fledermäuse zur richtigen Uhrzeit, fürchtet sich aber vor Frankreich, »wegen der wilden Tiere dort«. Ich schenke dem Vater eine Flasche Whisky; er lädt mich ein, in einer seiner Hütten zu übernachten.

»Wir erinnern uns alle noch daran, was wir am 11. September getan haben«, erzählt er mir, »tja, hier erinnert sich jeder daran, was er getan hat, als die Gendarmerie besetzt wurde. Als ich hier ankam, war mir nicht klar, warum die Jungs rebelliert hatten. Aber wenn man auf der Insel lebt, erfährt und versteht man es. Ein Gendarm hat damals zu meinem Vater in Nouméa gesagt: ›Der mobile Polizist von Fayaoué hat wegen drei Kanak die Panik gekriegt, hätte da ein nüchternerer Typ gesessen, wäre das alles nicht passiert.‹ Ganz einfach. Leider. Aber man kann ihn auch verstehen: Der Typ ist Gendarm, er wollte seine Waffe nicht hergeben, er hat gezogen und, bumm, dann ist alles den Bach runtergegangen. Kaledonien wird irgendwann unabhängig werden, das ist sicher. Die Kanak sind gegen das Kolonialsystem, nicht gegen die Weißen, das sind keine Rassisten. Ihr Pech ist, dass es keine unbestechlichen Führungsfiguren mehr gibt – wie die, die nicht getrunken haben, die zu Boykotten aufgerufen haben, die nachgedacht haben. Die jungen, rebellischen Kanak von heute tragen ihr Cap verkehrt herum, hören mit ihrer Clique Booba und machen Selfies im McDonald's von Nouméa.«

Eine Hündin geht und kommt, umwimmelt von ihrem Wurf. Eine Schlange verschwindet unterm Dach. Ein auf der Wiese meines Gastgebers umgekipptes Autowrack scheint nichts mehr vom Leben zu erwarten.

Mit den wenigen Gendarmen vor Ort versteht man sich gut, erzählt man mir. Ihre Kinder gehen in dieselben Schulen wie die der Inselbewohner und alle grüßen sich täglich auf der einzigen Straße, die Ouvéa von einem Ende zum anderen durchzieht.

Einer von ihnen, in marineblauen Shorts und einem auf die Farben des Himmels abgestimmten Polohemd, gestattet mir, die Gendarmerie von Fayaoué zu besichtigen, die zum Meer hin ausgerichtet und von einer eingezäunten Hecke umgeben ist – um einem tragischen Namen eine Kulisse zu geben. Eine schwarzweiße Ziege und ihre beiden Zicklein liegen im Schatten eines Baums am Eingang der Wache. In der Nähe eine Miniaturhütte, umsäumt von Steinen. Wie viele Gendarmen sind zurzeit hier stationiert?, frage ich den Soldaten. Drei mobile, die regelmäßig ausgewechselt werden, und vier feste. Ein mit Blumen geschmückter Grabstein gedenkt »Unseren Kameraden der Gendarmerie und der Fallschirmjägerdivision, die auf Ouvéa starben«: Die Namen der hier erschossenen Beamten und der beiden Soldaten, die beim Sturmangriff auf die Grotte den Tod fanden, sind auf eine schwarze Marmortafel graviert. »Vorher war hier eine Bodenplatte«, erklärt mir ein junger Soldat. »Die da wurde zum fünfundzwanzigsten Jahrestag aufgehängt.«

Die generelle Anordnung des Geländes wurde bewusst beibehalten, erklärt er, auch wenn es neue Gebäude gibt. Ich laufe an den Privatwohnungen der Gendarmen entlang – Hängematten, auf dem Gartentisch eine Decke, Pflanzen, Gießkanne, Kinderfahrräder – und lande auf einem sandigen, von Betriebsgebäuden eingefassten Hof. Rechts eine Reihe von Fahrzeugen und ein weißer Einbaum, daneben die Nationalfarben. Das Ganze von Palmen umschlossen.

Der Ort könnte friedlicher nicht sein.

Hier also drangen an einem Donnerstag im Frühjahr 1988, während die UdSSR gerade ihre Truppen aus Afghanistan abzog und die US Navy die iranische Flotte versenkte, Alphonse Dianou und seine Kameraden zu Dutzenden ein.

Hier wurde Alarm geschlagen, zu den Waffen gerufen und eine Stunde lang, vielleicht auch weniger, von allen Seiten geschossen.

Hier musste schleunigst ein Plan B ausgeheckt werden, denn, steckte man schon einmal im Schlamassel, wollte man bei drei – an Unterleib, Schenkel, Arm und Kiefer – Verletzten auf der eigenen Seite und vier erschossenen Staatsbeamten auf der anderen am Vorabend einer Präsidentschaftswahl auch keinen Rückzieher mehr machen.

Draußen spielen drei kanakische Jugendliche auf dem Asphalt Fußball. Ein Radiosender schlägt den Rhythmus zu den Pässen. Ein Mann rollt langsam auf einem Scooter unter einem Haufen Blattwerk verborgen vorbei, ein anderer läuft mit einer Machete am Straßenrand entlang – ein tägliches Bild in diesen Gefilden, wo jeder mit einem solchen Werkzeug Kokosnüsse aufschlägt und die Feldarbeit verrichtet. Nicht weit entfernt flattert an einer Stromleitung eine Unabhängigkeitsflagge.

17 Ich vervollständige den Stammbaum, der eine Doppelseite meines Notizhefts bedeckt. Ziehe mit schwarzem Kugelschreiber Linien zwischen Vornamen, kläre die mancher Neffen, füge eine Tante hinzu, von der ich vorher nichts wusste. Christophe Dianou, ein Cousin ersten Grades von Alphonse, ergänzt, berichtigt, bestätigt, seine langen Unterarme ruhen verschränkt auf einer Wachstuchdecke mit Sonnenblumen. Der Regen prasselt auf das Blechdach, der Fernseher versucht, ihn zu übertönen. Wir befinden uns in der Tribu Téouta im Norden des Atolls. Alphonse war genauso alt wie ich, sagt Christophe – und ich sehe ihn plötzlich mit anderen Augen, solchen nämlich, die plötzlich das Gewicht der Zeit ermessen, die seine krausen Haare und sein schmales Kinnbärtchen gebleicht und seine Stirn in Falten gelegt hat: Das also wären heute in etwa die Gesichtszüge von Alphonse Dianou, hätte das Leben ihn nicht vorher ausgespuckt.

Kahnyapa Dianou, genannt Alphonse, Sohn von Irène und Sylvain, Bruder von Hilaire und Patricia. »Wir sind zusammen aufgewachsen«, bevor er mit sieben oder acht nach Nouméa zog, erklärt Christophe. Alphonse war »geistig sehr weit«, viel weiter als Hilaire, er konnte eine Gruppe führen und glänzte beim Volleyball (er hatte sich einige Kombinationen aus einem japanischen Buch abgeschaut, erinnert sich Christophe). Er sprach gern mit den *Alten*, »er war hilfsbereit und offen und irgendwie ein Vorbild: Er rauchte nicht, trank nicht, war sportlich und musikalisch, er war immer gegen Gewalt und besänftigte alle anderen«. In der Mittelschule sang er in einem Chor und später ahmte er mit rauer Stimme und Jimi-Hendrix-Frisur Johnny Hallyday nach. Doch nach der Demonstration auf der Place des Cocotiers 1987 wurde er härter, bestätigt Christophe, und nach den Schlägen und der Haft sprach er auch mit anderem Nachdruck.

Eine magere Katze läuft vorbei, der Regen wird leiser. Christophe Dianou trägt ein T-Shirt mit Batman-Aufdruck, seine Enkel schauen gemeinsam einen Trickfilm. »Dass das mit der Gendarmerie passiert ist, hat mich nicht überrascht. Aber dadurch, dass der Gendarm angefangen hat zu schießen, ist alles aus dem Ruder gelaufen.« Die Loyalisten von Téouta machten sich aus Angst vor Vergeltung sofort aus dem Staub, Christophe verließ seine Hütte nicht. »Wir haben eine kleine Gruppe gebildet, denn wir wussten, dass das mit der Armee knallen würde. Krieg eben. Die Soldaten waren zum Töten hergekommen, das hat man gemerkt an ihrer Art, zu reden, zu gehen und uns anzuschauen.«

Christophe war später an der Identifizierung des Leichnams seines Cousins beteiligt. »Manche haben behauptet, er sei lebend in den Sarg gelegt worden. Andere haben sogar gemeint, er habe den Deckel von innen angehoben. Ich kann dazu nichts sagen. Wir haben nur davon gehört …«

Es hat wirklich viele Opfer gegeben, und die Erinnerung an Alphonse facht das Feuer des Schmerzes immer wieder neu an. Doch die Lebenden tun nicht genug, klagt der Mittfünfziger mit den braunen Augen, sie vergessen die Unsichtbaren, schlagen das nächste Kapitel auf und lesen nur noch in der Gegenwart. Bleibt noch die Zukunft – doch von der weiß Christophe

Dianou nicht so recht, was er halten soll: Man müsste das Leben, das heißt alle Reichtümer, miteinander teilen, man müsste noch weitergehen, vorankommen, man müsste ...»Aber die Leute schauen eher mit der Brille ihrer Tribu und ihrer Familie in die Welt, weniger mit der für die Allgemeinheit. Die Einzelinteressen sind wichtiger.«

Ich frage, ob ich den Ort sehen dürfe, an dem Alphonse Dianou als Kind gelebt hat, sein Verwandter zeigt auf ein kleines Stück Land einen Steinwurf entfernt. Nichts. Hilaire hatte als Erwachsener irgendwann einmal verstört Zuflucht in der heimatlichen Hütte gesucht – doch von dieser ist nichts mehr übrig, nur noch umgefallene Baumstämme wie hastig erschossene Leichen, eine Absperrkette, hohes, nicht einmal stacheliges, nur flachsgelbes, tristes Gras.

Drei durchsichtige Trinkschalen, eine Thermoskanne, vier Löffel, ein Plastiktablett, ein halbes Baguette, ein Glas Nescafé, Milchpulver und ein Becher Margarine. Nachdem ich die Coutume gemacht habe, schlürfe ich mit »Jean-Pierre« in seiner Wellblechhütte Kaffee. Der stämmige Kerl spricht, wie ihm der Schnabel gewachsen ist; sein leuchtendblaues, an beiden Ärmeln zerrissenes Hemd steht maximal weit offen über einem dunklen Oberkörper. Er ist sechsundfünfzig, hat zwei Kinder und auf dem Arm ein Skorpion-Tattoo. Der staatlich geprüfte Zimmermann und Metallurge, der er einmal war, hat seine Finger inzwischen in fast allem drin, am liebsten allerdings im Fliesenlegen und Maurern. Der liebe Gott? Ist ihm egal. »Jesus spielt bei mir schon lange keine Rolle mehr. Der ist uns aufgezwungen worden. Und der Teufel, der soll mal kommen!« In seiner Familie hat er auch weiße Enkel, erzählt er nicht ohne

Stolz, dem nämlich, »die ganze Welt an seinen Tisch einladen« zu können.

1981 bekam Jean-Pierre von einem CRS-Polizisten eine Kugel ins Bein. Ein Monat Krankenhaus. »Davor war ich in Frankreich ... in Handschellen! Ich war zwei Jahre dort. In der Armee. Ich wollte nicht hin, aber die haben mich hier geschnappt. Meine Mutter hatte mich geliefert: Sie hat an ihre kleine Rente gedacht und an ihren Job ... Damals konnte man eigentlich vom Feld leben, man brauchte keine Kohle. Da hast du deinen Maniok, deine Melone, deinen Yams, und wenn du Durst hast, holst du dir eine Kokosnuss runter. Ich war voller Hass, ich wusste, was der Staat unseren Eltern und Großeltern angetan hatte. Er hatte alle Kanak vom Busch in die Berge gejagt, um uns die fruchtbaren Ebenen zu klauen. Unsere Vorfahren waren Gallier! Dachten wir, bis zu dem Moment, als uns bewusst wurde, wo unsere Wurzeln waren.«

Hinter uns kräht ein Hühnervogel.

Jean-Pierre kennt Alphonse Dianou von der Schulbank in Nouméa. Da waren die Partys, die Clique ... »Das waren damals die gefährlichen Ecken in der Stadt! Wir sind los, um uns zu prügeln, zu tanzen, zu trinken. Alphonse dagegen war ein Kopfmensch, ein Denker. Zu Anfang habe ich ihn für einen aus Vanuatu gehalten, seine Birne sah aus wie die von den Leuten dort. Wir haben uns über ihn lustig gemacht, aber er hat nur gelacht. Alphonse war ein ganz Genauer, ein ruhiger Typ, der keinen Blödsinn redet. Ein klarer Typ. Bei dem du schnell verstehst, was er will. Wir dagegen haben gesoffen wie die Irren, gesoffen und gesoffen. Alphonse war da absolut streng. Wir müssen das übrigens unbedingt in den Griff kriegen, zusammen mit den Clanchefs, das ist die Pest, das wird uns letztlich umbringen. Wir haben keine Anführer mehr. Alle denken nur noch an sich. Die gehen nicht mehr auf die Straße. Alphonse dagegen war ein Che Guevara.«

Jean-Pierre und Alphonse verloren sich später aus den Augen – bis zum Jahr 1988, kurz vor der Besetzung der Gendarmerie. »Wir waren mit etwa dreißig Leuten zusammengekommen. Das war topsecret. Wir haben uns mit Feuerzeugen versteckt und haben Eulenschreie gemacht, um den anderen zu sagen, wo die Treffpunkte waren.«

Er rührt in seinem Kaffee.

»Wir waren Kanaky, mit Haut und Haaren! Der FLNKS im umfassenden Sinn. Wir haben alle Strömungen aufgesogen, die es in der Front gab.«

Ein Freund von Jean-Pierre, Ivan, setzt sich zu uns an den Tisch. Schmal, kahl, grauer Spitzbart. Er trägt zwei melanesische Ketten um den Hals, eine pistaziengrüne, ärmellose Weste über der nackten Brust und Bermudashorts, die von einem Gürtelersatz an der Taille festgehalten werden. Seine Finger drehen eine Zigarette.

Jean-Pierre fügt seinem Dianou-Porträt noch ein paar Farben hinzu: »Er war nicht cholerisch oder so. Nur, wenn es um den Staat ging.« Ivan, der ihn auch kannte, nickt. »Aber normalerweise waren die Gendarmen Kumpels für ihn. Er war entspannt und gelassen, er hatte keine Angst. Er ist ganz ruhig zur Gendarmerie hin, er hatte keine Waffe dabei.« Ivan nickt wieder. Er hatte also kein Gewehr mit? »Absolut nicht! Er hat zu keinem Zeitpunkt ein Gewehr in der Hand gehabt!«, ruft Jean-Pierre, dann markiert er die traditionelle, ursprünglich mit einem Manou um den Leib gebundene Keule, die Dianou bei sich getragen habe.

Der Maurer hatte die Aufgabe, die Telefonverbindungen zu kappen. Keiner ihrer Angehörigen wusste davon. Er lacht. »Die waren alle völlig überrascht, als sie die Armee-Hubschrauber haben kommen sehen; die Leute sind schreiend in alle Richtungen gelaufen!« In welcher Stimmung war er selbst, als sie die Gendarmerie besetzten? Hatte er Angst um sein Leben? »Das war uns scheißegal! Das war der Kampf und fertig. Wir mussten die Gendarmerie einnehmen, fertig, und es durfte keine Toten geben. Die Jungs von der Tribu Mouli waren die, die Panik bekommen haben. Es hätte eine friedliche Besetzung werden sollen.« Ivan wiederholt das Wort »friedlich«.

Dann erläutert er: »Das ist schiefgegangen, weil ein Gendarm losgeballert hat. Wir hatten ausfindig gemacht, dass alle unbewaffnet sein müssten. Das Blöde war, dass einer seinen Selbstlader bei sich hatte, damit hatten wir nicht gerechnet. Der hat als Erster geschossen. Und dann mussten die anderen irgendwie nachziehen.« Jean-Pierre fügt den Namen des besagten Gendarms hinzu – nur zur Information, ohne jede Emotion.

Ivan war damals achtzehn und betrachtete Alphonse Dianou als großen Bruder. »Das war ein Typ, der hatte die Füße auf dem Boden. Und einem reichen Wortschatz. In der Grotte hat er mit den Geiseln Karten gespielt. Er hat dort viel geredet, ganz ruhig, so wie ich jetzt. Aber was er über den Staat gesagt hat, hat wehgetan, ja. Da konnte er nur brüllen. Sein Problem waren der Staat und die Armee. Er wusste, wie Machoro umgekommen war ... Wir waren sein Gefolge. Die sollten uns nicht noch einmal reinlegen. Kahnyapa saß da unter uns nur mit seiner Keule. Nur unsere Jungs hatten Waffen.«

Ich bitte sie, die Situation noch einmal genauer zu schildern, noch detaillierter und ausführlicher, wenn möglich. Warum steht in manchen Texten, er habe auf ein oder zwei Gendarmen geschossen? »Worauf soll er geschossen haben? Der hat auf gar nichts geschossen!«, ruft Jean-Pierre dazwischen. »Das stimmt nicht, was du da gelesen hast! Wir waren ja drinnen und ...«, ergänzt Ivan, doch sein Freund unterbricht ihn: »... das ist alles so dermaßen schnell gegangen. Das waren Bruchteile von Sekunden ... Ich weiß nicht, eine halbe Stunde lang! Alles war so«, er fuchtelt mit den Armen in alle Richtungen und macht Schüsse nach, »und überall wurde geschrien ... Die Frau des Gendarms, der die Nerven verloren hatte ... Wir sollten das Tor hinten mit dem Rammfahrzeug aufbrechen. Scheiße ...« Ivan übernimmt: »Außerdem sind das die Versionen ...« Jean-Pierre: »Das sind Versionen, die sind später entstanden ... Alphonse hat nichts getan!« Ivan: »Versionen, um Kahnyapa die Schuld in die Schuhe zu schieben. Dabei hatte er nur seine Keule dabei!« Jean-Pierre: »Er hat die ganze Bande im Zaum gehalten, denn danach sind wir los und wollten losballern!« Ivan: »Wir haben den Gendarmen befohlen, sich auf den Boden zu legen. Kahnyapa hatte gar keine Waffe; das war nicht er, der auf die Gendarmen geschossen hat. Die Versionen, die später aufgetaucht sind, um das auf ihn abzuwälzen – das ist Schwachsinn!« Jean-Pierre: »Falls nicht die Chefs selbst verlangt haben, alles ihm in die Schuhe zu schieben ...« Ivan: »Das ist alles Blödsinn. Wir haben gesehen, wer geschossen hat. Ich weiß, wer die Gendarmen umgebracht hat. Der große Bruder hat nie eine Waffe benutzt, bis zum Schluss in der Grotte! Auch als sie ihn ermordet haben, hatte er nur seine Keule dabei. Er ist bis zum Schluss ein Seminarist geblieben ...« Jean-Pierre: »Inzwischen gibt es viele Versionen! Zu manchen, die sie in die Welt setzen, würde ich am liebsten sagen: Hau ab, geh heim.«

Ihre Sätze springen in alle Richtungen des Tisches – mit meinem Diktafon und ihrer Zustimmung schnappe ich jeden Fetzen auf.

Ivan erläutert, Alphonse habe in der Grotte immer wieder gesagt, er sei nicht der Chef, alle seien Chefs und also gleichgestellt. »Das war seine Art, uns zu motivieren.« Jean-Pierre war zwar bei der Gendarmeriebesetzung dabei, gehörte aber nicht zu den Leuten in der Grotte. »Ich habe von einem alten Auto aus per CB-Funk mit ihnen kommuniziert, um ihnen Infos zu geben. Alle fünf Minuten kamen Hubschrauber vorbei. Und Schiffe. Ich habe alle Straßensperren bis in den Norden mit einem Pick-up umgefahren«, erzählt er und lacht noch einmal. »Die hatten keine Zeit zu schießen. Ich habe die Absperrungen weggekickt, da hatten die gar keine Zeit, irgendwas auszuhecken. Auf dem Rückweg haben wir dann das Fahrzeug gewechselt, wir haben Kokosnüsse und Bananen aufgeladen und sind ganz gemütlich dahingezuckelt, als wollten wir aufs Feld. Aber der ursprüngliche Plan war eigentlich, dass es im ganzen Land knallt. Die Idee war, die Polizei auseinanderzureißen. Ouvéa wäre nur ein Ort von vielen gewesen, aber keiner hat mitgemacht! Wir wissen bis heute nicht warum. Alle haben sich unterm Tisch verkrochen … Aber Kanaky, das war für mich ein Thema, seit ich zehn war! Der FLNKS hat uns im Stich gelassen. Zu Anfang waren wir eine Stimme – und am Ende in ich weiß nicht wie viele Gruppen gespalten. Aber wir haben den französischen Staat in die Enge getrieben! Zu einer Entscheidung. Nur sein Präsident wollte nicht kommen … Wir haben nicht die Gendarmen gehasst, es ging um den Staat. Und darum, die französische Flagge herunterzuholen und die von Kanaky zu hissen.«

Ivan zieht an seiner Zigarette.

Ich ziehe mit und schenke mir Kaffee nach.

»Wir sollten die Grotte beschützen«, fügt Ivan hinzu. »Wir hatten jeder einen Beobachtungsposten, und wir hatten Späher für die Spuren im Wald. Die hatten uns auch das erste Mal zur Grotte geführt. Aber sie waren ganz zufällig darauf gestoßen ... Wir haben die Coutume gemacht, denn das war ein verbotener Ort, ein Tabu, eine heilige Stätte. Während des Sturmangriffs habe ich mich in einem kleinen Erdloch im Krater um die Höhle versteckt; ich bin erst am nächsten Tag rausgekrochen. Die hatten eine Handgranate in meine Richtung geworfen, ich habe aus den Ohren geblutet. Vier von uns haben überlebt. Ich bin abgehauen. Ich hatte eine Waffe aus der Gendarmerie mit ... Ich bin so aufgewachsen, bei den Versammlungen habe ich auf den Beinen der *Papas* geschlafen, ich bin so aufgewachsen. Ich hatte sowas auch schon früher gemacht, friedliche Hausbesetzungen in Gendarmerien. Aber wir sind im Stich gelassen worden, vergessen worden. Als das Politbüro der Front hätte kommen sollen, ist es nicht gekommen. Die Vereinbarung von Matignon – das ist nicht unser Ding. Wir haben nichts unterzeichnet. Wir waren schon tot, die Typen haben auf dem Rücken unserer Toten unterschrieben. Wir sind verarscht worden.«

Aus diesem Grund seien auch die beiden Führer der Kanakischen sozialistischen Front der nationalen Befreiung, Tjibaou und Yeiwéné, ein Jahr nach dem Sturmangriff und besagter Vereinbarung bei einem Zwischenstopp auf der Insel von einem Mitglied der Tribu Gossanah mit einer in der Gendarmerie von Fayaoué entwendeten Waffe ermordet worden, zum Andenken an die neunzehn Märtyrer. »Klare Sache«, meint Ivan. »Klare Sache, da gibt's nichts zu diskutieren«, bekräftigt Jean-Pierre.

Letzterer hatte zusammen mit ein paar anderen die Aufgabe, sich um die Leichen der Entführer zu kümmern. Nicht mal Särge hätten sie gehabt, nur Kisten, Bretter, Paletten, Pappe. »Als wir die Jungs weggetragen haben, ist der ganze Saft von ihren Kadavern auf uns raufgetropft. Ich habe die Leiche von Alphonse gesehen, er war der Einzige, der in seinem Sarg auf dem Rücken lag. Sie mussten im Rathaus identifiziert werden. Es gab verbrannte Körper mit Kugeln im Kopf … Manche waren nicht mehr wiederzuerkennen und wir mussten ihre Tattoos und Narben überprüfen … In Alphonse' Sarg waren Spuren von Händen, ich hab sie gesehen, ich hab ihn selbst geöffnet.« Die Leichen waren von Fliegen übersät. Ihr Geruch verfolgte ihn mehrere Tage lang, obwohl er immer wieder im Meer schwimmen ging. »Die hatten die Leichen in Netze gelegt und sie auf dem Flugplatz auf die Rollbahn fallen lassen. Die hatten sie offen rumliegen lassen, um zu zeigen: Macht das nicht nochmal, schaut her, was wir sonst mit euch machen. Als später die Journalisten kamen, habe ich gesagt, ich weiß von nichts. Du bist der Erste, dem ich das alles erzähle. Du stellst uns Fragen, also sagen wir dir die Wahrheit. Wir sind nicht sauer oder so, aber du kannst dir nicht vorstellen, wie es in meinem Herz und in meinem Kopf aussieht. Sowas vergisst man nicht.«

»An manchen Stellen können Wunden verheilen, aber im Inneren ist das zu heftig …«, ergänzt Ivan mit klangloser, ernster, fast flüsternder Stimme. »Irgendwann packen wir aus«, fährt Jean-Pierre fort. »Aber im Moment kann ich nicht. Im Moment müssen wir Konflikte vermeiden. Die haben danach die Jungs gesucht, die irgendwie an der Sache beteiligt waren. Die sind dann in den Untergrund in den Wald gegangen. Wir haben ihnen Zigaretten, Reis, Brot und Sardinenbüchsen gebracht. Wir haben die Sachen in einen Sack getan und an einen verabredeten Ort gestellt. Aber es gab hier auch Milizionäre! Rechte Kanak, die uns alle der französischen Armee hätten liefern können. Die sind nie in Frankreich gewesen, die Schweine, die kennen das alles nur aus dem Fernsehen!«

Und die Zukunft von alldem?

Jean-Pierre antwortet entschieden, aber matt und träge: »Seit hundertfünfzig Jahren bringen die uns um, trampeln auf uns rum und spucken auf uns. Es reicht! Ich gehe 2018 wählen. Aber Zeit wird bei den Kanak anders verstanden. Wir haben Zeit – wir leben damit und warten auf den Tag, an dem das Ganze von selbst in Bewegung kommt. Und es wird sich was bewegen!« Ivan setzt nach: »2018 wird ein entscheidendes Jahr: entweder ja oder nein.« Jean-Pierre will trotzdem klarstellen: »Die Kids heute laufen auf die Straße und schreien: Kanaky! Kanaky! Kanaky! Aber fang erstmal bei dir selber an, sag ich denen dann: Kanaky, das fängt bei dir zu Hause an. Mach sauber, räum auf, respektier deine Eltern, deine Cousins, die Tantchen. Wenn du europäische Klamotten anhast und nicht mal weißt, wie man die wäscht ... Irgendwann werden wir Kanaky zusammen gründen, aber bleib mal locker: Du kochst jetzt vor Wut, aber als hier Krieg war, warst du noch nicht mal geboren, da warst du noch in den Eiern deines Vaters.«

18 Wir liegen im Gras. Die Nacht hält ihre Maschen fest in der schwarzen Faust: Nicht ein Licht dringt durch, nur die glühenden Punkte von Zigaretten. Kötrepi deutet auf die Sternbilder und nennt mir ihre Namen, dann erklärt er mir den Mond. Wir haben im Nakamal gerade *eine shell gehoben* – will heißen: Wir haben Kava getrunken, das üblicherweise in einer halben Kokosnussschale in einer der kleinen Hütten serviert wird, die damit auf dem Atoll ihr Geschäft machen.

Etwa zwanzig Meter hinter den Holz- und Blechwänden der Verkaufsbude brennt ein Feuer. Ich gehe darauf zu. Männer sitzen im Kreis und unterhalten sich oder wärmen sich auf. Man lädt mich ein, mich auf einen Stein zu setzen. Das Feuer knistert. Elfenbeinweißer und fahlgelber Hexensabbat. Meine Lippen sind gefühllos, mein Geist wie in Watte gepackt. Ein bärtiger Mann setzt sich zu meiner Linken, aber die Menge Alkohol, die er sich genehmigt hat, macht seine Worte noch undurchsichtiger als die Nacht. Alphonse, raunt er mir zu, ich muss dir von Alphonse erzählen. Die Flammen lassen die Konturen seines Gesichts hervortreten. Alphonse … Ich glaube, er beendet seinen Satz nicht. Die Gerüchteküche – das »Kokosradio«, wie es hier scherzhaft genannt wird – hat offenbar seine Wirkung getan; ich weiß über ihn nicht das Geringste, aber er weiß das einzig Wichtige, das es hier zu wissen gibt: Ein Z'oreille sucht Informationen zu Kahnyapa. Er steht auf und geht, oder bin ich es, und ich werde nichts mehr von ihm hören.

»Die Geiselnahme, da musste man durch. Aber es ist traurig«, raunt mir ein Familienvater am Ufer der Lagune zu. »Um Alphonse zu verstehen, ist die Bibel wichtig; für unser Volk der Mündlichkeit ist das der Zugang zur Schrift. Erst dadurch konnte er aufbegehren.«

Der Doc hat keine Haare mehr und alle oder fast alle Zähne sind verfault von den vielen Flüssigkeiten, die er ständig herunterkippt, um die Zaubertränke zu brauen, mit denen er seine Umgebung beglückt – naturheilkundliche Medizin, erklärt er mir, nicht irgendwelche Schweinereien in Spritzen, sowas mache er nicht. Doch die Natur sei so mächtig, dass sie den Zahnschmelz und sowas angreife, aber das sei eben der Preis, den man für die Gesundheit der anderen zahlen müsse. Wir sitzen im matten Schein einer schwachen Funzel bei einem Gemüsebauern. Ein schwarzer Hund streift auf der Suche nach Streicheleinheiten um uns herum. Das Radio spielt ein Lied von Benjamin Biolay, vom Blechdach rutschen Plastikplanen herab.

Kötrepi spricht von der landwirtschaftlichen Unabhängigkeit, die man erlangen müsse, vom Kampf, der gegen die konventionelle, intensive Landwirtschaft zu führen sei, die manche mit großem Einsatz von Gentechnik zur »Optimierung der Produktion« in Kanaky einführen wollen. Der Gemüsebauer stimmt ihm zu: »Wir sind auch geistig kolonisiert worden. Der Weiße hat definiert, was als ›Arbeit‹ gilt, und das heißt für ihn: Arbeitnehmer sein. Als würden wir in der Tribu nicht ›arbeiten‹!«

Ich habe nie die Seiten im fünften Band von Sartres *Situationen* vergessen, auf denen vom »aristokratischen Vergnügen« erzählt wird, »*Trennendes* aufzuzählen«: beim anderen das zu suchen, was ihn zum anderen macht. Manchmal ist die Grenze zwischen Reisendem und Tourist sehr unscharf: Die Furcht vor Verallgemeinerung ist dennoch ein klarer Unterschied, denn der Erste vermeidet Kategorisierungen, während der Zweite sich daran erfreut (»Was haben sie auf dem Foto festgehalten? *Einen* Chinesen? Nicht die Idee von China?«). Die Spannung – zwischen dem Glauben, dass die Zeitzonen die Vorstellung vom universellen Menschen nicht erschüttern, oder umgekehrt dem, dass die eigene Kultur Grenzen setzt – löst sich nach und nach auf, wenn man die Brennweiten kombiniert: Nahaufnahme und Weitwinkel. Die Bedeutung von »Arbeit« – die so geläufig ist, dass besagte Furcht vor Verallgemeinerung in mir verfliegt – umfasst ebenso Aktivitäten wie Felder bestellen und Mahlzeiten zubereiten, Hochzeiten organisieren und Feiern ausrichten. »Arbeit« ist nicht zwangsläufig an eine Produktions- oder Handelsbeziehung gebunden, sondern verweist auf gemeinschaftliche Angelegenheiten, auf Abläufe im Dorf und in der Gesellschaft und hat genau darin ihren Wert (die Frage: »Und was arbeitest du so?« hat außerhalb der Stadt oft gar keinen Sinn, denn jeder arbeitet jederzeit an allem mit).

»Die neunzehn Jungs sind nicht gestorben, damit wir mit verschränkten Armen herumsitzen!«, ereifert sich der Gemüsebauer. Gern ruft man so die Manen der Märtyrer an, ohne das Pons-Statut, den französischen Staat oder den Imperialismus zu erwähnen. Ihre Tat ist mehr als eine Legende: eine Lektion, die für sich steht, ein Symbol der Verweigerung, der Anstrengung und Beharrlichkeit.

Alphonse Dianou erhielt die Warnung, bewaffnete Militärs würden sich der Grotte nähern. Er explodierte: Wenn sie nicht auf der Stelle umkehrten, werde eine Geisel mit dem Leben bezahlen. Die Soldaten kümmerten sich nicht darum. Lavelloi und Dianou zählten bis drei. Nichts. Sie gaben Befehl, in Richtung der sich nahenden Truppen zu schießen – nicht ein Verletzter.

Der Staatsanwalt Jean Bianconi nahm ein Megafon in die Hand und schlug dem Chef der Unabhängigkeitskämpfer vor, ihn unbewaffnet und ohne Soldaten zu treffen, um miteinander zu reden; Dianou war einverstanden; der in Nouméa stationierte Staatsanwalt schnappte sich zwei Flaschen Wasser, »ein Riesenblödsinn«, urteilte fassungslos Legorjus, Bianconi ignorierte ihn, ging festen Schrittes auf die Entführer zu – und ließ dem GIGN-Kommandanten keine andere Wahl, so dieser später, als seinen Einsatzgürtel abzulegen und ihm zu folgen.

Die beiden Männer kamen an eine Stelle mit einem Dutzend Pfaden und wurden bei vorgehaltener Waffe durchsucht.

Alphonse Dianou fragte Legorjus, ob er »gekommen sei, um Krieg zu führen«, und forderte ihn auf, vom Wasser zu trinken, um sicherzustellen, dass es nicht vergiftet war, dann erging er sich in einen fast zehnminütigen Monolog, stolz, auf diese Weise »die drittgrößte Armee der Welt« herauszufordern. Er prangerte die kolonialen politischen Institutionen, das kapitalistische System und die kriminelle Politik an, die seit jeher vom französischen Staat verfolgt werde, und stellte seine Bedingungen: die unver-

sehrten Geiseln gegen die Unabhängigkeit – Legorjus sprach von einem »Trancezustand«.

Ja, die Unabhängigkeit, nicht mehr nur die ursprünglich geplante Verhinderung des Pons-Statuts. Die vier getöteten Gendarmen hatten die Situation beschleunigt: entweder zurückweichen oder einen echten Schritt nach vorn machen.

Dianou erklärte, er habe es nicht eilig, und ließ zwei Geiseln heraufbringen. Als Antwort auf die Militärpräsenz rund um ihren Schlupfwinkel drohte er, eine davon – einen Feldwebel seines Staats – erschießen zu lassen. Was ihre unmittelbaren Forderungen seien, fragte Legorjus, um das Schlimmste zu verhindern. Er solle all seinen Männern befehlen, ihre Waffen niederzulegen und herzukommen. Der Kommandant war ratlos. Die anwesenden Soldaten gehörten überwiegend seiner GIGN *an, doch das wussten die Unabhängigkeitskämpfer noch nicht – so wie sie auch nicht wussten, dass sich unter ihnen, nur wenige Meter entfernt, der Anführer jener Truppe befand, die drei Jahre zuvor Machoro umgebracht hatte: Jean-Pierre Picon. Legorjus war klar, dass er den Staatsanwalt nicht hätte eskortieren und sich freiwillig denen ausliefern dürfen, die er von Berufs wegen als Gegner zu betrachten hatte (aber niemals als Feinde, wird er später klarstellen). Ebenso klar war ihm, dass sein militärischer Grad ihn dazu verpflichtete, den Schutz der Einheiten sicherzustellen, die er befahl. Aber hier drohte ein Mensch vor seinen Augen zu sterben, denn ein Wort, und Hilaire hätte geschossen.*

Legorjus bluffte: »Ich habe nur sechs Männer mit, mehr nicht.« Tatsächlich waren es, alle Einheiten zusammengenommen, fünfzig – und im ganzen Umkreis dreihundert.

Der siebenunddreißigjährige Hauptmann rief sechs seiner Männer zu sich, um einen ihm unbekannten zu retten. Die GIGN-

Mitglieder schauten sich verstört und versteinert an. Ein melanesischer Gendarm – der zu den Geiseln gehört hatte, die in den Süden gebracht und nach einer gütlichen Einigung freigelassen worden waren – begleitete sie freiwillig. Macht zehn zusätzliche Geiseln binnen zwei Tagen, darunter ein Leutnant der Landstreitkräfte, ein Staatsanwalt und der Kommandant des Sondereinsatzkommandos der Nationalgendarmerie persönlich: »ein echter Coup«, *wird General Vidal verkünden, eine Nachricht, die Pons* »wie der Blitz« *getroffen habe, schreibt er.*

Lavelloi inspizierte die Umgebung, um sicherzustellen, dass die Neuankömmlinge keine Waffen versteckt hatten. Nichts. Stattdessen fand er zwei liegengelassene Rucksäcke und in einem davon die Liste der GIGN-Männer – mit Picons vollständigem Namen ... Die sechs Elitepolizisten wurden durchsucht, in Handschellen gelegt und in die Grotte geführt. Der Staatsanwalt forderte Dianou auf, einen Gefangenen der ersten Stunde zu befreien, der geschwächt und krank war und an Muskelkrämpfen litt; nach reiflicher Überlegung erklärte Dianou sich einverstanden. »Euch stört doch nur dieses Durcheinander, dieses Durcheinander zwischen zwei Wahlgängen«, *war sein Kommentar.*

Ihre extreme Nervosität, stellte der GIGN-Kommandant fest, war vor allem dem Mangel an Schlaf und Lebensmitteln geschuldet. Fünf Tage mit praktisch leerem Magen: Die Entführer und Geiseln, spürte er, befanden sich im selben Zustand, und der war erbärmlich. Auf diese Karte konnte man setzen, auch wenn Alphonse Dianou behauptete, Kanak könnten sich auch von Waldpflanzen ernähren. Legorjus bat die Armee, ihnen per Hubschrauber Lebensmittel zu liefern: Konserven, Zucker, Wasser, Corned Beef und Schokolade. Und ein Radio.

Dianou wurde ruhiger.

Zwischen den beiden Anführern, dem Gesetz nach Landsmänner, entspannen sich ruhige Gespräche: »Ich entdecke einen anderen Mann«, wird Legorjus später schreiben. Der Kanak hatte Charisma und eine besonders gepflegte Art zu sprechen: »Er ist intelligent und aufrichtig, aber verzweifelt.« Dianou pflückte Blätter und bot sie Legorjus an: Der Militär kaute sie, während der Widerstandskämpfer ihre zeitlosen Tugenden pries. Sie sprachen stundenlang. Dianou gestand Legorjus, dass die vom FLNKS veranlasste Gendarmeriebesetzung nie so hätte ablaufen dürfen, ihr Plan hatte nicht bedacht, dass die Gendarmen Widerstand leisten könnten. Eine schlichte Besetzung, um sich Gehör zu verschaffen, so wie das Land sie schon öfter erlebt hatte, mehr nicht. Dianou, so Legorjus, wusste nicht mehr, wie er aus dem Schlamassel herauskommen sollte. Eine höllische Spirale. Fallende Dominosteine, die niemand auffing.

Die Ironie wollte es, dass Lavelloi von der französischen Armee als Unteroffizier ausgebildet worden war; er konnte mit den Waffen umgehen, von denen Dianou offenbar keine Ahnung hatte – hier der Arm, dort der Kopf. Hilaire wiederum, beobachtete der GIGN-Hauptmann, war das ganze Gegenteil seines Bruders: dümmlich, ja fast dumm, und von Natur aus brutal. Alphonse Dianou »hat oft Schwierigkeiten, ihn einzubremsen«.

Ein Gerücht erreichte die Grotte, Bewohner des Atolls würden von der Armee misshandelt oder sogar gefoltert. »Warum schlagen Sie alte Leute? Warum machen Sie Sachen kaputt? Warum sind Sie solche Kriegstreiber?«, schrie Hilaire. Zur Vergeltung drohte er einem der GIGN-Gendarmen mit dem Tod; Staatsanwalt Bianconi, ein alter Mann aus Gossanah und Alphonse Dianou warfen sich – nach Aussage eines Leutnants – dazwischen.

Inzwischen ließ der General die Radio- und Fernsehantennen von Ouvéa abklemmen – einen halben Tag später war das Telefonnetz dran. In Gossanah warteten angespannt, »skeptisch und ein wenig verloren« die Soldaten, wird ein Offizier später aussagen. Die Nummer zwei des FLNKS *erklärte, er bitte die Familien der Gendarmen um Vergebung, aber die Erniedrigung, die das Volk der Kanak hinnehmen müsse, sei »unerträglich« geworden.*

Am frühen Abend erhielt Legorjus von Dianou die Erlaubnis, die Grotte vorübergehend zu verlassen; er versprach, bei Morgengrauen zurück zu sein. Mit welchem Ziel? Die Armee zum Rückzug zu bewegen, so wie es der Unabhängigkeitskämpfer verlangte, um Druck aus der Sache zu nehmen und ein Gespräch mit Pons, dem Minister und Urheber der Statuten, anzubahnen ...

Acht Tage später wird der Befehl zum Sturmangriff gegeben.

19 Ivan erzählt mir, er sei ledig und kinderlos; der ehemalige Geiselnehmer verdient seinen Lebensunterhalt als Jugendgruppenleiter und liebäugelt mit der Republik Vanuatu, dem Nachbararchipel – fünfhundert Kilometer entfernt, seit 1980 unabhängig. »Ein gutes Beispiel. Von denen kann man viel lernen. Sie haben wenig, aber schaffen es, viel daraus zu machen; wir dagegen haben alles und müssen erst wieder lernen, mit dem zurechtzukommen, was wir haben. Frankreich kann ruhig abhauen, wir werden nicht verarmen. In Wirklichkeit bereichert es sich ja an uns! Deshalb will es ja auch nicht verschwinden! Frankreich hat das Nickel verschleudert, die Vorkommen sind geschrumpft. Wir könnten Vieh haben wie Laster, Riesendinger wie das da!« Er zeigt auf ein wenige Meter hinter uns geparktes Fahrzeug.

Er spricht diesmal noch einmal allein über die Momente, die er mit Alphonse Dianou verbracht hat: »Mit dem großen Bruder war man schnell auf einer Wellenlänge. Der ist bei der Gendarmerie angekommen, da hätte keiner gemeint, dass wir für eine Besetzung da sind. Keiner hat was gesagt. Ich weiß noch genau, dass seine Haut heller war als meine. Er hatte einen Afro und an seiner Feldjacke eine aufgenähte Kanaky-Flagge.« Die Gruppe lief dann lautlos im Gänsemarsch durch den Busch, bis sie die Grotte fand. Manche Geiseln waren barfuß. »Sie standen noch unter Schock und haben nicht geredet. Wir haben das Laub mit den Händen geteilt, nicht mit der Machete, um der Armee unseren Weg nicht zu verraten. Wir durften keine Zweige abbrechen, wir wussten, dass sie uns sonst finden würden. Die Fallschirmjäger hätten gewusst, wie man sowas deutet.«

Was hat Ivan beim Sturmangriff gemacht? Zu Anfang schlief er, denn er hatte gerade seine Wachschicht hinter sich gebracht. Da kam ein Kamerad ihn wecken, er hob den Kopf und sah zwei Armee-Hubschrauber. »Ich schaue den Puma an und der Typ öffnet die Tür, legt seine 52er an und drückt ab. Peng! Da kannst du nichts machen, da hast du gerade Zeit, um wegzutauchen. Dann greift die ganze Armada an ... Blätter, Äste, alles um uns herum fällt herunter. Ich selbst wurde nicht getroffen, das passierte alles um mich herum, ich hatte nur Zeit, in eine kleine Grotte zu hechten. Von innen habe ich gesehen, wie die Flammen bis zu den Palmwedeln raufgelodert sind. Wahnsinn. Riesendinger. O Mann! Scheiße! Das Feuer steigt hoch und brennt alles runter. Hat keinen Zweck. Im Dorf haben sie alles gehört, die *Mamas* hatten Angst. Ich erinnere mich immer noch an die Flammen: Alles war verbrannt.«

Ein Überlebender, ja.

Er legt Wert auf diese Bezeichnung.

»Als ich rausgekrochen bin, bin ich zu einem *Papa* gegangen, der hat mich bei sich versteckt. Alle haben mich gesucht, aber er hat niemandem was verraten. Er hat nur der Familie gesagt, dass sie sich keine Sorgen machen sollen, mir geht es gut und ich wurde nicht verhaftet. Mein Elternhaus war ein Ort des Kampfes, das war ein Hauptquartier der Front. Wir sind denselben Weg gegangen wie unsere Väter, wir sind damit aufgewachsen ... Unser Kampf hat vor langer Zeit begonnen. Es hat Höhen und Tiefen gegeben, und unsere Toten. Wir müssen das fortsetzen, und es muss zu etwas führen, zur Unabhängigkeit! Nur die wird dieses Land zu einem echten Land machen. Aber man muss aufhören, den Leuten Angst zu machen: Wir werden wählen gehen und es wird gut laufen. Keiner muss Angst haben. Wir sind für Kanaky. Aber Waffen, damit ist Schluss, das ist vorbei. Das müssen wir auch den Jungen klarmachen. Was wir damals getan haben, geht heute nicht mehr: Heute sieht dich die Armee auf zweihundert Meter Entfernung!«

Ich denke an den Lehrer, der mich einige Nächte in seiner Hütte schlafen ließ; er war tief überzeugt, dass manche Unabhängigkeitsbefürworter sich in Illusionen wiegten, wenn sie glaubten, das Referendum könne zu einer Befreiung führen. Das sei keine Frage von Ideologie, sondern reine Mathematik.

2014 ergab die Volkszählung in Neukaledonien, dass die Bewohner, die sich als Gruppe mit der Bezeichnung »Kanak« identifizieren, nur noch 39 % der Bevölkerung ausmachen (eine Zeitung der Unabhängigkeitsbewegung, die an die Einheit von Kanak und »progressiven Kaledoniern« appellierte, schrieb dazu: Die Kanak »werden in fünfzehn Jahren höchstens ein Drittel [33 %] ausmachen«). Üblicherweise geht man davon aus, dass eine starke Mehrheit von ihnen (60–80 %) eine Ablösung von Frankreich befürwortet. Doch nur ein »winziger Teil« von Nicht-Melanesiern ist für die Unabhängigkeit, versichert der Anthropologe Hamid Mokaddem ...

In einem Interview erklärte Alphonse Dianou, der Unterschied zwischen Gandhis Indien und Kanaky sei genau der: In Kanaky seien die Ureinwohner »zur Minderheit gemacht worden«.

20 Der Chef der Tribu Gossanah steht. Auf dem Gras liegen Matten, umgeben von Säcken und geflochtenen Körben voller Manous, Yamswurzeln, Bananen und Reis. Kötrepi sitzt auf einer davon. Ein Mann hält eine Rede auf Iaai, während eine *Mama* mir das Protokoll der Zeremonie in seinen Details ins Ohr flüstert.

Ich bin dran. Ich stehe auf und wende mich an den Chef – von dem ich weiß, dass er mir nicht antworten wird, seine Worte werden, weil sie heilig sind, von einem stämmigen Mann namens *Der Mund* verkündet – und an die anwesenden Mitglieder. Ich mache die Coutume, danke ihnen für ihre Gastfreundschaft und unterbreite ihnen die Gründe für mein Kommen (das rituelle Ergreifen des Worts wird hier so stark als Geste der Demut verstanden, dass ich manche Kanak schon das Verb »sich erniedrigen« habe verwenden hören – doch nicht in der entwürdigenden Bedeutung, die man damit verbinden könnte, sondern als echter Beweis von Bescheidenheit). Der Chef trägt einen dichten grauen Bart und ein Trikot in den Farben der kanakischen Flagge und sieht aus wie Ernesto Guevara. Im Laufe meiner Begegnungen habe ich mich inzwischen an diesen obligatorischen Einleitungsmonolog gewöhnt – der mich zu Anfang noch irritiert hat. *Der Mund* antwortet mir, dankt mir für meine *Geste* und erwidert sie zum Zeichen des Willkommens und im Namen der Tribu mit ein paar Geldscheinen – der modernen Materialisierung der *Gabe*, das heißt der Arbeit, die geleistet werden musste, um sich diese zu beschaffen.

Die Tribu, die in der Presse zuweilen als separatistische protestantische Enklave dargestellt wird, ist derzeit von morgens bis abends damit beschäftigt, die Festlichkeiten zu Weihnachten und zum Jahreswechsel vorzubereiten. Auf einem Tisch vor dem Gemeinschaftshaus sind einige Bücher, alte Zeitschriften und Fotografien ausgelegt: zum Gedenken der Tribu an die »Ereignisse« – ein Ausdruck, der an die Schamhaftigkeit erinnert, mit der auch der französisch-algerische Konflikt offiziell bezeichnet wurde ...

Das Gemeinschaftsleben findet auf diesem grünen Platz mit seinen in U-Form angeordneten drei Gebäuden statt: in der Mitte besagtes Gemeinschaftshaus, rechts davon die offene Küche, die aus einer Bodenplatte, einem Blechdach, Holzpfählen und geflochtenen Zwischenwänden besteht, links der ebenfalls nach allen Seiten offene und mit Bananenblättern und bunten Matten geschmückte Raum der *Alten*, der auch Ort für Gesänge, Tänze und Reden ist (»Hier gibt es keine Mauern!«, erklärt mir einer der Ältesten während meines Besuchs immer wieder). Weiter hinten, vom Hauptplatz aus nicht sichtbar, die kleine Kirche, in der jeden Morgen Gottesdienste gefeiert werden. Sieben oder acht Hunde streunen herum, ein Ziel haben sie nicht, darum kümmert sich die Tribu mit ihrer Geschichte. Einer von ihnen hinkt und pisst mir vor die Füße.

Ich schlafe in Kötrepis Hütte, unsere Matratzen am Boden einander gegenüber unter Fenstern ohne Scheiben. Rund um die seine liegen Bücher – wie Gavroche sie doch liebt! Ich sei jetzt ein Mitglied des Stammes, raunt er mir lächelnd zu. Die Flagge der Unabhängigkeit schmückt den Eingang; auf dem schwarzen Filz auf der Holztür werden die »19 Brüder« erwähnt, die für »Kanaky« gestorben sind. Aber auch, und zu Recht, die Worte: »Das Leben geht weiter«.

Mein Gastgeber geht mit einer an einen sehr langen Stock gebundenen Hippe hinaus, um auf seinem Grundstück Kokosnüsse abzuschlagen. Die Früchte knallen dumpf eine nach der anderen herunter. »In unserer Sprache gibt es kein Pronomen für die erste Person Singular«, erklärt mir Kötrepi. »Stattdessen sagt man ›wir‹. Wenn du einen Brunnen gräbst, selbst wenn du es allein machst, heißt es ›wir‹, weil er für alle da sein wird.«

Ein ramponierter Bürostuhl ohne Rückenlehne harrt der Dinge unter einem Feigenbaum in der Nähe »seiner« Küche. Fässer fangen das Regenwasser neben einem Autowrack auf (»das ist Material«, höre ich hundert Mal zu allem, was, weil es keine Seele hat, leicht kaputtgeht). Im Toiletteneck steht auf einem Kachelsims *So lebt der Mensch* von Malraux. Ein kleines Mädchen, das in Nouméa zur Schule geht, verbringt gerade ihre Ferien hier im Dorf; sie fragt mich, ob ich schon einmal »in Europa« war. Die Nacht fällt so plötzlich auf uns herab wie ein Haar in die Suppe, die wir jetzt trinken. Kötrepis Mutter entschuldigt sich, weil ein paar Sätze auf Iaai gewechselt wurden (»Das ist nicht gegen dich!«); sein Sohn schnappt sich eine Ukulele und beginnt nach dem Abendessen zu singen; »Es lebe Kanaky, nieder mit der Unterdrückung«, heißt es im Refrain.

»Wenn Jesus leben würde, stünde er auf der Seite der Unabhängigkeitskämpfer«, sagt er am Ende.

21 Ich merke, dass ich mich zeitlich kaum noch zurechtfinde – ich habe nie eine Armbanduhr getragen, aus Angst, die Zeit könne mir die Hand festhalten. »Das ist gut, so gewöhnst du dich an die der Kanak«, sagt ein Bauer dazu. Seit allein die Sonne regiert, ist mein innerer Kalender gestört; ohne meine täglichen Notizen gäbe es kein Gestern und kein Morgen.

Die Hühner flitzen mit ihren Küken davon, sobald sie jemanden vorbeikommen sehen. Der Teer der Landstraße ist glühend heiß, die Vögel fliegen tief, und ich treffe kaum einen Menschen auf meinem Weg. Ein Marsch von ein paar Kilometern Richtung Norden führt mich zur Tribu Téouta – die der Familie Dianou – und dann zum Kap Rossel an der Spitze des Atolls; die Gendarmerie von Fayaoué liegt weiter südlich.

Auf einem weißen Holzschild am Eingang der Vorname des Unabhängigkeitskämpfers.

Seine Hütte steht am Rand der Tribu Gossanah.

Genau wie er.

Nur noch das Grundstück voller verwirrter Gräser durchqueren. Die Wohnstatt ist spartanisch eingerichtet: ein Teppich auf gestampfter Erde, eine Teekanne, eine Tati-Plastiktüte. Benoît Tangopi war an der Besetzung der Gendarmerie beteiligt und wurde am Tag nach der Erstürmung der Grotte in Frankreich inhaftiert; inzwischen verkauft er Honig aus eigenen Bienenstöcken. Wir setzen uns auf den blau geränderten Teppich – Benoît bewegt sich barfuß fort, er trägt Shorts, ein rotes Polohemd, eine auf die Stirn geschobene Sonnenbrille und eine olivgrüne Weste.

»Bei unserem Marsch für Kanaky 1987 hatte ich eine Rede von Alphonse gehört. Er hat damals gesagt, es muss Schluss sein damit, dass man uns wie Hunde behandelt, Schluss mit all den üblen Machenschaften, so kann man nicht weiter mit uns umgehen. Ich war ein- oder zweiundzwanzig. Wir dachten 1988, dass wir mit ihm die Unabhängigkeit erreichen können. Wir waren uns ganz sicher ... Bei der Gendarmerie gab es die mittlere Gruppe, die aus dem Norden und die aus dem Süden. Ich war in der Nordgruppe mit Alphonse, da waren Jungs aus allen Tribus dabei. Wir hatten keine Angst, überhaupt keine, alles war gut vorbereitet. Wir mussten nur die Wache besetzen. Aber dann ... Als die ersten Schüsse fielen, ist unsere Gruppe hineingestürmt.«

Die Entscheidung, den Ort zu verlassen und mit den Geiseln im Busch zu verschwinden, wurde »auf die Schnelle« und gemeinsam getroffen. Alphonse Dianou ging zu den *Alten* von Gossanah, machte die Coutume und bat sie, nichts zu verraten, wenn die Ordnungskräfte kämen, um sie zu verhören, was sicher passieren würde. »Er hatte keine Waffe, nur seine Keule an einem Manou.«

Benoît Tangopi hatte die Aufgabe, an der Grotte Wache zu stehen. An dem etwa vierundzwanzig Meter langen Pfad zum Höhleneingang war Lavellois Maschinengewehr postiert, auch wenn es nicht benutzt wurde – von der Armee angefertigte Skizzen und Zeichnungen halfen mir, die Anordnung besser zu verstehen. An einem Abend, erzählt mir Benoît, sei Alphonse zu ihm gekommen, um ihn zu wecken und zu erzählen, wie es ihm gelungen war, ein Gewehr aus Nouméa auszuschleusen: Eine Ordensschwester, die er kannte, hatte es versteckt. »Die Leute am Flughafen haben gedacht, das sei ein Besen!«

Er bricht in schallendes Gelächter aus.

Kurz vor dem Sturmangriff befand sich Tangopi im hintersten Teil der Grotte, zusammen mit seinem Vater, Alphonse, Lavelloi, dem melanesischen Gendarm Samuel Ihaje – der freiwilligen Geisel – und einigen »Teebringern«, die die Aufgabe hatten, die Unabhängigkeitskämpfer und Gefangenen mit Lebensmitteln zu versorgen. »Die Armee hat uns befohlen rauszukommen. Alphonse hat zurückgerufen: ›Wir sind hier zu Hause und sterben zu Hause, ihr dagegen seid zweiundzwanzigtausend Kilometer gekommen, um uns fertigzumachen!‹ Die Kerle haben Handgranaten geworfen. Wir saßen fest, es gab keinen anderen Ausgang aus der Grotte. Sie haben Tränengas gespritzt, wir bekamen keine Luft mehr. Und Alphonse hat nochmal gerufen: ›Wir sterben hier drin!‹ Ich saß neben ihm, da sagt er zu mir: ›Oder was meinst du, Bruder?‹ Und ich: ›Du bist doch hier der, der entscheidet! Wenn du sagst, wir sterben, dann sterben wir wohl.‹« Tangopi lacht noch einmal. Und fährt fort: »Dann hat Papa gesprochen; er hat zu Alphonse gesagt: ›Mein Sohn, glaubst du wirklich, es ist gut, wenn wir hier drin sterben? Wer erzählt dann unsere Geschichte? Wer?‹ Da hat Alphonse gesagt: ›Gut, Papa, okay, wir gehen raus.‹ Mein Papa hat dann mit den anderen gesprochen. Und wir sind einer nach dem anderen raus. Alphonse, Wenceslas ... Ich war der Vierte. Sie haben mir befohlen, mich neben einen toten Bruder zu legen, sein Schädel war völlig zerfetzt – das war Absicht.«

Später lese ich den Bericht von Benoît Tangopis Vater: Er bestätigt in jedem Punkt, was ich gerade aufschreibe. Alphonse Dianou, der kaum noch Luft bekam, erklärte seinen Leuten, sie würden sich ergeben »und sagte zu dem GIGN-Mann, er gehe die Geiseln befreien«. Mein Gesprächspartner widerspricht vehement der offiziellen Darstellung und beteuert, ein Soldat habe auf seinen bereits am Boden liegenden Kameraden angelegt, ihm ins Knie geschossen und etwas fallen lassen wie: »Hier, für dich, jetzt kannst du nicht mehr laufen!«

Auf einem Foto ist Dianous Keule zu sehen. Aufgenommen im Dschungel, sein Eigentümer besiegt. Ein Soldat zwischen drei anderen hält sie in der linken Hand: eine Art gestutzter Baseballschläger aus hellem Holz, von dem ein orangerotes Stück Stoff herunterhängt. Der Gegenstand wurde nach dem Sturmangriff Benoît Tangopis Mutter übergeben. »Die Leute, die ihn gebracht haben, meinten, man muss ihn tragen wie ein Baby. Sie haben ihn angepustet.« Heute scheint niemand mehr zu wissen, wo er ist.

Benoît Tangopi wurde nach Frankreich gebracht. »Le Pen meinte, die sollen uns in Les Baumettes einlochen!« Er lacht. Er und seine Mitgefangenen hatten keine Ahnung, was mit ihnen passieren würde. Am 26. Juni 1988 wurde mit dem Abkommen von Matignon eine Generalamnestie erlassen und die Unabhängigkeitskämpfer kehrten frei in ihr Land zurück. Lange nach der Unterzeichnung erklärte der Wegbereiter des Abkommens, Michel Rocard, Ziel der Amnestie sei damals auch gewesen, zwei Offiziere zu decken, deren Amtsmissbrauch nach dem Sturmangriff auf die Grotte den Tod mehrerer Menschen verursacht habe – auch der Mord an Machoro wurde bei dieser Gelegenheit unter Amnestie gestellt.

»Ich denke jedes Jahr an Alphonse. Und an die achtzehn anderen. Wir müssen den Kampf, den wir zusammen begonnen haben, fortführen: für die Unabhängigkeit eines sozialistischen Kanaky – und nicht einer ›Unabhängigkeit in Assoziierung‹ mit Frankreich! Aber wir werden alle weiter zusammenleben. O ja! Hier gibt es Javaner, Weiße, die zu Kanak werden, Wallisianer … Das ›gemeinsame Schicksal‹, das so oft beschworen wird, das leben wir doch schon! Der FLNKS muss geschlossen handeln, im Moment ist davon nichts zu spüren …«

Umgekehrt wehrt sich Tangopi gegen die Kritik, die an den führenden Köpfen der sozialistischen Organisation im Hinblick auf »die Affäre« geübt wurde. »Was die Grotte angeht, haben sie getan, was getan werden musste. Sie haben uns unterstützt. Inzwischen lebe ich mit meinen Bienen und meinem Ofen … Aber der Kampf ist nicht vorbei, wir haben noch einen langen Weg vor uns.« Ich frage ihn, ob er dasselbe heute noch einmal tun würde. »Aber sicher, gleich morgen«, antwortet er mit offenem Lachen, »aber ohne auf Gendarmen zu schießen!«

General Vidal war bereit, seine Streitkräfte aus Gossanah abzuziehen – was Dianou freute, aber die Militärs, die Verhandlungen ablehnten, empörte: Legorjus erklärte später, sie hätten gar nicht erst versucht zu verhehlen, dass sie vor allem »Kanaken knacken« wollten.

Der übermüdete GIGN*-Chef wandte sich auf Anraten von Alphonse Dianou an einen der Stammesältesten. Der alte Mann unterhielt Kontakte zum Politbüro des* FLNKS*. Philippe Legorjus überredete ihn, mit zur Grotte zu kommen: bei ihrer Ankunft Freude und Begrüßungsrituale, anderthalb Stunden lang. Dianou weinte und weinte. Der Hauptmann verteilte Kleidung, Zigaretten und Decken, der Unabhängigkeitskämpfer scherzte: »Wenn Kanaky unabhängig ist, wirst du Außenminister!«, und der Patriarch bat die Kämpfer, für die Sicherheit der Geiseln zu sorgen.*

Die Mission der GIGN*, erklärte Legorjus später immer wieder, bestehe darin, Leben zu retten, nicht Leben zu nehmen. »Ich bin der Überzeugung, wenn jemand zu Tode kommt, haben wir versagt«, betonte der Militär aus Caen sogar. In seiner Jugend hatte sich das Arbeiterkind Legorjus für die 68er-Revolten begeistert und davon geträumt, sich einer Guerilla in Bolivien anzuschließen, war tief getroffen gewesen vom Mord am marxistischen Aktivisten Pierre Overney und hatte sich für einen Christen und Revolutionär zugleich gehalten, doch nach reiflicher Überlegung entschied er sich dann für eine institutionelle militärische Karriere: ein ungewöhnlicher Lebensweg.*

Staatsanwalt Bianconi kannte einen der Parteichefs der Befreiungsfront persönlich, Franck Wahuzue, im Übrigen der ehemalige Karate-Lehrer von Alphonse Dianou und treibende Kraft bei der Planung der Gendarmeriebesetzung. Legorjus bat die Entführer, ihn ein zweites Mal hinauszulassen, um Wahuzue zu treffen und eine friedliche Lösung auszuhandeln; darauf berieten sich die Kanak, um den traditionell gebotenen Konsens zu finden – das heißt die einhellige Meinung aller und nicht nur einer Mehrheit –, ohne den keine Entscheidung getroffen werden darf. Einverstanden.

Die vom Zugriff der Armee befreiten Bewohner von Gossanah versorgten die Entführer mithilfe eines ramponierten Pickups mit heißen Getränken und Speisen (das Mittagessen sei »sehr reichhaltig und hochwertig« gewesen, erklärte später Bianconi), Frankreich erwartete die Fernsehdebatte zum zweiten Wahlgang, hinter den Kulissen wurde noch um drei andere Geiseln verhandelt, die im Libanon (von der Hisbollah und dem islamistischen Dschihad) gefangen gehalten wurden, und die beiden Präsidentschaftskandidaten bereiteten sich auf ihr Duell vor den Kameras der Fünften Republik vor.

Inzwischen führten General Vidal und Alphonse Dianou per Funk ein – nicht konfliktfreies – Gespräch: Während der Erste versuchte, den Zweiten mürbe zu machen und fälschlich behauptete, die Front stehe nicht hinter seiner Aktion, antwortete der irritierte Unabhängigkeitskämpfer, er akzeptiere als Gesprächspartner nur noch »Philippe«, und nannte den französischen Militärchef einen »Verrückten«. Der GIGN-Chef kam zum Schlafen wie vereinbart zur Grotte zurück, hatte es aber nicht geschafft, Franck Wahuzue zu erreichen.

Chirac verlor die Geduld – der Premierminister, schrieb 2008 der Gendarmeriegeneral Alain Picard, war »überzeugt, eine gleichzeitige Befreiung der Geiseln im Libanon und in Neukaledonien würde ihm einen entscheidenden Vorsprung gegenüber François Mitterrand verschaffen«. Er beschloss, Verstärkung zu schicken: das Commando Hubert und das elfte Fallschirmjäger-Sturmregiment – bekannt für seine Handhabe der »Befriedung« in Indochina und später in Algerien und eine Zeitlang befehligt von einem gewissen Aussaresses, dem Autor finsterer Memoiren.

Der FLNKS signalisierte öffentlich, es sei an der französischen Regierung, Vorschläge zu machen, die »zu einer Befreiung der Geiseln führten«; am Mikrofon von Radio Rythme Bleu beschuldigte Pons den Staatspräsidenten, er liebe die Kaledonier nicht und unterstütze den lokalen »Terrorismus«. Die 20-Uhr-Nachrichten von Antenne 2 sendeten eine Erklärung des nämlichen Pons, in der dieser die Auflösung des FLNKS verlangte, noch bevor der Sprecher die Aufforderung der Kanak-Organisation erwähnte, Paris möge ein Zeichen senden, wie man aus dieser Krise herauskommen wolle. Auch ein Ausschnitt aus einem Interview mit einem Mitglied des FLNKS-Politbüros wurde gesendet, in dem dieses noch einmal einen Vermittler forderte.

Die so sehnlich erwartete TV-Debatte begann einige Minuten später – sie wurde in dreiundzwanzig europäischen und afrikanischen Ländern ausgestrahlt. Die einander gegenübersitzenden Mitterrand und Chirac erschienen zu einer dramatischen Vorspannmusik auf den Bildschirmen. »Keiner hat je mit mir über einen Vermittler gesprochen. Die Idee ist nicht schlecht, doch der Regierungschef hat mich nicht darüber informiert. Ebenso wenig hat er mich wegen einer eventuellen Auflösung der Unabhängigkeitsbewegung kontaktiert«, erklärte der Präsident und fügte hinzu: »Was jetzt unmittelbar geboten ist, ist die Befreiung

der Geiseln, aber was grundsätzlich, heute und morgen, geboten ist, ist der Dialog. Nun hat sich die Regierung aber für Brutalität entschieden, sie hat sich entschieden, etwa die Hälfte der Bevölkerung zu ignorieren. Ich entscheide mich für den Dialog.«
Der führende Kopf der Rechten entgegnete, der FLNKS *sei »eine terroristische Vereinigung« und habe »genau das erneut bewiesen, indem er sich zur Vorbereitung des Dramas von Ouvéa bekennt und sich damit solidarisiert. Unsere Gendarmen wurden entführt und umgebracht ... Ich möchte Ihnen sagen, dass mich das zutiefst bestürzt ... Wissen Sie, Monsieur Mitterrand, wenn wir Tjibaou und den* FLNKS *nicht systematisch gefördert hätten, stünden wir jetzt gar nicht an diesem Punkt«. Dann stellte er klar: »Ich werde alles dafür tun, dass diese terroristische Vereinigung zerschlagen wird.« Mitterrand griff seinerseits noch einmal die Politik seines Premierministers an, eine Politik, die den Konflikt »durch ihre Ungerechtigkeit und Intoleranz leider verschärft und verschlimmert« habe, eine Politik, die »vollkommen versagt« habe. Chirac gab den Vorwurf zurück und prangerte die Verantwortungslosigkeit der sozialistischen Machthaber in den Konflikten an, die den melanesischen Archipel seit mehreren Jahren erschütterten: »Wir zählen zweiunddreißig Tote, Hunderte von Verletzten, verbrannte Häuser, vergewaltigte Frauen ... Das ist das Ergebnis Ihrer Politik.« Mitterrand entgegnete: »Jeder dort muss sich in Sicherheit fühlen können, die ursprüngliche Kultur muss respektiert werden, Ländereien dürfen nicht zum Vorteil einiger weniger beschlagnahmt werden. Vor den Augen der Armen sind dort riesige Vermögen entstanden.« Die beiden Journalisten unterbrachen, um die Europafrage anzugehen.*

Sieben Tage später wird der Befehl zum Sturmangriff gegeben.

22 Eine Promenadenmischung zwischen Schmutzigweiß und Grellbraun, mit kupferfarbenen Mandelaugen, einem durch einen hellen Streifen zweigeteilten Gesicht, gesprenkelten Pfoten, spitzen Ohren und einer schwarzen Schnauze: Dragon, der Hund eines Bruders jenes Pfarrers, der Tjibaou und Yeiwéné erschoss, läuft gleich auf mich zu und leckt mir mit warmem Speichel die Hände, als ich am Hauptplatz des Dorfs ankomme; ich ermuntere ihn, mich auf meinen Wegen über das Gelände zu begleiten. Wir gehen zum Ofen Brot holen, ich raspele ungeschickt und so ungleich langsamer als die Männer neben mir ein paar Kokosnüsse an einer Metallstange, die an ein Rundholz gebunden ist. Eine Frau auf einer Matte schält Yamswurzeln, Kinder spielen im Schatten der Kirche Fußball, ein Mädchen balanciert auf einem dicken, zwischen zwei Baumstämmen gespannten Seil, ein grünes Papageienpaar flattert um die Gemeinschaftsküche.

Jede Familie hat ihre Spenden am Ältestenhaus abgestellt: Kisten voller Mangos, aufgeschichtete Bananenhände, kanakischen Kohl, zahllose aufgestapelte Reis- und Zuckersäcke, Berge von Tarowurzeln, reihenweise Süßkartoffeln, Konservendosen und Kartons, aus denen Teeschachteln quellen, Stapel von Stoffen und geflochtenem Kopfschmuck – die Gaben bedecken gut fünfzehn Meter, sie werden bald in die Küche des Gemeinschaftshauses getragen werden und in den nächsten Tagen die Vorräte für die Weihnachts- und Silvesterfeiern abgeben.

Der Doc zieht mich mit Schauermärchen über die kannibalische Vergangenheit seines Volks auf, dann empfiehlt er mir, hier in ihrem Land »mit dem Ohr des Herzens« zu hören; ein junger Mann teilt mir begeistert seine Liebe zu jenem »tiefen Frankreich« mit, das er aus Fernsehsendungen kennt, mit seinen ofenwarmen Baguettes, guten Käsesorten, kleinen Handwerkern und großartigen Landschaften, die er jedes Jahr beim berühmten Radrennen bestaunt.

»Morgen werden andere weitergehen als die Neunzehn«, erklärt mir ruhig ein pensionierter Pfarrer. »Das darf man nicht aus den Augen verlieren; in anderen Ländern ist das schon geschehen.« Sosehr er sich darüber freut, ärgert er sich auch: eine Regel der Geschichte, mehr nicht, ein natürliches Gesetz, ein Kausalitätsprinzip jenseits von Gut und Böse. Die französischen Sozialisten, fährt er fort, die, die man die Regierung nennt, die Liberalen oder Sozialdemokraten in Anzug und Krawatte, hätten »nie eine klare Position gehabt«, was die Kolonialgeschichte betrifft – eine beschönigende Darstellung, bin ich versucht zu erwidern: Vom Süßholz raspelnden Albert Bayet und den Eisenbahnlinien zum Erhalt der kolonialen Strafanstalt Poulo Condor unter der Volksfront über das Massaker an streikenden Tunesiern im Bergbaurevier Gafsa unter der Regierung Léon Blum bis zu einer SFIO, die ein Algerien verstümmelte, in dem Mendès France die Truppenstärke der Armee und der CRS-Polizisten verdreifachen wollte, von fortschrittlichen Organisationen, die per Telegramm die Niederschlagung von Aufständischen in Madagaskar forderten, und einem Präsidenten Vincent Auriol, der sich für das »so große« koloniale Werk derart begeisterte, dass er nicht verstehen konnte, dass Ferhat Abbas andere Träume hatte, über Mitterrand, der die Enthauptung des Arbeiters und Algerienfranzosen Fernand Iveton unterzeichnete und später dem Golfkrieg an der Seite des nordamerikanischen Regimes zustimmte, bis zu François Hollande, der unumwunden seine »Liebe« zu Benjamin Netanjahu besang, scheint es fast, als ob auch linke Reformer eine gewisse, von ihrem parlamentarischen Korps geteilte, Leidenschaft für die Peitsche hegten.

Zwei Kleinkinder schlafen auf einer der zahlreichen Matten, die den Zementboden des Ältestenhauses von Gossanah bedecken. Die Frauen sitzen an beiden Enden des Raumes in bunten Halbkreisen, singen Lieder auf Iaai und begleiten sich mit rhythmischem Klatschen selbst. Andere stoßen zu ihnen; Männer, von denen viele das Banner der Unabhängigkeit um die Taille tragen, setzen sich auf die Plastikstühle und mischen ihre Stimmen in den Chor, der den nun leergefegten Dorfplatz erfüllt. Die an der Decke befestigten Palmwedel und Luftballons baumeln im launischen Wind. Ein Gibson-Mandolinenspieler mit bleigrauen Haaren, aus denen eine weiße Blume heraussteht, geht nach vorn, und zehn junge Frauen in zwei Reihen geben die Schritte eines einfachen Tanzes vor, dem die vom Leben zerfurchten *Alten* Beifall spenden.

23 Mücken umschwirren uns sowie Plastikeimer, Töpfe, Kaffeekannen, Deckel, gewellte Schilder und eine Rolle Stacheldrahtzaun. Martial Laouniou – gedrungener Oberkörper unter gelber Tunika, Augenringe, kreideweißes Haar, dreifacher Vater – hat eine Flechtmatte auf dem Kies ausgebreitet und entschuldigt sich für die Unordnung. Er gehörte zu den Geiselnehmern und zählt zu den Überlebenden: Bis zur Amnestie war er in Frankreich inhaftiert, erst in Fresnes, dann in La Santé.

»Ich war mit Alphonse in der Grotte. Am Anfang gab es Spannungen, das war hart, aber nach und nach ... Legorjus hat verhandelt und ...« Sofort steigen ihm Tränen in die melancholischen Augen. »Das ist zu viel gerade, entschuldige. Da kommt gleich alles hoch ... Ich habe die Geiseln bewacht, ich habe sie nach draußen gebracht, wenn sie aufs Klo mussten. Alphonse war verdammt irre sauer auf den einen GIGN-Mann, das wäre fast schiefgegangen. Während der Verhandlungen, dadurch, dass er mit Legorjus gesprochen hat, konnte er sich dann entspannen. Aber der FLNKS hat uns im Stich gelassen ... Alphonse wollte, dass wir Vorbereitungen treffen, um die Grotte zu verlassen, dass wir den Geiseln kleine Coutumes mitgeben, die sie ihren Familien schenken können. Er war überzeugt, dass wir da rauskommen. Er wollte nicht noch mehr Blut. Ich war bereit, mit ihm bis ans Ende zu gehen. Wir waren ja wegen Alphonse da. Wir gehörten zusammen.«

Sie kannten sich sehr gut, erklärt er mir. Clanleben, Stammesleben ... Laouniou zeichnet ein Bild von Alphonse Dianou, das sich mit dem deckt, was im Laufe meiner Begegnungen von Tag zu Tag deutlichere Konturen annimmt: ein ernsthafter, überlegter, aufrechter, standhafter Mann – das Gegenteil seines nervösen, impulsiven Bruders, dem »Typen von der Straße«. Und er bestätigt: Die Aktion ist nicht verlaufen wie geplant. »Als wir die Gendarmerie betraten, war Alphonse nicht klar, dass da geschossen werden könnte. Er hatte das überhaupt nicht einkalkuliert. In der Grotte hat er dann versucht, den Geiseln zu erklären, was wir fordern – und ich glaube, sie haben es verstanden. Er hat ihnen erklärt, dass wir eine Kultur zu schützen haben, dass auch wir Kinder haben. Er hat mit Legorjus über Pyramiden und Mathematiker gesprochen. Er hat gesagt, die größten Mathematiker seien die Araber gewesen, und die Kanak hätten den Kreis entdeckt: die Form unserer Hütten. Wir haben mit den Gendarmen Karten gespielt, sie haben immer vor allen anderen zu essen bekommen ... Bis zum Schluss haben wir keinen von ihnen verletzt – der einzige Verletzte war Alberto Addari, weil die Armee geschossen hat.«

Die Mücken fallen hemmungslos über uns her: Unser Gespräch wird begleitet von unserem Klatschen.

Nach dem Sturmangriff hat die Armee ihn geschnappt. Und geschlagen.

»Alle Spätfolgen habe ich davon. Hier!«, sagt er und zeigt auf eine Narbe. »Sie haben mich auf einen Stein gelegt und sind mit ihren Stiefeln auf mich draufgesprungen. Sie haben mir die Nase kaputtgeschlagen. Sie haben meinen Kopf drauf gesetzt, dass Alphonse rauskommt. Ich habe am Boden gelegen und sie haben mir befohlen, ihn zu rufen, sonst würden sie abdrücken. Ich habe geschrien: ›Alphonse, ergebt euch!‹ Er hat nicht geantwortet, er war ganz hinten in der Grotte, ich weiß nicht, ob er mich überhaupt gehört hat. Die Armee hat mir befohlen, dasselbe in unserer Sprache zu wiederholen, da habe ich das Gegenteil gebrüllt: ›Bleibt drinnen, bleibt drinnen!‹ Die anderen Brüder, die am Boden lagen, waren schon tot. Das wussten wir. Es ging um unseren Kampf, unsere Kultur, unsere Coutume.«

An meinem rechten Arm kleben Blutspritzer der erschlagenen Mücken. Martial Laouniou hält inne und weist mich ernst darauf hin, dass »Blut geflossen ist, um dieses Buch zu schreiben«, ich lache, drei Tropfen, drei kleine Tropfen. Er fährt mit ruhiger, gleichmütiger Stimme fort: »Wir wollten einen Prozess, aber die Amnestie hat die ganze Auseinandersetzung verhindert. Ich will immer noch einen. Die Armee hat Leute erschossen. Mitterrand und Chirac haben den Befehl dazu gegeben. Ich bin bereit, als Geiselnehmer verurteilt und meinetwegen auch bestraft zu werden, aber dann müssen alle verurteilt werden und die ganze Wahrheit muss ans Licht. Wir sind keine Terroristen, wir wollen nur unser Recht. Ganz einfach. Wir haben Beweise, wir haben Fotos. Sie haben Vince Lavelloi umgebracht. Der Soldat hat gesagt: ›Das war's, den Rambo haben wir.‹ Auf Alphonse haben sie geschossen, als er schon aus der Grotte raus war, aus nächster Nähe – ich habe es gesehen. Legorjus hat ihn verraten. Er hat getan, was er konnte, aber er hat uns angelogen ... Aber auch er ist von allen verraten worden, muss man sagen. Ich habe während des Angriffs geschossen, um Alphonse zu decken. Er hatte keine Knarre, nur seine Keule, er hatte in der Grotte nie eine Waffe in der Hand.«

Martial Laouniou weiß nicht, ob sein Kamerad in der Gendarmerie ein Gewehr benutzt hat, dafür hat er gesehen, wie er nach dem Sturmangriff, als er auf der Bahre der Armee lag, geprügelt wurde und die Schläge hinnahm, ohne sich zu verteidigen oder zu schreien. Die Soldaten hätten ihn gefragt, wie viele Gendarmen er umgebracht habe.

»Daran denke ich immer wieder, ständig.«

Heute lebt Martial von Vanille, Kopra und Kokosnüssen. Ich danke ihm, wir nehmen Abschied.

Wenig später lerne ich Roger Wamou kennen – ein ehemaliger, dem FLNKS nahestehender Kandidat für den Gemeinderat des Atolls hat mich zu ihm gefahren und mich vorgewarnt: Zwischen manchen Familien bestünden immer noch Spannungen. Zweiundsechzig, sechs Kinder, eine Lücke zwischen den Vorderzähnen, flötende Stimme, blasse, dichte Augenbrauen. Roger war für »die äußere Sicherheit« der Grotte verantwortlich, sprich, er stand Wache. Ein kleines Kreuz aus geperltem Holz hängt über seinem grünen T-Shirt – in seinem Dorf leitet er die Gottesdienste. Er breitet eine Matte auf dem Betonboden des Raums aus, der als Waschküche dient, wir setzen uns; links neben mir hängt Wäsche auf der Leine; hinter ihm in einem Regal fünf oder sechs Paar Schuhe, Waschpulver, Zahnpasta, Toilettenpapier.

»Alphonse und ich haben uns als kleine Kinder kennengelernt. Er hatte Charakter. Das ist einer, der weiß, was er tut. Er ist bescheiden. Wir haben oft über die Bibel gesprochen, aber er hat mir nicht gesagt, warum er das Priesterseminar verlassen hat, um in die Politik zu gehen. Zwei Wochen vor der Besetzung der Gendarmerie ist er zu mir gekommen und hat die

Coutume gemacht, und am Tag davor war ein Cousin da, um mir zu sagen, es ist so weit; also bin ich los, um unserem Oberhäuptling eine Coutume aufs Grab zu legen. Alphonse hatte alles gut organisiert. Die Bücher über Ouvéa haben das, was in der Grotte passiert ist, anders dargestellt, als es wirklich war. Alphonse war ganz ruhig – außer mit dem GIGN-Mann. Es gab acht oder neun Wachposten rund um den Kessel. Alphonse und Wenceslas haben alles befehligt, aber Alphonse hatte keine Waffe. Zu Anfang war er ganz selbstsicher, aber nachdem das Politbüro des FLNKS seine Mitwirkung verweigert hat, habe ich eine Veränderung bemerkt. Da war er nicht mehr derselbe, er war zerbrechlicher und hatte nicht mehr dieselbe Energie; ich glaube, er hat schon vorausgesehen, wie das enden würde. Er hat an die verheirateten Männer und Väter gedacht. Er wollte verhandeln, die Dinge klären und einen Ausweg finden, eine Lösung. Uns alle da rausbringen. Er hatte Gaben für die Geiseln vorbereitet. Er fühlte sich im Stich gelassen von der Front. Das sollte eine Großaktion in ganz Kanaky werden, ist es aber nicht …«

Er zeigt mir seine gebrochene Nase und streckt seine eingeschnittene Zunge heraus: Folgen seiner Verhaftung – Schläge mit dem Gewehrkolben, Tritte, Fausthiebe. Und gesteht, sich heute mit anderen Dingen zu beschäftigen: Kommt Zeit, kommt Vergebung, Glaube macht's möglich … »Die Schuld liegt nicht bei der Armee, sondern bei denen, die die Entscheidungen getroffen haben. In Frankreich und hier. Wir hätten das nicht tun dürfen … Wenn man bedenkt, dass dann das Matignon-Abkommen kam, haben sich diese Opfer vielleicht gelohnt, aber … die Toten, die Verhafteten, die Waisen … Alphonse war fest entschlossen gewesen, er hat seine Überzeugungen bis zum Ende verfolgt. Er hatte etwas auf dem Herzen und im Kopf, das war kein gemeiner Typ, kein Mörder. Ein Gendarm hat zuerst geschossen, sonst wäre das alles ganz friedlich verlaufen. Aber die toten Gendarmen sind eben auch Opfer: Die Geiseln waren Menschen wie wir. Und Legorjus hat getan, was er konnte. Wir Kanak haben nicht diesen Geist zum Töten – einen Menschen zu töten ist in unserer Kultur unmöglich. Dazu muss man wirklich verrückt sein.«

Das Weiß seiner Augen wird seinem Namen nicht gerecht, gerötet und trüb, wie es ist.

»Wenn man darüber spricht, kommt alles wieder hoch ...«

Roger war damals vierunddreißig und hatte vier kleine Söhne. An sie und seine Frau hat er während dieser Tage der Hatz und dann des Wartens in der Deckung des Dschungels gedacht. Als Mann des Glaubens beteuert er, er habe sich nicht engagiert, um irgendjemandem das Leben zu nehmen; er beklagt den fehlenden Zusammenhalt innerhalb der Unabhängigkeitsorganisationen sowie die mangelnde Verantwortung der Politiker: »Das ist es, was uns schadet und uns an der Zukunft zweifeln lässt.«

Von all dem hat Roger seinen Kindern nie erzählt.

24 Hinter dem Gemeinschaftshaus spielen die Jüngsten eine Partie Cricket. Ein Mädchen kehrt Regenwasser weg, während ein anderes unter dem duscht, das aus einer Rinne plätschert, Mütter flechten sich Zöpfe oder binden Blumensträuße. »Ohne meinen Clan bin ich nichts. Einer allein ist keiner«, erklärt Kötrepi.

Die Sonne reibt sich die vom Wasserdampf trüben Augen. Ein paar Kanak aus einem Nachbardorf bieten mir auf nüchternen Magen in einer aufgeschnittenen Bierdose Rum an. Ich gehe auf Aïzik Wea zu, einen der Stammesältesten: ein schöner alter Mann mit einem makellosen Bart, der dem von Lincoln ähnelt und sich vom rissigen schwarzen Leder seiner Haut abhebt. Der Diakon, der in diesem Jahr in Rente geht, sitzt auf einem Plastikstuhl; seine Schuhe, topmodische grellgelbe Sneakers, locken mir ein Lächeln auf die Lippen: »Ein Geschenk meiner Enkel!«, erklärt er begeistert – Ähnliches hatte ich mir schon gedacht. Der Hund Dragon gesellt sich zu uns, Kinder kichern. Aïzik war in Gossanah, als das Dorf von der Armee besetzt wurde; auf Bitte von Alphonse Dianou hat er damals die Gaben für die Befreiung der Geiseln zusammengestellt: »Kleine Hütten, Souvenirs. Wir hatten Matten und Manous vorbereitet. Wir Männer hatten geschnitzt und unsere Frauen die Matten geflochten. Am Ende wurden sie nie übergeben ...«

Er erinnert sich an die Soldaten überall. Und an seine Angehörigen, die nach dem ausgehandelten Abzug der Armee jeden Tag zur Grotte gingen, um Neues zu erfahren und die Gruppe mit Lebensmitteln zu versorgen. »Alphonse wollte sein Land befreien. Viele haben ihn als Volksheld betrachtet. Er ist zu den Leuten nach Hause gegangen und hat ihnen die Coutume gemacht; deshalb hat auch niemand etwas verraten, als die Soldaten gekommen sind und uns nach den Geiseln gefragt haben. Wegen seiner Art. Er war wie ein Sohn. Deshalb haben wir sehr gelitten … Ich habe den jungen Kerlen in der Grotte gesagt, dass die Gendarmen Leute sind wie wir und dass wir sie nicht töten dürfen. Mein Glaube hat mich so denken lassen. Wir sind alle gleich.«

Die Soldaten haben viel Schlimmes angestellt, flüstert er. »Sie haben uns geschlagen. Vor unseren Frauen, vor den Jungen. Sie sind in die Kirche rein, haben die Kinder hinter sich hergeschleift, und wir haben Schüsse gehört, damit wollten sie uns Angst machen. Sie haben herumgebrüllt. Daran muss ich oft denken.« General Vidal hat danach immer bestritten, dass Frankreich den Kanak vor Ort den Krieg erklärt habe – hat er diesen Satz je gehört? »Aber ja, natürlich! Das hat er vor versammelter Mannschaft verkündet!«

Aïzik lächelt sein Lächeln eines guten Menschen.

So wie jeder beteilige ich mich an den täglichen Aufgaben – die Feierlichkeiten erfordern Disziplin; Gruppen wurden zusammengestellt, um die Arbeit gemeinsam zu verrichten: Geschirr spülen, Tische schmücken, sich um die Kleinen kümmern, Räume dekorieren, Reis kochen, Holz holen … Ich lasse nur wissen, dass ich mich nicht an der Schlachtung von Tieren beteiligen werde – ihr Leben ist so viel wert wie meines und der

Anblick von angepflockten Schweinen oder Ziegen versetzt mich augenblicklich in eine äußerst düstere Stimmung (»Du bist wie unsere fernen Vorfahren, die haben auch nur Gemüse gegessen«, bemerkt ein Kanak). Einige Männer bauen Stein um Stein einen runden Ofen für die Zubereitung der *bougnas* – in Bananenblätter und Lianen eingewickelte Yamswurzeln, Taroknollen, Kürbisse und Süßkartoffeln mit Kokosmilch, die in Pergamentpapier gedämpft werden. Ich lege ein paar Steine bereit. Der Doc kommt vorbei und bemerkt mit dem Kopf in den vom zur Neige gehenden Tag vergoldeten Wolken: »Hier gibt es ein Volk, das frei sein will!«

Stahltöpfe köcheln auf den Holzfeuern, das heißt fast auf dem Boden. In der kalten Asche vom Vortag liegen noch Holzscheite. Gespaltene Kokosnussschalen türmen sich im dichten Rauch. Ein junger Mann rührt mit der Kelle in einem seiner Kochtöpfe, ein älterer mit einem roten Stirnband schaut ihm auf einer Matte liegend dabei zu. Ein Papagei knabbert, ein Pick-up knattert, eine Frau schneidet auf einem Brett auf ihrem Schoß Jungzwiebeln. Ich hacke mit einem jungen Seminaristen mit halblangen Haaren weiße Zwiebeln; mit der Spitze einer langen Klinge zeichnet er ein Schema der traditionellen kanakischen Kosmogonie auf den Tisch. Einen Kreis, den er in zwei Hälften teilt: die materielle und die unsichtbare Welt – aber beide ineinander verschlungen. Der von der griechischen Philosophie übernommene westliche, christliche Dualismus beruhe auf binären Gegensätzen: gut und böse, Gott und Teufel, Buchstabe und Geist, Körper und Seele. Die vormonotheistische kanakische Spiritualität dagegen sei eine ganzheitliche, erklärt er weiter, während er einen frischgefangenen Fisch tranchiert. Ich frage ihn, warum die Unabhängigkeitskämpfer das Christentum in seinen katholischen oder protestantischen – und selbst hier im Konflikt stehenden – Ausprägungen nie als Avatar der imperialistischen Ideologie abgelehnt haben; er lächelt und erklärt mir, eine solche Radikalität entspreche nach all den Jahrzehnten von Vermischungen und Verflechtungen, Verschränkungen und Verschmelzungen nicht dem kanakischen Ethos: »Monotheismus und kanakische Tradition heute gegeneinander auszuspielen, würde das binäre Denken, von dem ich gerade gesprochen habe, nur reproduzieren.«

Im Gemeinschaftshaus setze ich mich neben ihn: Maki Wea – den ich seit meiner Ankunft jeden Tag grüße, ohne dass ich bislang Gelegenheit hatte, ausführlicher mit ihm zu sprechen – ist der Archivar, das schriftliche Gedächtnis der Tribu und der Verantwortliche für den am Eingang aufgestellten Tisch und die Tafeln, die die Geschichte von Gossanah nachzeichnen. In seiner Hütte stehen vier Schrankkoffer voller Papiere. »Niemand in den Institutionen weiß die Arbeit zu schätzen, die ich hier mache, obwohl es sich um kulturelles Erbe handelt! Es wird von Termiten zerfressen – aber ich bin stolz darauf. Ich mache das mit meinen Kindern, ich mache Filmpräsentationen und Ausstellungen. Diese Arbeit ist wichtig.«

Der alte Mann mit der langen Nase und der hohen Stirn trägt einen schiefergrauen Schnauzer und einen weißen Bart, auch er hat Alphonse Dianou gekannt und entschuldigt sich gleich mehrmals dafür, seine allzu anekdotische, persönliche Geschichte mit dem historischen Bericht zu vermischen, den er mir erstatten will. »Alphonse ist jemand, den ich sehr geschätzt habe und der mich respektiert hat: Ich war wie ein Onkel für ihn. Er hat mich Papa genannt.« Als Unabhängigkeitskämpfer der ersten Stunde – von der Studierendenorganisation Foulards rouges über die Union multiraciale bis zum Front uni de libération kanak – ist Maki Wea dennoch der Meinung, »die Unabhängigkeit wird nicht von einer Partei abhängen, sondern von einem Kollektiv, von einem Land und seiner Einigkeit«. Er hat nie verstanden, warum Dianou sich in der Union calédonienne engagiert hat – »einer Bewegung, die von der Kirche gegründet wurde, einer sehr gemäßigten, konservativen Bewegung« – und mokiert sich darüber. »Ich habe Kahnyapa vor allem als Kämpfer für die Unabhängigkeit wahrgenommen. Ich glaube, auch er hat sich so gesehen. Selbst als Mitglied der UC war er aufseiten der Progressiven, er war solidarisch mit den anderen Organisationen, er war aufseiten der Aktivsten von ihnen.«

Noch einmal höre ich, die Besetzung der Gendarmerie sei gescheitert. »Weil Unschuldige getötet wurden.« Maki Wea, damals von seiner Partei mit der Kommunikation beauftragt, befand sich an jenem Tag im Dorf. »Gossanah ist ein Zentrum des Widerstands. Der FLNKS wollte, dass sich jedes Komitee in seiner Selbstverteidigung unabhängig organisiert. Als Kahnyapa nach der Gendarmerie zu uns kam, wusste er, glaube ich, dass er bei uns in Sicherheit sein würde. Noch am Abend nach der gescheiterten Besetzung haben wir eine große Versammlung abgehalten, auch wenn wir eigentlich nicht in die Sache verwickelt waren. Um die jungen Männer auszuwählen, die ihnen in der Grotte helfen sollten. Uns war klar, dass es eine Besetzung geben sollte, aber nicht, dass Schüsse fallen würden. Auf Ouvéa waren schon zweimal Gendarmerien besetzt worden, das war insofern nichts Neues. Es ging darum, das Pons-Gesetz zu Fall zu bringen. Wenn ich mich recht entsinne, war

Kahnyapa zwei Tage zuvor aus Nouméa gekommen. Am Vortag hatte mich Wenceslas Lavelloi aufgesucht: Wir waren zusammen einkaufen gegangen und hatten Kokosnüsse vom Baum geschlagen, um sie meinen Schweinen zu füttern. Und Kahnyapa war gekommen, um mir die Coutume zu machen. Ich habe damals als Flughafenmanager bei Air Calédonie gearbeitet – ich erzähle dir das jetzt alles so einfach, aber eigentlich habe ich erst im letzten Jahr angefangen, darüber zu sprechen. Am Flughafen von Ouloup war lange ein Päckchen liegengeblieben: Niemand war gekommen, um es abzuholen. Als ich den Karton aufgemacht habe, war ein Radio drin. Weißt du, diese Radios, die Soldaten mit in den Krieg nehmen, mit so langen Antennen? Ich habe es mitgenommen und zu Hause versteckt. Ich kannte die Dinger nicht, ich bin nicht mal bei der Armee gewesen. Ich habe einen entfernten Cousin kontaktiert, der hat das angeschaltet, und oho!, es hat funktioniert! Tja, so war das. So haben wir die ganzen Durchsagen von allen Gendarmerien gehört. Und von der Entgleisung in Fayaoué. Ich habe das Radio immer noch.«

Sein Handy klingelt, er antwortet auf Iaai. Nicht weit von uns schreien sich Kinder heiser.

»Vidal hat gesagt«, fährt mein Gesprächspartner in Hemd und Pareo fort, »›Frankreich erklärt euch den Krieg!‹ Wir waren alle dabei. Weißt du, als wir nach Paris gefahren sind, um Mathieu Kassovitz mit seinem Film *Rebellion* bei einer Fernsehdiskussion zu unterstützen« – »der Sendung von Frédéric Taddeï?«, unterbreche ich ihn; »ja«, bestätigt er –, »da hat Vidal uns den Zutritt verweigert, er hat sich geweigert, dass ihm da Kanak gegenübersitzen. Er hat gedroht, dann würde er selber gehen. Also habe ich mich hinten auf den Boden gesetzt …«

(Ein Jahr später bestätigt mir der damals ebenfalls anwesende Legorjus diese Aussage bei einem Mittagessen in Loire-Atlantique.)

»In den 1960er Jahren«, fährt Maki Wea fort, »hat man uns verboten, unsere Sprachen zu sprechen, in der Schule hat man unseren Schwestern verboten, ihre traditionellen Kleider zu tragen, wir wurden einfach auf die Seite geschoben. In der Pazifikregion sah man die kleinen Inseln unabhängig werden. Und wir haben uns gefragt: Warum nicht wir?«

Er weiß nicht, ob Alphonse Dianou geschossen hat, aber auch er zeichnet das Bild eines Gewaltlosen: »Alphonse war ein respektvoller Mensch. Er hat mit den Werten der Coutume und des Volks gelebt. Er war ein entschlossener Typ. Er hat der Polizei standgehalten, als sie ihn geschlagen haben; auf der Place des Cocotiers hat er sich nicht provozieren lassen. Er war ein ruhiger, ein sehr ruhiger Mann. Hilaire war das ganze Gegenteil! Hilaire hat viel gesprochen und immer sehr heftig reagiert. Alphonse dagegen habe ich nie wütend gesehen. Er war zurückhaltend. Aber nicht schüchtern, er war offen. Er hatte Charisma. Er war das Gegenteil von unseren derzeitigen politischen Führern, er hätte ein Leader sein können, den das Volk versteht. Unsere Anführer sind durch den Hunger nach Macht und Geld korrumpiert, er dagegen war integer und aufrichtig. Heutzutage kämpft man nicht mehr mit Gewehren. Man muss mit Bleistiften und Kugelschreibern kämpfen, damit die Leute informierter werden. Wir rufen dazu auf, wählen zu gehen. Alle Kanak, ohne Ausnahme, müssen auf der Wählerliste zum Referendum stehen! Das ursprüngliche Volk muss seine Stimme erheben! Keiner darf mehr an unserer Stelle sprechen! Kaledonien ist nicht Nouméa; Kaledonien muss man auf den Inseln suchen, in den Tribus, in den tiefsten Tälern. In aller Bescheidenheit sage ich den Leuten von hier und aus dem Mutterland: Hört auf die Kanak aus den Randgebieten ... Das ist meine Botschaft. Wir sind nicht rassistisch. Wir haben nie gesagt, dass wir die Weißen ausschließen wollen. Auch sie sind hier zu Hause. Aber wenn sie dieses Land lieben, dann müssen sie auch das Volk der Kanak lieben. Dann müssen sie uns unterstützen.«

Legorjus verließ die Grotte im Morgengrauen mit dem festen Entschluss, das Politbüro der Befreiungsfront zu kontaktieren und bei seiner Rückkehr Franck Wahuzue mitzubringen: »Nur zu, Philippe« war alles, was Dianou dazu sagte (trotz des Misstrauens des jungen kanakischen Anführers gab der GIGN-Chef während der gesamten Geiselnahme nie seinen vollen Namen preis). Besorgt beauftragte Legorjus den Staatsanwalt, während seiner Abwesenheit über das Wohl seiner Männer zu wachen.

In Saint-Joseph, dem Hauptquartier der aus dem Mutterland beorderten Truppen, traf er General Vidal wieder und dieser teilte ihm mit, Pons wünsche ihn im Hochkommissariat zu sprechen. Legorjus – schmutzig, erschöpft, mit sprießendem Bart – erklärte später, er habe im Blick der Offiziere, die seinen Weg kreuzten, Herablassung gespürt. Pons bot ihm an, zuerst sein Badezimmer zu benutzen, um sich frisch zu machen – eine Geste, die den Soldaten rührte.

Im Krisenstabsraum fasste Legorjus die Lage zusammen und sprach mit dem live aus Paris zugeschalteten Generalstabschef der Armee: »Meine Einschätzung ist simpel: In der jetzigen Situation ist das Leben der Geiseln durch die Entführer nicht unmittelbar bedroht, eine Militäraktion dagegen würde sie in Gefahr bringen«; dennoch skizzierte er für den Fall einer Veränderung in Dianous Haltung und einen möglichen Angriff einen Plan der Grotte. Die GIGN, fügte er hinzu, könne nicht allein intervenieren.

Die überwiegende Mehrheit der anwesenden Militärs, schreibt Legorjus später, wollte einzig und allein »abrechnen« und »Rache üben für den Affront«: »Zynischerweise sehen manche Caldoches und Kontinentalfranzosen darin ein Mittel, um beim zweiten Durchgang der Präsidentschaftswahlen die Stimmen der extremen Rechten abzufangen«. (In seinem zweiten Buch bekräftigt er: »Für Chiracs RPR verwandelt die Geiselnahme die Wahl in eine ideale Gelegenheit für den Versuch, Stimmen des Front national auf die eigene Seite zu ziehen«.)

Pons – der 2018 schließlich zugab, die Geiselnehmer seien keine »harten Profis« gewesen (aber doch »fanatische Kämpfer«) – ermächtigte Legorjus unter einer Bedingung, mit dem FLNKS in Kontakt zu treten: dass nur rein humanitäre und keine politischen Absprachen getroffen würden. Ohne jede Erlaubnis und Rücksprache allerdings setzte sich Legorjus – durch Vermittlung des GIGN-Gründers, der damals persönlich für die Sicherheit Mitterrands verantwortlich war – mit dem Élysée-Palast in Verbindung: Alles wurde in Paris entschieden, analysierte Philippe Legorjus, also musste er den Präsidenten persönlich überzeugen, dass Verhandlungen der richtige Weg waren.

General Vidal verfasste ein Fax, in dem auch er für Verhandlungen warb: »Unter dem herrschenden politischen Druck wird derzeit die Möglichkeit einer Militäroperation geprüft, eine solche scheint mir jedoch kaum ohne erhebliche Verluste durchführbar.« Ouvéa wurde weiter von der Außenwelt abgeschnitten: totale Nachrichtensperre, Presseverbot. Die freigelassene, geschwächte, entkräftete Geisel dachte mit Unbehagen an den Hunger, die Haftbedingungen und die Drohungen, denen sie in den Tagen zuvor ausgesetzt gewesen war. Jean-Marie Tjibaou versicherte einem Korrespondenten von Le Monde: *»Die Aktivisten* *von Ouvéa wurden als ziellose Streiter dargestellt, als Terroristen, die grundlos töten, obwohl wir versucht haben klarzumachen, dass man diese Aktionen in einem politischen Kontext sehen muss, der für die Kanak immer schwieriger wird. Der FLNKS hat die Devise ausgegeben, die Kampfkomitees sollen sich selber organisieren und Aktionen durchführen, mit denen sie meinen, Druck auf die Regierung ausüben zu können, denn das Ziel bleibt es, eine Diskussion über die neu zu schaffenden Institutionen herbeizuführen.«*

Antwort von Chirac: Entscheidend sei es, »keine Schwäche gegenüber den Drohungen von einer Handvoll Terroristen zu zeigen, die vom Ausland manipuliert und unterstützt und vom Inland teilweise leider zu ihren Aktionen ermutigt werden«.

Am Rand der Grotte trat eine Geisel einen jungen Spross nieder, Alphonse Dianou richtete ihn mit einer Stütze wieder auf: Alles an diesem Ort war heilig, Felsen, Bäume, Blätter, alles.

Sechs Tage später wird der Befehl zum Sturmangriff gegeben.

25 Die zum Meer blickende Kirche ragt wie der zweite Buchstabe dessen heraus, dem sie geweiht ist: Saint-Joseph. Kreuze streben in einen bleigrauen Himmel; das Dach ist rot gedeckt, das Gras auf dem Vorplatz voller Pfützen. Kaum zwei Schritte entfernt führt die asphaltierte, piniengesäumte Straße vorbei. Hier wurde die Aufnahme gemacht, die ich ständig mit mir herumtrage: Dianou und seine Mitstreiter auf dem Boden, rundherum Soldaten. Dianou mit geschlossenen Augen, ein medizinisches Gutachten auf der Brust, die Hose voller Blutflecken. Ein anderes, in *Paris Match* veröffentlichtes Foto zeigt die ganze Szene »zwei Stunden nach dem Sturmangriff«: acht überlebende Unabhängigkeitskämpfer auf dem Bauch, der Anführer auf dem Rücken auf einer Bahre, zahlreiche Militärs um sie herum in Uniform – außer einem mit nacktem Oberkörper und nackten Beinen. »Kapitulation der Rebellen«, titelt die Zeitung in weißen Großbuchstaben. »Ein außergewöhnliches Dokument«, urteilt die Bildunterschrift und erklärt: »In diesem Moment zweifelte keiner der Soldaten mehr, dass die Grotte von Ouvéa zu einer folgenreichen ›Staatsaffäre‹ würde.«

Im *Nouvel Observateur* der letzten Maiwoche 1988 stand zu lesen: »Alphonse Dianou wurde vom Hubschrauber aus auf den Boden geworfen«, aus einer Höhe von etwa anderthalb Metern. »Dianou wurde aus dem Hubschrauber geschmissen« oder nach dessen Landung »abgeworfen«, ergab die aufschlussreiche Untersuchung des unabhängigen Journalisten Jean-Guy Gourson auf der Basis von Zeugenaussagen der mobilen Gendarmen und eines Fallschirmjägers. Die »Landung« des kanakischen Anführers wurde von einem Puma-Piloten sogar gefilmt – natürlich ist diese Aufnahme verschollen. Eine dreiste und in jeder Hinsicht »niederträchtige« Behauptung, widersprach wutentbrannt einer der GIGN-Männer, Michel Lefèvre, in seinem 2012 erschienenen Buch. Ein Untersuchungsbericht der Militärführung bestätigte dennoch, Dianou sei »möglicherweise unsanft« abgeladen worden …

Derselbe Lefèvre berichtet auch, Dianou sei »bei Bewusstsein« gewesen, habe aber Atemprobleme gehabt: »Auf seiner blutverschmierten Bahre wartete er darauf, abtransportiert zu werden.« Der Staatsanwalt hatte nach dem Sturmangriff noch Gelegenheit gehabt, mit Dianou zu sprechen; er wies darauf hin, dass der ehemalige Priesterseminarist »bei klarem Bewusstsein gewesen« sei »und seine Verletzung, so schwer sie auch gewesen sein mochte, nicht lebensgefährlich gewirkt habe«.

Mit grauer Hand beugt der Wind die Kokospalmen. Auf dem Kirchplatz erinnert eine Stele an die ersten Missionare. Ein paar Regentropfen sprenkeln mein Hemd.

Hier an diesem Ort lag Dianou also auf seiner Bahre und atmete noch, eine Binde ums linke Knie, einen Schlauch im rechten Arm … doch ohne den dazugehörigen Tropf. Beides war ihm nach dem Sturmangriff angelegt und hier abgerissen worden; vor der Grotte hatten zwei Militärärzte dem Verletzten zunächst erste Hilfe geleistet (eine Infusion mit fünfhundert Milliliter Gelofusin und fünfzehn Milligramm Morphium). Zwei Kanak erklärten, sie hätten gesehen, wie Soldaten ihn geschlagen und den Tropf »weggekickt« hätten. In einem Artikel vom 10. Mai 1988 in *Le Monde* konnte man zudem lesen, dass »Soldaten zur Bahre kamen, den Schlauch herausrissen und die Bahre umkippten«, sodass Alphonse Dianous Körper »auf die Steine fiel, wo er mit Stiefeltritten und Gewehrkolben traktiert wurde«. Militärische Quellen berichten von einer »Herzmassage durch Stiefeltritte«, und ein ehemaliger GIGN-Mann gab zu, er habe einen Soldaten das medizinische Gerät »entfernen« und ihm dann wieder hineinstopfen sehen. Tatsächlich wurde – gegen den Widerstand einiger, die sich empörten, dass man einem Gefangenen noch Hilfe leiste – mithilfe von Fallschirm-Gewebeband ein zweiter Tropf angelegt. Der Hubschrauber brachte den »Rebellen« zur Kirche Saint-Joseph, ein Fallschirmjäger berichtete, er habe später besagten Tropf auf der Cockpit-Ablage des Helikopters wiedergefunden. Der General erklärte am 11. Mai desselben Jahres dennoch in der Zeitung *La Croix*: »Tritte oder Schläge mit dem Gewehrkolben – das sind Märchen.«

Sechs Stufen führen zur Kirchenpforte.

Vidal hatte seine Kommandozentrale im Pfarrhaus eingerichtet, das von Priester François-Xavier de Viviés nicht benutzt wurde. Als ehemaliger Offizier in Algerien hatte der Kirchenmann Partei für die Unabhängigkeitskämpfer ergriffen und vier Tage nach der fehlgeschlagenen Gendarmeriebesetzung einen Text veröffentlicht, dem zufolge die Unabhängigkeitskämpfer weder »Wilde« noch »Terroristen« waren, sondern ihnen die politische Macht keine andere Wahl ließ als »Druck auszuüben, um sich irgendwie Gehör zu verschaffen«. Auch wenn der Priester natürlich die Gefühle verstand, die die Gendarmen umtrieb, welche ihre vier Kameraden rächen wollten, erinnerte er doch an die »Schweinerei« in Algerien:

»Wie viele unnötige Tote nur aus Lust und Laune einiger Politiker!«

Ein Auto fährt vorbei.

Am Tag nach dem Tod von Alphonse Dianou und seiner achtzehn Kameraden wurde der Priester, der eine Zeitlang der Komplizenschaft verdächtigt wurde, vorläufig festgenommen, als er über eine Schreibmaschine gebeugt tippte: »Terroristen?! Rebellen?! Ertränken Sie eine Katze – sie wird sich wehren. Unterdrücken Sie ein Volk – es wird reagieren! […] Ein Volk hat sich erhoben. Monsieur Pons zählt die Gewehre und sagt: ›Was soll das sein? Ein Volk? Wollen Sie mich zum Lachen bringen? Ein paar Banden von Mördern …‹ Aber wie viele Widerstandskämpfer mit Waffen in der Hand hat es in Frankreich gegeben?« Als er wieder frei war, hielt de Viviés eine Messe sowohl für die melanesischen als auch für die europäischen Opfer. Der »Terrorismus« hat immer wieder reichlich grobe begriffliche Stiefel an, mit Profilen, die allzu oft von Staaten geprägt werden, die denjenigen verleugnen, den sie selbst praktizieren – mussten wir nicht bis 2008 warten, bis Mandela von der US-amerikanischen Liste terrorverdächtiger Personen genommen wurde?

Der ehemalige GIGN-Chef erzählte mir später dazu: »Das letzte Mal, dass ich Alphonse gesehen habe, war in Saint-Joseph. Er lag zwischen den Gefangenen auf einer Bahre.«

Lebendig. Und, wie er auch in einem seiner Bücher schreibt, ohne Tropf. Alphonse Dianou hätte niemals dort landen dürfen, erklärte er mir, der Befehl des Generals hatte gelautet, alle Verletzten in ein Feldlazarett zu bringen, das extra für diesen Anlass auf dem Flugplatz von Ouloup, nicht weit von Fayaoué entfernt, errichtet worden war – »ein Weichenfehler«.

Der General der Gendarmerie Alain Picard berichtete, er habe den liegenden Dianou damals an der Schulter berührt und dieser habe nicht reagiert. Es sei nicht zu verstehen, ergänzte er 2008, warum Dianou nicht direkt ins Krankenhaus gefahren worden sei. »Hätte man ihn rechtzeitig zu uns gebracht, hätte Dianou überlebt und schlimmstenfalls eine Amputation erleiden müssen«, diagnostizierte Jacques Guillotreau, der Chefchirurg der Außenstelle Ouloup.

Der Sturmangriff – der in zwei Phasen geführt wurde – war gegen dreizehn Uhr beendet. Um fünfzehn Uhr wurde Alphonse Dianou hierher nach Saint-Joseph gebracht, wo er drei Stunden (dreißig Minuten, beteuerten zu Anfang die französischen Behörden) ohne jede medizinische Betreuung in der prallen Sonne lag, obwohl sich mehrere Ärzte vor Ort befanden. Dann ließ der General ihn vom Kirchplatz auf einen Schulhof tragen, weil ihm die »ungesunde Neugier« der Truppen – scheinbar aufrichtig – Unbehagen bereitete. Erst um achtzehn Uhr zehn wurde Dianou auf einen Pick-up geladen, dessen Abdeckung entfernt worden war und der zum Lazarett am Flugplatz fahren sollte – das fassungslose medizinische Personal dort hatte keinerlei Information erhalten, dass es Schwerverletzte gab. Vierzig Minuten später kam der Revolutionär an, tot.

»Unter obskuren Umständen gestorben«, schrieb Jacques Attali 2005 in einer Biografie über François Mitterrand.

Nach der Evakuation »unter zweifelhaften Umständen« gestorben, schrieb General Jacques Vidal fünf Jahre später.

Ein Mitstreiter des ehemaligen Priesterseminaristen, der Gefangene Martial Laouniou, hatte ausgesagt – und mir noch einmal persönlich bestätigt –, er habe in Saint-Joseph gehört, wie Soldaten Dianou im Inneren des Fahrzeugs, das ihn nach

Ouloup bringen sollte, geschlagen hätten. Dianou habe nicht gesprochen, aber unter den Schlägen gestöhnt oder geschrien. Ein mobiler Gendarm habe ihm, Laouniou, sogar gesagt, sein Chef erweise sich als besonders stur und sei »ein ganz harter Knochen«. Drei Zeugenaussagen von Soldaten, die der Journalist Jean-Guy Gourson sammelte und 2014 veröffentlichte, bestätigen diese Aussage: Der Chef der mobilen Gendarmerieeinheit der Stadt Decize, ein gewisser Alain Belhadj, sei auf den Kanak gestiegen, um Druck auf seinen Brustkorb auszuüben, dann habe er drei Gendarmen neben ihm befohlen, dasselbe zu tun und denen, die sich weigerten zu gehorchen, mit Konsequenzen gedroht. Alphonse Dianou habe »geschrien vor Schmerz«. »Ich habe Mitglieder der Einheit von Decize gesehen, wie sie auf Dianou, der auf seiner Bahre auf der Ladefläche des Geländewagens gelegen hat, ›herumgetrampelt‹ sind. Ich bin dazwischengegangen und habe sie mit allen möglichen Bezeichnungen ›zusammengestaucht‹«, berichtete ein EPIGN-Gendarm. Ein anderer fügte hinzu, er habe einen Hund mit einer blutigen Binde im Maul davonlaufen sehen – wahrscheinlich der, die Alphonse Dianou am Bein getragen hatte und die fehlte, als er der Länge nach, mit dem Gesicht nach unten und noch warm auf dem Boden des Fahrzeugs liegend am Flugplatz von Ouloup ankam. Hauptmann Belhadj – der an der Spitze seiner Einheit Ende 1986 die Pariser Studenten bekämpft hatte, als diese gegen die geplante Liberalisierung der Universitäten demonstrierten – sei »sehr zufrieden mit sich« gewesen, erklärte lange Zeit später ein ehemaliger EPIGN-Mann.

Der Gemeinte, ein Mestize und Sohn eines algerischen Gendarms, der aus Angst vor Vergeltungsmaßnahmen der algerischen Befreiungsfront aus seinem Land geflohen war, wies kategorisch jede Verantwortung am Tod des Unabhängigkeitskämpfers von sich und versicherte, Dianou sei schon tot gewesen, als er auf das Fahrzeug geladen wurde – 2008 erklärte General Picard jedoch gegenüber dem Regisseur von *Retour sur Ouvéa*, er habe Belhadj einen lebenden Mann »übergeben«, wenngleich in einem »erbärmlichen Zustand«, und er habe vom Hinscheiden Dianous erst bei dessen Ankunft in Ouloup durch einen Anruf des besagten Hauptmanns erfahren. »Es kann nicht in unserem Interesse sein, dass er stirbt«, hatte Picard seinen eigenen Worten nach Alain Belhadj extra noch mitgegeben.

Um achtzehn Uhr dreiundfünfzig stellte Doktor Dominique Stahl Alphonse Dianous Tod fest: Der Kanak lag »ohne Tropf da, ein Arm hing von der Bahre herab, der Kopf war nach rechts geneigt und der rechte Augenbrauenbogen aufgeplatzt, hinter dem rechten Ohr war eine Schnittwunde, die Nase aufgeschürft und gebrochen, der kleine Finger der rechten Hand zertrümmert und ein Glied dieses Fingers ausgerissen«. Die Obduktion – die keine Aufklärung zu den Umständen seines Todes erbracht habe, schrieb *Le Monde* – wurde erst einen Monat später, am 11. Juni, nach einer Exhumierung des Leichnams in Nouméa durchgeführt; sie bestätigte die Anwendung von körperlicher Gewalt: eine Wunde am linken Augenbrauenbogen, Prellungen am Rücken, Bluterguss am oberen linken Augenlid, Hautabschürfungen ... Vidal schrieb 2010, er habe erst um 20 Uhr in Pons' Beisein von Dianous Tod erfahren.

Auch wenn es in der offiziellen Darstellung zunächst hieß, Dianou sei an den Folgen der durch die Kampfhandlungen entstandenen Verletzungen gestorben, räumte der damalige Verteidigungsminister Jean-Pierre Chevènement am Montag, den

30. Mai 1988 am Ende einer internen Untersuchung, in der von »brutalen« Tritten gegen Dianou die Rede war, ein, dass »nach dem eigentlichen Sturmangriff leider Taten verübt wurden, die im Gegensatz zu den Pflichten des Militärs stehen«: Alphonse Dianou war also »nicht nur« an einem Schuss ins Bein gestorben. Der Minister und Bürgermeister von Belfort blieb zwar ausweichend, war aber dennoch überzeugt, dass dies einen »nicht hinzunehmenden Vorgang« darstelle. Er entzog Hauptmann Belhadj das Kommando und erklärte, »die Regierung von Monsieur Chirac« habe »allen Möglichkeiten der Vermittlung und Verhandlung, die ihr angeboten wurden, eine gewaltsame Lösung vorgezogen«.

Im Oktober 2017 bekannte Chevènement in der Zeitschrift *Charles* im Hinblick auf jenen Hauptmann, der zwei Monate später wieder in Stand und Würde gesetzt und gleich nach Jacques Chiracs Wahl zum Präsidenten mit dem Orden der Ehrenlegion ausgezeichnet wurde: »Ich war davon ausgegangen, dass ich ihn suspendiert hatte, aber ich will Ihnen etwas verraten, das ich noch nie öffentlich gesagt habe: François Mitterrand hatte mich dafür zurechtgewiesen. Ich war damals baff. Doch er hatte mir mitgeteilt: ›Dieser Hauptmann ist ein sehr guter Bekannter von mir, er war mal im Département Nièvre stationiert.‹ Zu Anfang hatte Mitterrand Strafen gefordert. Aber als diese kamen, kamen sie ihm ungelegen.«

Auch wenn General Vidal erklärte, die Militäreinheiten hätten keinerlei Interesse daran gehabt, Dianou zu töten und damit aus »einem Feigling« einen Märtyrer zu machen, so schlussfolgerte doch der Kommandeur der Gendarmeriestaffel von Nouméa Claude Damoy, ohne es gutzuheißen: »Um den Aufstand endgültig niederzuschlagen, musste Dianou sterben.«

Im Frühjahr 2018 übernahm Bernard Pons in seinen Memoiren die Verantwortung für die gesamte »Ouvéa-Affäre«, betonte allerdings ausdrücklich, dass er Dianous Tötung »streng« verurteile: Sie habe »aus ihm ein Opfer gemacht, obwohl er ein Henker war«.

26 Chefferie Weneki, Wohnsitz des Chefs der Tribu in der Nähe von Gossanah.

Ein Haus, ein Garten, ein zartes Kätzchen und ein Kind mit bronzefarbener Haut. Der gesellige, freundliche Didier Tangopi begrüßt mich und entschuldigt meine Dreistigkeit, denn ich besuche ihn ohne Vorankündigung und, schlimmer noch, mit den Händen in den Taschen. Kräftiger Körperbau, fester Kiefer und breite Wangen, sein krauses Haar ergraut allmählich, die Augenränder werfen sanfte Faltenlinien. Den kaledonischen Akzent sucht man bei ihm vergeblich, er hat fast keinen. Er unterrichtet Mathematik und hat lange Zeit in Frankreich gelebt – was wohl die Erklärung liefert.

Auf einer rosa Wachstuchdecke dampft Kaffee, die Spatzen tschilpen. Didier erzählt mir von seiner Jugend mit Alphonse Dianou, von ihren Spielen unter den Mangroven und dessen schon damals erkennbarem Temperament »eines Anführers«. Die beiden waren wie Brüder. Der jugendliche Alphonse schätzte Kultur, Bildung und Bücher; es war die Zeit der afroamerikanischen Bewegungen, von *Black Is Beautiful*, der zwei Wochen nach ihrer Flucht aus dem Gefängnis auf dem Flur eines New Yorker Hotels verhafteten Angela Davis und von schwarzen Gospels – ein, wenn auch fernes, Gemisch, aus dem man Stolz beziehen konnte, Anlass, um Flagge zu zeigen. Sie lasen in Kanada publizierte Zeitschriften und schwammen auf der *Peace and love*-Welle mit; Alphonse, erzählt Didier weiter, trug eine Zeitlang eine Hippie-Kette und stand der Musikgruppe Zanué Oné Sina nahe.

»Wie soll ich das sagen?«, fragt Didier Tangopi im Bemühen um die richtigen Worte immer wieder. Er beschreibt Alphonse Dianous Vater als einen stattlichen, imposanten Kerl, »einen Typen«, der auch Angst einflößen konnte: wortkarg, glattrasiert, stolz auf seine Kinder. Die Mutter, »das war die Mater«, die Beschützerin und diejenige, die die Sprache verkörperte. Hilaire: ein riesiger, geschwätziger Wichtigtuer mit dem Auftreten eines amerikanischen Basketballers. Und schließlich Alphonse: ein melancholischer Musikfreund.

»Wir waren praktizierend religiös und irgendwie auch nicht. Wir haben in Vorstellungen von Brüderlichkeit und Liebe gebadet. Unser Glaube war von den Revolutions- und Befreiungsideen der Zeit geprägt, keine Frömmelei, dadurch haben wir uns politisiert. Ich habe begonnen, mich bei den Foulards rouges zu engagieren, Alphonse dagegen – wir haben ihn alle Kahnyapa genannt – hat sich immer mehr der Religion zugewandt, bis er sogar Priester werden wollte.« Sie verloren sich aus den Augen und Didier Tangopi ging bald darauf nach Paris, um zu studieren, zu arbeiten und »Frankreich und die Franzosen kennenzulernen«. In den 1990er Jahren kam er zurück, um eine Familie zu gründen – in Frankreich weiß kaum einer Neukaledonien auf der Landkarte zu finden, sagt er und lacht: »Wir dagegen wissen, wer die Gallier sind!

Wir hatten eine kleine Party bei einem Freund im Marais. Und gegen drei Uhr morgens oder so hat mich jemand gefragt, ob ich nicht von Ouvéa käme. Ja, warum? Eine Frau hatte gerade im Radio gehört, was los war. Da haben wir den Fernseher angeschaltet oder das Radio, ich weiß nicht mehr, und haben aufgehört zu feiern. Die Nachricht lief in Dauerschleife: Die Grotte war gerade gestürmt worden. Ich wusste nicht, dass Alphonse in die Sache verwickelt war, aber es hat mich auch nicht überrascht, das war eine logische Entwicklung ... Er war am Ende eines Prozesses angelangt, der mit dem Scheitern der gewaltfreien Aktionen begonnen hatte. Wegen der Spannungen rund um die Wahlen in Frankreich hatte ich schon in den Tagen zuvor das Gefühl gehabt, die Sache würde eskalieren. Durch Kontakte zu anderen Aktivisten haben wir es dann geschafft, an genauere Informationen zu kommen. Ich habe mir natürlich gesagt, wenn ich nicht ins Mutterland gegangen wäre, wäre ich vielleicht dabei gewesen. Chirac hat erklärt, das seien Barbaren, nicht einmal Menschen, damit hat er Frankreich beschämt. Aber ich habe mir noch nie Illusionen über die Rechten gemacht: Das ist die Mentalität von Kolonialherren.«

Keiner hatte bedacht, dass die Sache auch schiefgehen könnte, fährt er fort. Und keiner war danach bereit, die Verantwortung für den Tod von vier Gendarmen zu übernehmen. Der FLNKS fürchtete, von den französischen Machthabern endgültig ausradiert zu werden. »Es ist immer noch nicht geklärt, was in der Gendarmerie mit Alphonse los war. Ich habe gehört, er hätte geschossen.«

Didier Tangopi wird 2018 zur Wahl gehen, um die Unabhängigkeit zu unterstützen und zugleich den Weg durch die Institutionen zu wahren. Die Chancen stehen äußerst schlecht, da macht er sich nichts vor, aber es wäre schädlich, »beim Meilenstein 1988 stehenzubleiben«; vielleicht entwickeln die nächsten Generationen ja neue Visionen, wer weiß, man muss für alles offenbleiben.

27 Seine Machete bahnt den Weg. Die Sonne schiebt ihre Strahlen unbeirrt in eine entstehende Bresche nach der anderen, die Bäume mustern uns stumm, unsere Sohlen lassen das Unterholz und die toten rost- und goldroten Blätter rascheln, die den Boden bedecken. Unscheinbare oder unersättliche, grellgrüne oder blassere Pflanzen streifen und zerkratzen uns. Der Wald zwitschert und Benoît Tangopi – in roten Shorts, Shirt mit »Corsica«-Aufdruck, Sandalen und Baseballcap – durchquert ihn in einem Schritt, der klarmacht: Dieser Weg hat seit langem jedes Geheimnis für ihn verloren. Weißgeflügelte Schmetterlinge flattern auf und der Unabhängigkeitskämpfer verrät, seit der Geiselnahme jage er nicht den kleinsten Papagei mehr: Die Papageien seien verlässliche Wachposten gewesen und hätten jeder feindlichen Bewegung eine Stimme verliehen ...

Wir erreichen den Rand der heiligen Grotte und den mit Blattwerk angefüllten, zugestopften, überquellenden Höhleneingang, den sie einfasst. Nach den monotonen Rhythmen der Pflanzenwelt ziehen die ersten Ehrerbietungen an die Toten den Blick auf sich: Lange, gemusterte Stoffstücke sind an Äste gebunden und um vom hereinfallenden Licht grell leuchtende Baumstämme gewickelt. An den Stellen, wo die von den Militärs durchsiebten Körper starben, wurden Felsbrocken aufgehäuft: Stelen des Schicksals, ein steinernes Schweigen, das der Mensch der Erinnerung widmet. Links von mir leuchtet ein Wimpel in den Farben von Kanaky vor der braunen Rinde.

»Die haben dasselbe gemacht wie schon 1878, als sie den Aufstand der Kanak niedergeschlagen haben«, erklärt Benoît Tangopi. »Danach wollten sie uns als die Bösen hinstellen. Aber wir hatten nicht vorgehabt, irgendwem den Hals abzuschneiden! Töten, nur um zu töten, das ist Terrorismus, das ist ein Verbrechen!« Der Eingang zur Grotte, deren Zutritt verboten ist, liegt mitten in einem Felsplateau, einer Art Querspalte, einem langen Riss im Boden. Der ehemalige Geiselnehmer zeigt mir die verschiedenen Stellen, an denen gekämpft wurde, und den Ort, an dem die beiden französischen Soldaten, unbestritten während des Sturmangriffs, starben; er erzählt mir, sie hätten immer wieder mit den Geiseln gesprochen, um ihre Forderungen zu erläutern, und beteuert noch einmal, er hätte lieber einen Prozess gehabt als eine Amnestie, auch wenn er dafür auf Jahre ins Gefängnis gewandert wäre (»Wenn morgen in Paris ein Prozess eröffnet wird, nehme ich den nächsten Flieger!«).

Kochutensilien – Töpfe, Tee- und Kaffeekannen, Trinkschalen –, Flaschen, mehr oder weniger zerbeulte Konservendosen und Schuhe liegen auf dem Boden verstreut: Seit 1988 wurde hier nichts entfernt. »Der Schlimmste von allen ist Mitterrand«, urteilt Benoît Tangopi, »er hat den Befehl zum Sturmangriff gegeben. Da darf man sich nichts vormachen. Natürlich war da auch Chirac und die Kohabitation der beiden Parteien, aber der Sozialist hat grünes Licht gegeben: Das ist ein Verräter, ein Verräter am Sozialismus! Aber alle, alle sind Verbrecher!«

Tangopis Stimme bricht, er ringt um Fassung, verschluckt die Buchstaben, Tränen rinnen ihm aus den Augen, und ich schweige, denn ich weiß nicht, wie ich auf den Schmerz eines Unbekannten reagieren soll – und werde mir einmal mehr bewusst: Ich bin in diesem Land nur das geschwätzige Messer, das in ihren Wunden bohrt. Ich stehe vorm Eingang zur Grotte, der mit herunterbaumelnden, festgebundenen Stoffstreifen behangen ist. Bäume spiegeln sich im Regenwasser, das sich in einem kleinen deckellosen Kochtopf gesammelt hat. Ich sehe die Steinhaufen zu Ehren von Alphonse Dianou und Dave Lavellois Vater, der kaltblütig abgeknallt wurde, sobald sie die Waffen ausgehändigt hatten. Die Stille überkommt mich ganz plötzlich, knüllt den Magen wie eine Papierkugel zusammen, reißt die Augen hin und her und wirft alles ringsherum durcheinander, den gähnenden Schlund der Grotte und den üppig grünen Krater, die kunterbunten Manous und die für immer vergessenen alten Treter, die Kugeleinschläge und den Tod, den ich in diesem Moment spüre, ohne Gestank und Blut, nein, nur als Leerstelle und fernen Hauch, die verlorenen, umgenieteten, zertrümmerten Leben und den nie enden wollenden Kampf – ich wische mir selbst eine Träne weg, dann treten wir den Rückweg an.

Aus seiner Hütte aus Holz und Blech und dem Radio, das Benoît Tangopi nicht ausgestellt hat, tönt Leonard Cohens Lied *Hallelujah: I did my best, it wasn't much, I couldn't feel, so I tried to touch, I've told the truth, I didn't come to fool you ...* Wir setzen uns auf eine Matte; er fragt mich, ob ich einen Kaffee möchte; ja, gern.

Insel Lifou.

Am 30. April wurde Legorjus von einem Hubschrauber der Heeresfliegertruppe hier abgesetzt. Er vergewisserte sich, dass ihm niemand gefolgt war, dann traf er an einem geheimen Ort Wahuzue sowie zwei andere Mitglieder der Befreiungsfront und erklärte ihnen: Ein Ausweg aus der Krise per Verhandlung scheine noch möglich, Alphonse Dianou wolle zu diesem Zweck die Parteichefs des FLNKS treffen, wegen der anstehenden Wahlen müsse aber so schnell wie möglich gehandelt werden, sonst werde die Armee einschreiten. Wahuzue antwortete, er persönlich sei bereit, Dianou und seine Mitstreiter in der Grotte aufzusuchen, brauche aber das Einverständnis seiner Parteiführung dafür und diese verweigere sich bislang.

Das Gespräch dauerte eine Stunde.

An Bord des Hubschraubers, der ihn zurückflog, notierte Legorjus auf einem Zettel, die Soldaten hätten Schwierigkeiten, »die Rolle« zu akzeptieren, die er gerade »spiele«, da sie überzeugt seien, er sei von den Unabhängigkeitskämpfern »angesteckt« worden. Gegen Mittag informierte er per Funk Alphonse Dianou über die Lage; um Zeit zu gewinnen, behauptete er, er sei noch in Nouméa.

Der Staatsanwalt ließ die Armee wissen, die Stimmung in der Grotte habe sich verbessert, die Geiseln würden von den Bewohnern der Tribu Gossanah versorgt und die Gendarmen könnten sich mit Ausnahme der GIGN-Leute, die immer noch Handschel-

len trügen, relativ frei bewegen. »Alle« *Entführer, berichtete er später,* »bedauerten das Massaker« *von Fayaoué.*

Am späten Nachmittag fand eine Versammlung des Oberkommandos der Streitkräfte statt. Zu Legorjus' Überraschung waren auch die Befehlshaber des Commando Hubert und des elften Fallschirmjäger-Sturmregiments zu Pons, Vidal und einem Abgesandten aus Jacques Chiracs Kabinett einbestellt worden. Der Minister ergriff das Wort. Er erinnerte, die Regierung werde nicht hinnehmen, dass die öffentliche Ordnung derart mit Füßen getreten werde, und schlug vor, die Geiselnehmer mithilfe von Medikamenten zu betäuben (dieser in der Ausführung schwierige Plan wurde fallengelassen, nachdem er an – je nach Version – fünf bis zehn Freiwilligen getestet worden war); der General übernahm die Sache und kündigte an, sehr früh am nächsten Morgen werde der Angriff starten. »Kriegsstimmung«, *schrieb der* GIGN-*Chef 1990,* »surreale Diskussion« *fügte er zwei Jahrzehnte später hinzu.*

An dieser Stelle beginnen sich die Berichte von Vidal und Legorjus zu unterscheiden: Ersterer schreibt, es sei an diesem Tag keine Rede von lasergelenkten Bomben, Entlaubungsmitteln und Napalm gewesen – wie Legorjus später behaupten wird –, diese Diskussion sei am Tag zuvor geführt worden und man habe dabei, was auch immer sonst diskutiert wurde, den Einsatz von Bomben »sofort ausgeschlossen«. *Legorjus dagegen erklärt, er habe auf der Versammlung protestiert, denn der Verhandlungsweg habe immer noch offengestanden. Sollte man sich zu einer Gewaltlösung entschließen, könne das nur das Leben der Geiseln gefährden.* »Ich bin zu allem bereit, um diese Mission zu einem guten Ende zu bringen, selbst dazu, mich mit meinen Männern zu überwerfen«, *schreibt er, als er sich zurückerinnert. Vidal wieder-*

um notiert, er habe »keinerlei Erinnerung daran, dass Legorjus das Wort ergriffen habe«, um die Unverhältnismäßigkeit der geplanten Mittel anzuprangern. In Legorjus' offiziellem Bericht, der am 7. Mai 1988, das heißt einige Tage nach den »Ereignissen«, der Gendarmerie Nationale zuging, war allerdings bereits vom »Dissenz« die Rede gewesen, über den er den General auf dieser Versammlung informiert habe. »Fast hätte man uns mit einem Wagner voller Fanfaren in den Angriff geschickt«, erzählte später ein Soldat Paris Match *in Anspielung auf den Film* Apocalypse Now.

Auf Grande Terre fielen Schüsse und in der Nähe einer Gendarmerie wurden bewaffnete Unabhängigkeitskämpfer gesichtet. Am späten Abend traf Legorjus den Befehlshaber der Gendarmerietruppen von Neukaledonien, General Jérôme, und teilte ihm seine Befürchtungen mit: Der hochrangige Militär hegte offenbar dieselben, denn er kontaktierte den Verteidigungsminister und erklärte, er verweigere die Zustimmung zu einer Militäroperation, die die Sicherheit der Gefangenen gefährde. Legorjus rief seine Kontaktperson im Élysée-Palast noch einmal an und musste feststellen, dass Mitterrand über die Einzelheiten der Situation nicht informiert worden war ...

»Der militärische und politische Druck der Pariser Führungsstäbe ist sehr hoch«, berichtete General Picard, damals Oberstleutnant, von jenem Tag, an dem er sich zum Herkunftsdorf der Dianous begab, um sich ein Bild von den Schäden und Plünderungen durch die Armee zu machen. Zahlreiche Familien waren Hals über Kopf geflüchtet. Der Genossenschaftsladen des Dorfs war leer und die Hütte des Chefs beschädigt: Picard nahm sich – offenbar aufrichtig, aber ohne an einen Erfolg zu glauben – vor, alles in seiner Macht Stehende zu tun, um das Gestohlene wiederaufzutreiben.

Im Zwielicht der Grotte ließ Hilaire Dianou seinen wechselnden Launen freien Lauf und bot den Gefangenen erst zur Feier einer Geburt Kuchen an, um sie dann wieder mit der Waffe zu bedrohen und sich mit dem Finger am Abzug die Kehle aus dem Hals zu brüllen. Alphonse hielt laut einem der gefangenen GIGN-Männer »ständig ein Mini-Totem in der Hand« und versuchte, den Militärs »ins Gewissen zu reden«. Der achtundzwanzigjährige Aktivist prangerte die Umweltzerstörung, Kriminalität und Prostitution an, die die kapitalistische Moderne hervorgebracht habe, pries die »vertikale, horizontale und zirkuläre Dimension« der Kanak-Kultur, erklärte das Ziel der Geiselnahme vom 8. Mai (ob mit neugewähltem Chirac oder wiedergewähltem Mitterrand), erinnerte daran, dass er nicht vorhabe, wie Machoro in die Falle zu gehen, betonte, dass die Weißen auch nach der Unabhängigkeit im Land bleiben dürften (außer die großen Nutznießer der Nickelgewinnung), beteuerte, eine »Zusammenarbeit« mit dem französischen Staat sei möglich, sobald ihr eigener gegründet sei, und versprach, die Gendarmen und ihre Familien seien jederzeit in ihren Tribus herzlich willkommen.

Manche Geiseln dachten über Fluchtmöglichkeiten nach.

Fünf Tage später wird der Befehl zum Sturmangriff gegeben.

28 Sie raucht Benson & Hedges und trägt eine Tunika mit roten Rosen auf schwarzem Grund, die hier und da von einer Halskette aus langen, schmalen Blättern überdeckt werden. Der Rauch formt bläuliche Kringel. Mit schmalen Augenbrauen – einem Tintenstrich –, einem um den Kopf gewickelten Tuch, dunkler Brille und einem Armband am rechten Handgelenk sitzt Alphonse Dianous Schwester Patricia im Schatten eines Segeltuchs, das zwischen zwei Flammenbäumen aufgespannt ist, am Meer. Im hellen Wasser schielt der Himmel nach sich selbst und kämmt seine Wolken. Zwei Frauen, Freundinnen, diskutieren daneben auf Matten, die, so scheint es zumindest, vollständig mit Einkaufstaschen, Töpfen, Tellern und Plastikflaschen vollgestellt sind. Neben einer Handtasche trällert ein Kofferradio leise vor sich hin.

Patricia ist sechzig, sieht aber kein bisschen so aus; sie arbeitet auf der Insel Maré als Technikerin in einem mittelständischen Betrieb. Unsere ersten Mails haben wir vor einem knappen Jahr gewechselt – sie hatte, ich habe schon davon erzählt, einen in Frankreich lebenden Neffen von Alphonse Dianou überzeugt, mein Vorhaben zu unterstützen.

»Ein braves, vernünftiges, ruhiges Kind«, so beginnt ihre Beschreibung von Alphonse, das ganze Gegenteil vom »wilden, zappeligen, reizbaren« Hilaire. Ein Bruder, der fast ein Sohn war, erzählt sie weiter, so sehr habe sie sich um ihn gekümmert. »Alphonse hat nicht wie andere Kinder gespielt, er hat lieber am

Rand gesessen. Unser Papa war Minenarbeiter. Und Trinker ... Als Teenager hat sich Alphonse manchmal vor ihn hingestellt und versucht, ihn zu beruhigen. Ich bin dann voller Panik hin. Sobald es ein Problem gab, hat er sich darum gekümmert. Er war ... ich will nicht sagen der Beschützer, aber ... er hat sich verhalten, als sei er der Ältere. Er hat mit Hilaire geschimpft, wenn der Probleme mit den Lehrern und den Pfarrern hatte. Ich habe meiner Mutter immer gesagt, sie solle Papa verlassen, damit sie nicht mehr so leiden müsse; er dagegen wollte unsere Eltern immer zusammenbringen, er wollte uns alle zusammenhalten.«

Dann kam das Alter der ersten Empörung. Der Aufstand gegen Ungerechtigkeit und Diskriminierung. Das Lycée Blaise-Pascal und die Demos. Auch die Erzählungen ihrer Mutter, die ihren drei Kindern beschrieb, welche Demütigungen sie in ihrer Jugend bei den Nonnen erfahren hatte (»das war Sklaverei«). »Bevor wir in das Haus nach Rivière Salée gezogen sind, haben wir unsere Hausaufgaben mit einer Petroleumlampe unter Blechdächern gemacht«, erinnert sich Patricia.

Als Schlagzeuger stand Alphonse Dianou der Gruppe Riverstars nahe – ich höre mir ein paar Nummern der Gruppe an: das meiste romantische Liebeslieder auf Französisch (»Aber mein gequältes Herz / liebt dich weiter / dich nicht mehr zu hören – ein Albtraum / dich nicht mehr zu sehen – Verzweiflung / dich fern zu wissen – eine Mauer / in meinen fiebrigen Nächten«) –, er übte Trommeln auf dem Nähkästchen der Mutter. Er machte Kampfsport und lieh sich in der Bibliothek und bei Freunden Bücher aus. »Wir haben Videos über Mandela und Che Guevara angeschaut ... Damit war er die ganze Zeit beschäftigt. Er hatte nicht viele Mädchengeschichten, und wenn, dann sehr romantische. Alphonse war sehr spirituell. Ich habe manchmal gehört, wie er zu einem Jesus-Bild gesprochen hat. Aber als ich erfuhr, dass er Priester werden wollte, bin ich ausgeflippt! Das wollte ich nicht. Aber er wollte ›Dinge erfahren‹ und Theologie studieren. Ich habe geweint, ich habe ihm gesagt, er wirft seine Jugend weg. Ich hätte mir gewünscht, dass er Anwalt wird, aber er hat nicht auf mich gehört; er hat mir ein Küsschen gegeben und fertig.«

Die offizielle Geschichtsschreibung hat sich bemüht, dem frankophonen Leser weiszumachen, Alphonse Dianou sei am Ende seines Studiums durchgefallen. Einem Reporter und einem GIGN-Angehörigen zufolge habe sich das Pacific Theological College wegen seines »Übereifers«, seiner »überschwänglichen Art« und »beunruhigenden Tendenz« zum Mystizismus geweigert, ihn zum Priester zu weihen, doch die Wahrheit ist eine andere: »Als er nach zwei oder drei Jahren Studium vom Priesterseminar zurückkam, hat er mich angerufen und ich bin zu ihm gefahren: Er war in einem Kloster, um Einkehr zu halten. Wir sind nach Nouméa in die Baie des Citrons gefahren und haben bis zum Einbruch der Nacht geredet … Er hat mir gesagt, sein Freund Roch Apikaoua würde für unsere Seelen kämpfen, aber er könne so nicht weitermachen, er wolle lieber für das Volk kämpfen. Aber er wusste nicht, wie er es unseren Eltern sagen sollte. Ich war sehr froh darüber. Mama hat geweint und geweint, Papa hat nichts dazu gesagt. Das war 1983, glaube ich.«

Dianou verdiente seinen Lebensunterhalt als Aufsicht in einer schulischen Einrichtung in Bourail an der Westküste von Grande Terre, dort traf er Hélène wieder, die Mutter einer Tochter und seit kurzem Witwe war; sie kamen zusammen.

»Wenn ich zum Kaffeetrinken zu ihm gegangen bin, hat er mir seine Gitarre gezeigt und gesagt, das sei seine zweite Frau.« Er lebte sehr einfach, fährt Patricia mit ruhiger, sanfter Stimme fort, schenkte das wenige, das er hatte, anderen, lief die meiste Zeit barfuß und bewegte sich per Anhalter fort. Sie erinnert sich lächelnd an einen Moment zwischen Hélène und ihrem Mann: Die Geliebte war gerade gegangen, da lief Alphonse dem Bus nach, in den sie gestiegen war – und holte ihn ein. Dass er ein gewalttätiger Mann gewesen sein soll, weist sie entschieden zurück. »Ich habe ihn nur ein einziges Mal jemanden schlagen sehen. An einem Abend, an dem wir Hélènes Geburtstag feiern wollten, hatte mir ein Wachmann sehr fest die Hand gedrückt und weh getan. Er sah aus wie Goliath und ich habe geschrien. Alphonse hat ihm aus dem Nichts zwei Schläge mit seinen Flipflops verpasst und er ist zu Boden gefallen. Ein andermal hatte mir mein Mann wehgetan, wie so oft, und Alphonse hat ihn an die Tür gedrückt, aber nicht angerührt – sondern auf drei Stellen neben ihm geschlagen. Später haben wir darüber gelacht, denn mit den Löchern in der Tür sah das aus wie ein Kreuz.«

Ein Mann auf dem Rückweg vom Fischen in der Lagune kommt auf uns zu. Eine Naturgewalt: üppiger Bart und gerunzelte Stirn, zusammengekniffene Augen und Hakennase, mächtiger Torso und schwere Hände. Jonas Adeda. Derjenige, der nach dem Sturmangriff Alphonse' Bahre tragen half, bevor er sie unter den Schlägen und Tritten der Militärs losließ. Derjenige, den ein Bericht als »unheimliche, gestörte Persönlichkeit« bezeichnete und der in der Grotte immer eine Axt und eine Pistole bei sich trug. Derjenige, den *Paris Match* einen »Verrückten« nannte und dem ein Caldoche-Historiker »Härte gegenüber den Geiseln« nachsagte. Patricia erläutert ihm die Gründe meiner Anwesenheit und erklärt ihm, dass ich mich auch mit ihm gern unterhalten würde. Wir schütteln uns die Hand, doch er weigert sich strikt, aber ohne jede Aggression, die Geschichte noch einmal aufzurollen.

Das Radio spielt einen Reggae.

Patricia nimmt den Faden wieder auf.

Je stärker ihr Bruder sich politisch engagierte, desto mehr Sorgen machte sie sich um ihn. »Ich habe ihm gesagt, die werden dich umbringen. Wie Machoro. Ich habe ja gesehen, wie er sich verändert hat. Ich habe ihm gesagt, ein kleiner Dianou wie du wird Kanaky nicht verändern. Das Pons-Gesetz hat ihn dann endgültig kippen lassen: Er hat den ganzen Inhalt dieses Gesetzes zerpflückt, er hat Versammlungen organisiert, um zu erklären, was in diesem Statut steht und was das für uns bedeutet. Er hat uns erklärt, das Mutterland werde uns die Unabhängigkeit nie auf dem Silbertablett servieren, wir müssten dafür kämpfen, und dabei würden Männer sterben. Ich glaube, mit Machoros Tod hatte er begonnen, sich zu verändern.«

Wann hat sie das letzte Mal mit ihm gesprochen? An einem Morgen kurz vor der Besetzung der Gendarmerie. Er trug einen Schal um den Hals – den er ihr quasi im Schlaf stibitzt hatte –, weckte sie und bat sie, sich von ihm zu verabschieden, er werde eine Tour quer durch Kaledonien machen. Ein Auto wartete unten auf der Straße auf ihn. Auch sie hatte nicht gewusst, dass er diese Operation geplant hatte; doch als sie im Radio davon hörte, war ihr, noch bevor ihr Familienname genannt wurde, klar, dass ihr Bruder mit dabei sein musste – umgekehrt konnte sie sich nicht vorstellen, dass er mit dem Gemetzel zu tun gehabt haben soll: »Ich wusste ja, wie er war.«

Als Alphonse Dianou die Gendarmerie betrat, trug er (an einer dicken Schnur, an der zuvor eine Schlumpf-Figur gehangen hatte) die Klammer um den Hals, mit der die Nabelschnur seines Sohnes abgeklemmt worden war, sie sollte jede Art von Blutvergießen verhindern; in der Grotte schlief er mit einem Paar Söckchen von Darewa unterm Schlafsack. »Pater Roch hat es später gefunden und mitgenommen ...«

Tränen steigen ihr in die Augen.

»Es hat mich verletzt, wie manche ihn dargestellt haben. Hilaire war ein grobschlächtiger Typ, ja, aber nicht Alphonse; ich habe ihn nie herumbrüllen oder -schreien hören. Ich war in der Grotte nicht dabei, ich sage nicht, dass er nicht auch Wutanfälle gehabt haben kann, nur, dass ich sowas an ihm nicht gekannt habe. Seine Kindheit und sein Leben als Erwachsener waren nicht so. Das hat mir wehgetan. Alphonse hat ständig von Menschlichkeit und Humanismus gesprochen ... Als ich erfahren habe, auch wieder aus dem Radio, dass der ›Anführer der Geiselnehmer‹ tot sei, habe ich geschrien wie verrückt und bin umgekippt. Erst zu Hause bin ich wieder aufgewacht.«

Ihr Haus in Rivière Salée wurde um sechs Uhr morgens durchsucht und die Familie auf die Wache gebracht. Ihr Vater hatte noch Zeit gefunden, sich mit Darewa bei einer Cousine zu verstecken – dann haben Soldaten den Ort bewacht. Nachdem Hilaire aus dem Gefängnis kam, wurde er mehr oder weniger verrückt und irrte, manchmal sturzbetrunken, durch Nouméa.

Jonas Adeda ist aufgetaut. Und weniger schroff. Wir wechseln ein paar Worte; leicht verbittert lässt er fallen, man könne ja auch müde darüber lachen, dass die französische Presse ihn als blutrünstiges Tier dargestellt hat.

Bemüht, so viel wie möglich von alldem zu begreifen, zu vergleichen, abzustimmen und gegeneinanderzuhalten, frage ich mich immer wieder: Hat Alphonse Dianou geschossen? »Das kann ich dir nicht sagen, ich war nicht dabei«, antwortet Patricia. »Aber ich würde sagen: nein. Hilaire ja, aber nicht Alphonse. Er hatte nie ein Gewehr bei sich, er hatte nur sein Stück Holz, die Keule der *Alten* von Grande Terre. Der Bürgermeister hat seine Leiche gesehen, als sie die Kiste geöffnet haben. Alphonse hatte im Sarg mit den Händen Blut verteilt. Der Bürgermeister – er heißt Ohwan Hossea, aber er lebt nicht mehr – hat es gesehen.«

Alphonse hat für die Freiheit gekämpft, schließt sie. Das Schlagwort der französischen Republik – eine starke Botschaft. Anders gesagt: Es ging ihnen – und geht ihnen immer noch – um dasselbe: Unabhängigkeit. Alphonse hat übrigens nie von Frankreich gesprochen, fügt Patricia hinzu, sondern nur vom Staat. Von Politikern, Organisationsformen, der Armee, nie vom Volk als solchem, vor dem hatte er Respekt.

Nach meinem Aufbruch stelle ich fest, dass ich an den Füßen die Sandalen von Jonas Adeda trage und er also meine: dasselbe Modell, aber in einer anderen Größe – diese Anekdote wird bei den Kanak, denen ich davon erzähle, noch mehr als einmal Lachanfälle auslösen.

29 Der Stall oder die Grotte, in der Christus geboren wurde, sieht hierzulande aus wie eine traditionelle kanakische Hütte in Kleinformat: hölzerne Pfeiler und ein konisches Strohdach. Hinter ihr der Chor mit dem Altar: Zwei mit roten und weißen Blumen gefüllte Vasen umrahmen die schwarze Rückenlehne eines Stuhls. Das Tageslicht dringt durch die Pforte ins Kirchenschiff, an den Seiten zieren Palmwedel den Raum. Weiße Wände und Böden, lange Holzbänke: evangelische Schlichtheit. Während der Festtage feiert der Pastor jeden Morgen bei Tagesanbruch einen Gottesdienst.

Auf einem riesigen, an einer Schnur aufgehängten Papierbogen stehen Kirchenlieder auf Iaai geschrieben. Ein junger Kanak, Thamousi, ergreift das Wort und redet den Zuhörern lebhaft und fast zornig ins Gewissen. »Ich habe gehört, dass in manchen Ecken im Dorf gelästert wird, und das ist schlecht! Das ist Rassismus!« Ich schriebe »über Kahnyapa«, holt er aus, »über den Kampf der *Alten* und der *Papas* und über Gossanah«.

Ich war auf alles gefasst außer auf eine solche Standpauke, und sie ist mir zunächst vor allem selbst peinlich, weil ich die ganze Zeit über begeistert war, wie freundlich ich überall empfangen worden und mit welch extremer Liebenswürdigkeit man mir begegnet war. Doch auch eigene Erfahrungen machen eben nicht immun. Selbst ausgegrenzt zu werden schützt vor moralischer Schwäche nicht, und es gibt immer ein paar, die klatschen und tratschen – das Gesetz des Homo sapiens ist überall das gleiche.

Der Pastor lädt mich ein, selber etwas dazu zu sagen. Da stehe ich also mit einem von Frauenhänden geflochtenen Blätterkranz auf dem Kopf und zaubere mehr schlecht als recht eine Rede über Gleichheit und soziale Gerechtigkeit aus dem Hut – zumindest darauf müssten sich Jünger des Menschensohnes und Sozialisten doch einigen können! (Hat nicht Cabet, ein Kommunist vor Marx, gemahnt: »Niemand darf sich Christ nennen, der nicht auch Kommunist ist«? Hat nicht Renan in *Das Leben Jesu* geschrieben, der Nazarener habe für »eine radikale Revolution«, einen »sanften Kommunismus« und »eine gewaltige soziale Revolution« geworben, »bei der die soziale Hierarchie auf den Kopf gestellt und alles, was in dieser Welt amtlich ist, erniedrigt« würde?)

Nach dem Gottesdienst kommt der alte Aïzik Wea in Begleitung seiner Frau auf mich zu und dankt mir für »die starken Worte«. Eine schöne junge Frau mit einem scharfen Bronzeprofil hält mir eine lange Kette aus Schraubenbaumblättern hin, die sie während der Messe geflochten hat.

Die Pariser Kommune?

Sie kennen sie nicht einmal dem Namen nach und fragen mich, was wohl die Gründe seien für diese Bildungslücke. Diese zweiundsiebzig Tage, erkläre ich den drei Kanak am Tisch, dem ein Blechdach Schatten spendet, kommen auch im »Mutterland« in seinem »Nationalroman« kaum vor, und man muss sagen, dass unsere Schriftsteller ihre Tinte darüber ebenso sorglos haben fließen lassen wie die Armee Blut: So putzte Flaubert die öffentliche, demokratische Bildung herunter, die in seinen Augen für Aufstände verantwortlich war, und wetterte gegen die »armseligen roten Monster«, die er am liebsten auf Galeeren verfrachtet hätte; Anatole France griff die »Lumpen« an und diesen Aufstand »von Verbrechern und Dementen«; Edmond de Goncourt begrüßte, dass das Regime selbige »ausblutete«; George Sand warnte vor dem »Fanatismus« und der »angeborenen Gemeinheit« der Revolutionäre; Leconte de Lisle, der gern Courbet hätte erschießen lassen, verfluchte immer wieder die »Affen«, die »Unfähigen« und den »Abschaum« – eine düstere Kamarilla.

Ich erzähle ihnen von Louise Michel, die durch die Deportation in dieses, ihr Land zur Anarchistin geworden war – einer großartigen Anarchistin –, von der Priesterin, der Druidin, wie man sie nannte, die zuvor durch das Schicksal der Tiere – des Drecks vom Dreck, der Verdammten der Verdammten – zur Revolutionärin geworden war. »Sie haben uns das Land, die Frauen und die jungen Leute geraubt«, hatte Daoumi der Französin erzählt, jener Mann, der ihr die Grundzüge seiner Sprache und manche Lieder beibrachte. »Du bist ein Krieger ... wie wir ... Du bist im Kampf für deine Brüder, aber wurdest besiegt wie die armen Kanaken, die den Weißen trotzen wollten«: Im Namen der Ideale, die sie dazu gebracht hatten, in den Reihen der Kommunarden zu kämpfen, unterstützte die Grundschullehrerin dann auch die Kanak in ihrem Aufstand gegen das Kolonialsystem. »Ich stehe auf ihrer Seite, so wie ich auf der Seite des aufständischen, niedergeknüppelten und besiegten Pariser Volks stand ...« Eine Konsequenz, die bei weitem nicht alle ihrer Gesinnungsgenossen zogen, denn – typisches Dilemma eines Sozialismus, der nicht weiter blickt als bis zu seiner schmalen europäischen Nasenspitze – hier vor Ort unterstützten die Pariser Revolutionäre plötzlich jenen Staat, der sie ins Zuchthaus gesteckt hatte und am Gängelband führte. Louise Michel schenkte den Aufständischen, die bald darauf bezwungen wurden, ein Stück ihres roten Schals: ein Stoffstreifen wie ein Weg, eine Brücke, die es in Ehren zu halten galt.

In einer einzigen Woche mehr als zehntausend Tote auf den Straßen von Paris.

Und der Name des Henkers, der heute im Viertel Porte Dauphine von jeder Gedenktafel lacht.

»Echt schade, dass man uns davon nichts in der Schule erzählt«, bemerkt einer der drei am Tisch.

30 Im Süden des Atolls.
Robert Kapoeri hatte die Besetzung der Gendarmerie zusammen mit Alphonse Dianou geplant.

In seinem getrimmten Garten sitzt er mir auf einer für den Anlass ausgelegten Matte gegenüber. Eine als Pareo getragene kanakische Fahne fällt auf seine marineblaue Hose. Ehemaliger Lehrer, Mitglied der kanakischen Befreiungspartei, derzeit Gemeinderat. »Für die, die nach uns kommen, brauchen wir auch Schriftliches«, hatte er zehn Jahre zuvor verkündet und selbst gehofft, solches zu verfassen, »aber das ist nicht einfach«.

Während ihrer geheimen Versammlungen waren mehrere Möglichkeiten durchgesprochen worden: Barrikaden, Mobilisierungen, Zusammenkünfte. Dann hatten die Tribus aus dem Norden von Ouvéa sämtliche zur Gruppe gehörige Unabhängigkeitsbefürworter des Atolls überzeugt, die Gendarmerie von Fayaoué zu besetzen – bewaffnet, ja, aber nur, »um Eindruck zu schinden«. Sein Cousin Chanel war dann der Erste, der die Gendarmerie betrat. Jeder Tribu war ein bestimmter Posten zugeteilt worden – Robert Kapoeri sollte das Fahrzeug, einen Kombi, fahren und dann »mit einem kleinen Tamioc für zehn Francs« die Waffenkammer stürmen.

Eine charismatische Persönlichkeit, die sich gewählt ausdrückte, ein überzeugter Aktivist, so beschreibt er mir Dianou. Ein Mann, der sich sicher war, man könne andere nicht überzeugen, wenn man an der eigenen politischen Stärke zweifelte.»Er hat uns motiviert. Man bringt das Volk nicht dazu, sich zu erheben, wenn man selbst zögert. Aber ich habe ihm ganz deutlich gesagt, wir dürften die Waffen keinesfalls benutzen. Er war da absolut meiner Meinung. Und sein Plan hätte aufgehen können.«

Laut Protokoll hatten fünf Kanak im Polizeigewahrsam damals angegeben, sechs Abgeordnete der Unabhängigkeitsparteien hätten am 16. April eine »Protestaktion« beschlossen mit dem Ziel, die Regionalwahlen sowie das Pons-Statut zu torpedieren – das heißt knapp eine Woche vor der Besetzung der Gendarmerie, die wiederum erst am Tag vorm Betreten der Kaserne geplant worden sei. Mein Gesprächspartner dagegen glaubt sich zu erinnern, sie hätten die Aktion etwa einen Monat lang vorbereitet – und jeden Morgen die Gewohnheiten der Gendarmen studiert, sich immer zur Siestazeit getroffen und Nachtwanderungen gemacht, um nicht die Aufmerksamkeit der Nachbarn auf sich zu ziehen, in der Überzeugung, durch Überrumpelung und ohne Blutvergießen zum Ziel zu kommen. »Und das hätte auch klappen können!«

Robert Kapoeri war marxistisch geschult. »Karl Marx stammt nicht aus Ouvéa, hat Alphonse damals zu mir gesagt. Und ich zu ihm: sein lieber Gott aber auch nicht.« Wir lachen. »Es gibt da eine Theorie, den Marxismus, habe ich zu ihm gesagt, der kann eine Basis sein, darauf könnten unsere Ansätze aufbauen. Er meinte, er sei sich da nicht sicher, er würde erstmal abwarten, er wisse nicht, was man hier mit unserem ›wissenschaftlichen Sozialismus‹ anfangen solle; ich habe geantwortet, ich könne aber nicht warten, ich käme nicht aus dem Paradies zurück – ich bin Materialist.«

Der ehemalige Lehrer fährt fort: Er hatte zuvor schon befürchtet, dass die Waffen zum Einsatz kommen könnten. Und was das umgekehrt auslösen würde: den der Armee. »Wir hatten keinen Plan! Und nur Jagdgewehre dabei – und noch einmal: Es konnten ja nicht alle in die Gendarmerie reinmarschieren! Wir haben keine Armada wie Frankreich!« Am Mittwoch, dem Tag vor der Besetzung, war Alphonse Dianou besorgt, ja zornig zu ihm gekommen: Irgendetwas funktionierte nicht, die anderen Inseln reagierten nicht mehr – eigentlich war ausgemacht, dass sie alle im Dominoeffekt eine Operation starten würden. Alphonse schnappte sich Roberts Solartelefon, das einzige auf dem Atoll: »Fischlieferung morgen früh« – das war das Codewort. Sein Gesprächspartner antwortete, er wisse absolut nicht, wovon er rede; Alphonse wandte sich zu seinem Kameraden um: »Ich glaube, die verarschen mich.« Sie riefen auf einer zweiten Insel an: mehr oder weniger dieselbe Antwort. »Ich – und auch die kanakische Befreiungspartei – wollte jedoch erst losziehen, wenn alles geregelt war. Alphonse wiederum sagte gar nichts mehr, er ließ niemanden mehr an sich ran und schwieg. Mir war klar, dass er verärgert war. Mein großer Bruder und ich beschlossen, uns zurückzuziehen und der Partei davon zu berichten, da sagte er, in Ordnung, geht nur, dann machen wir das ohne euch.«

Das Problem war, dass alle Informationen über die Gendarmerie wie Pläne und Uhrzeiten von Robert Kapoeris Team gesammelt worden waren, und Robert befürchtete, dass Alphonse ohne ihre Unterstützung aufgeschmissen wäre, erzählt er. Also beschlossen sie, an ihrem Plan festzuhalten, die Besetzung aber um einen Tag zu verschieben. Die rechte Hand von Tjibaou, Yeiwéné Yeiwéné, und Franck Wahuzue, der verlegene Gesprächspartner von Legorjus bei den späteren Verhandlungen, befanden sich in der Woche, als die Operationen stattfanden, auf dem Atoll. Angeblich wurde Alphonse Dianou noch mit den beiden FLNKS-Kadern fotografiert: Diese unauffindbare Aufnahme – die möglicherweise zerstört oder für die nächsten zwei-, dreihundert Jahre unter irgendeiner Matte versteckt wurde – ist heute Teil des Mythos. Ich werde mit Wahuzue noch telefonieren, doch es wird mir nicht gelingen, ihn zu treffen. »Für den Fall, dass es nicht so läuft, wie wir uns das vorstellen«, soll Alphonse das gemeinsame Foto begründet haben: Der Aktivist hatte also tatsächlich gehofft, in einem »gewaltfreien« Rahmen zu bleiben, aber auch um das Risiko einer Entgleisung gewusst.

»Ich muss zugeben, als wir in der Gendarmerie waren, habe ich ihn nicht wiedererkannt. Er war außer sich. Er kommandierte herum. Allerdings muss man wissen, dass Alphonse und seine Leute vierundzwanzig Stunden vor uns vor Ort angekommen waren und in einem halbmondförmigen Gemeinschaftsraum der Gendarmerie auf uns gewartet hatten. Sie waren in der Hitze eingeschlossen gewesen, ich bin mir sicher, das hat sie zermürbt.«

Ein Kind quengelt auf seinem Schoß, Robert Kapoeri wird etwas ungeduldig. Er spürte damals den Druck, der vonseiten des FLNKS auf den Schultern seines Freundes Alphonse lastete, er war nicht einmal neunundzwanzig. »Alphonse wollte sich beweisen. Ich bin immer noch überzeugt, dass man ihn vorgeschoben hat.«

Das Kind zappelt. Ein kleines Tier flitzt durch den hinteren Teil des Gartens an den geflochtenen Hütten vorbei – ein flüchtiger dunkler Schatten, vielleicht eine Katze.

»Als ich die Leichen der Gendarmen am Boden gesehen

habe, habe ich gedacht: Jetzt bin ich geliefert. Das war nicht geplant. Wir hatten den Kopf verloren. Mir ging es schlecht. Ich bin über einen Gendarm mit zerfetztem Gesicht gestiegen ... Für solche Aktionen sind wir nicht gemacht. Das war die logische Folge von etwas, das wir nicht im Griff haben konnten. Wir hätten die Geiseln erschießen können: die im Norden und auch die im Süden, aber niemand hat es getan. Wir von der Süd-Gruppe waren sehr bemüht um sie, wir haben ihnen zu trinken und zu essen gegeben. Manche Gendarmen, die wir bewacht haben, haben uns sogar erzählt, sie hätten uns umbringen können, denn wir sind pissen gegangen und haben unsere Waffen neben ihnen stehenlassen! Wir haben gelacht, als wir in der Presse gelesen haben, wir seien ein in Libyen ausgebildetes Kommando! Wir hatten so an unseren Plan geglaubt, dass wir keinen Plan B vorbereitet hatten, wir hatten nicht mal etwas zu essen mitgenommen. Wir waren einfach naiv gewesen.«

Die Niederschlagung ist aus seiner Sicht Teil eines fortdauernden Kolonialismus: »immer und immer wieder dieselben Methoden«. Robert hat vor, 2018 wählen zu gehen, um den Weg der Unabhängigkeitsbefürworter zu unterstützen. Es wurden Abkommen unterzeichnet, an die sollte man sich halten. Aber er ist offenbar sehr zuversichtlich: Früher oder später wird Neukaledonien unabhängig werden. Ein unumgänglicher Prozess, den nichts wird aufhalten können. Wenn das Wahlergebnis die Option, die er zu seiner gemacht hat, nicht stützen sollte, dann eben beim nächsten Mal. »Frankreich kann all die Kompetenzen, die wir schon haben, nicht zurücknehmen – denn faktisch sind wir ja quasi unabhängig. Das Volk heute, das sind nicht nur die Kanak. Es gibt auch die Weißen, die Wallisianer, alle anderen ... Man kann das Rad nicht zurückdrehen.

Kanak zu sein heißt, offen zu sein, Humanist zu sein – oder ich habe nichts kapiert.«

Säulen-Araukarien und Palmen schwanken im Wind. Ein paar Regentropfen sprenkeln die Windschutzscheibe des Wagens, mit dem Robert mich zu dem Gebäude fährt, von dem er mir erzählt hat: das, in dem Dianous Gruppe vor Beginn der Operation einen Tag lang Unterschlupf gefunden hatte. Eine Behausung am Straßenrand, ein paar viereckige Fenster, ein Windfang – mehr nicht.

Am Morgen des 1. Mai 1988 rief Legorjus seinen Kontaktmann im Élysée-Palast an, um zu erfahren, ob Mitterrand in der Sache weitergekommen war: Noch nicht, aber er hatte sämtliche übermittelte Informationen zur Kenntnis genommen. Franck Wahuzue schickte weiter Nachrichten an den GIGN-*Kommandanten, doch alle bestätigten nur, dass er die Leader der Unabhängigkeitsorganisation nicht von der Notwendigkeit hatte überzeugen können, auch ohne offizielle Bestellung eines Vermittlers zur Grotte zu kommen.*

Pons ließ Legorjus in sein Büro bitten und informierte ihn, die Verhandlungen mit Wahuzue seien abgebrochen worden. Es sei ausgeschlossen, dass die Regierung weiter mit einem, wenn auch zweitrangigen, Mitglied einer Bewegung verhandele, deren Auflösung sie zugleich fordere. Legorjus versuchte die Entscheidung umzubiegen, vergeblich: In achtundvierzig Stunden würde der Sturmangriff starten.

Der Name der Operation: Victor.

Der Funkrufname von General Vidal im Algerienkrieg.

Jacques Attali notierte in seinem Tagebuch an diesem Datum: »Der Präsident befürchtet, dass man die Armee auf die Geiselnehmer losschickt. Er schreibt an Jacques Chirac.« Mitterrand forderte einen Bericht über den Zustand der Streitkräfte an und mahnte, keine Operation dürfe ohne seine Zustimmung gestartet werden, fügte der persönliche Berater hinzu. »Jacques Chirac antwortet, es sei nicht mehr möglich zu verhandeln, die

Geiseln befänden sich in Lebensgefahr. Für ihn sei Frankreich beleidigt worden und die Interessen des Vaterlands stünden über allen anderen – jetzt müsse Gewalt sprechen.« Und er hielt folgenden Kommentar von Mitterrand fest: »Er wird es mit Gewalt versuchen. Er glaubt, damit politisch an Boden zu gewinnen. Er denkt, wenn die Sache gut ausgeht, wird man es ihm zurechnen. Und wenn sie schiefgeht, meint er, werde ich dafür verantwortlich gemacht werden, weil ich ihn nicht sofort habe handeln lassen. Aber so dumm sind die Franzosen nicht.«

In Neukaledonien fand am Vormittag eine Versammlung statt. »In angespannter, aggressiver Atmosphäre«, berichtete später Legorjus; »die Atmosphäre ist weder angespannt noch aggressiv«, erklärte Vidal. General Jérôme protestierte gegen das Vorhaben und gab am Ende des Treffens bekannt, er sei bereit abzudanken, wenn im Rahmen dieses ausnehmend kriegerischen Angriffs nichts unternommen werde, um die Sicherheit der Geiseln zu garantieren.

»Muss ich mich an der Vorbereitung einer Militäroperation beteiligen, die ich aus tiefer Überzeugung ablehne?«, schrieb Legorjus damals in sein Logbuch. Auch er schickte sich an, seine Abdankung einzureichen, war sich aber noch nicht sicher, ob er es vor oder nach dem Sturmangriff tun solle. Am Nachmittag traf er den Staatsanwalt Jean Bianconi, dem Dianou und seine Leute erlaubt hatten, sich frei zu bewegen, wenn er bei Einbruch der Nacht zurück sei: Die Stimmung habe sich verbessert, bestätigte Bianconi, die Gendarmen und die Unabhängigkeitskämpfer spielten Karten, die GIGN-*Männer dagegen würden immer noch im hinteren Teil der Grotte barfuß und ohne Licht und Uhren bedrängt und festgehalten, sie urinierten in Flaschen neben ihre Exkremente und würden verstummen, sobald es darum gehe, wer*

von ihnen für die Erschießung des Sicherheitsministers der selbsternannten provisorischen Regierung von Kanaky verantwortlich sei. Die Bewachung der Grotte werde insgesamt nachlässiger gehandhabt. – Eine trotz allem »prekäre« Gefechtspause, urteilte Oberstleutnant Picard später.

Legorjus gab Bianconi eine Uhr sowie einen möglicherweise passenden Schlüssel für die Handschellen der Geisel Picon. Dann rief der Staatsanwalt seine Familie an, um sie zu beruhigen, und brach in Tränen aus. Er nahm eine Dusche, verzichtete aber darauf, sich zu rasieren, um nicht die anderen Geiseln zu provozieren, die sich mit ihrer unbehaglichen Situation abfinden mussten.

Während das elfte Sturmregiment, das Commando Hubert und die GIGN bereits Gefechtsübungen machten, erklärte sich der Bischof von Nouméa bereit, den Geiselnehmern einen Brief zu schicken, um mit ihnen zu verhandeln; Alphonse Dianou verweigerte jedoch seine Mitwirkung mit dem Argument, die kirchlichen Institutionen hätten in der gesamten Geschichte der Unterdrückung der Kanak immer den Kapitalismus unterstützt (die Christianisierung des Archipels habe »zu einer noch stärkeren Fremdherrschaft« und einer »noch größeren kulturellen Entfremdung« geführt als in Indien, hatte der Unabhängigkeitskämpfer zehn Monate zuvor im Anspielung auf Gandhis Kampf erklärt, dessen Ziel er damals guthieß, den Unterdrücker zum Nachdenken zu bringen, statt zu versuchen, ihn »zu zerstören«). – Man mag die Schwierigkeit, diese Positionen zu rekonstruieren, an folgender Anekdote ermessen: Dem Journalisten Patrick Forestier zufolge habe Dianou »[ge]scherzt«, der Bischof brauche doch nur in die Grotte zu kommen und zu beichten; dem Militärhistoriker Pierre Montagnon zufolge habe Dianou allen Ernstes erklärt, er habe vor, »den Prälaten öffentlich in den Arsch zu ficken« …

Als der Staatsanwalt durch Gossanah kam, erklärte er, es sei wichtig, eine friedliche Lösung zu finden und beiderseits an einem Kompromiss zu arbeiten – ein anwesender Unabhängigkeitskämpfer sprach später von einer »großen Rede«.

Ein Sprecher des FLNKS *erklärte immer wieder, die Geiseln würden freigelassen, wenn – und nur wenn – der französische Staat einen Vermittler ernenne. »Das derzeitige Machtverhältnis erlaubt, ihn an den Verhandlungstisch zu bitten«, betonte er. Vidal bestellte Legorjus zu sich zum Mittagessen ein – ein entspanntes Essen, wird dieser urteilen.*

Vier Tage später wird der Befehl zum Sturmangriff gegeben.

31

Sie sitzen etwa zu zwanzigst am Tisch. Das Frühstück der *Alten*: Trinkschalen im Ocker der 1970er Jahre, eine Wachstuchdecke mit großen Motiven, mit Saft gefüllte Plastikbecher. Wir verabschieden uns, doch sicher nicht für lange: rituelle Abschiedsgeschenke, Reden und Dummejungenwitze von Maki Wea, der in seinen weißen Bart kichert. Ich beauftrage die einen, den anderen, die nicht da sind, Dank zu sagen, und verabschiede mich von Dragon, dem verrückten Hund mit den Mandelaugen. Kötrepi wartet auf mich.

Ich will es noch sehen, bevor ich nach Grande Terre zurückfahre: Alphonse Dianous Grab. Das heißt auch das der achtzehn anderen, die damals zwischen zwanzig und vierzig waren und alle am selben Ort beerdigt sind.

Das Mausoleum steht an der Hauptstraße von Ouvéa. Links und rechts eingefasst von Palmen und geschnitzten Totempfählen mit bärtigen Männern und nackten Frauen. Eine Tafel erinnert an die Namen und Geburtsdaten und ihr gemeinsames Sterbedatum. Auf einer grauen Marmorwand reihen sich die Medaillons mit den Porträts der Aktivisten aneinander. Unter dem Stein erahnt man die dicht an dicht stehenden Särge. Blumen, Kerzen, Stoffstreifen, rechts von Alphonse Dianou (03.07.59 – 05.05.88) ein Christus am Kreuz mit einem roten Band ums Haupt. »Für unsere Brüder aus Ouvéa. Danke für das Blut, das ihr für die Gemeinschaft der Kanak vergossen habt«, liest man auf einer ausgeblichenen Grabplatte. Und in der Nähe in schwarzen Buchstaben auf einer Metalltafel, in der sich Blütenblätter spiegeln: »In Erinnerung an die 19 Opfer der Kolonisierung«. Ich schaue auf. »Sohn von Kanaky, erinnere dich«, in Großbuchstaben, außerdem: »Besucher dieses Ortes, merke: Die Eroberung von Kanaky steht für immer in Blut geschrieben.« Kötrepi deutet an, er habe an der Beschriftung einer Platte zum zwanzigsten Todestag mitgewirkt: »So unbedingt wollte Kanaky unabhängig sein«. Am Mast des Denkmals wehen zwei Fahnen. Uns gegenüber baden drei Kinder in einem Wasser, das sich für den Himmel hält. Ich gehe zurück und betrachte noch einmal Alphonse Dianous Porträt; hier, weniger als einen Meter unter mir, liegt sein Körper und stößt mich auf das unüberwindliche Paradox aller Gräber: Es gibt eine Abwesenheit in der Anwesenheit und eine Existenz außerhalb des Körpers – selbst wenn es keine stofflose Seele gibt, keinen Teil des Bewusstseins, der den Verlust aller Hirnstammfunktionen übersteht, keinen Geist, der sich rechtzeitig aus dem Staub macht, so verlängert sich das Leben doch über die Materie hinaus allein durch die Kraft der Erinnerung, den Muskel des Gedenkens, die Nerven des Gedächtnisses, die neuangefachte Glut im Feuer eines endlosen Kampfs.

32 Der Generalvikar der Erzdiözese von Nouméa, Roch Apikaoua, empfängt mich wie verabredet. Ich mache die Coutume, dann nehmen wir zwischen Büchern, die er sorgfältig nach Genre geordnet und beschriftet hat – Geschichte, Literatur, Liturgie, Kirche, Pazifik, Gebete und so weiter –, unseren Gesprächsfaden dort wieder auf, wo wir ihn im letzten Monat hatten fallenlassen.

»Alphonse ist zwei Wochen vor der Besetzung der Gendarmerie zu mir gekommen. Ich war gerade dabei, einen Gottesdienst zu halten, in der Église de la Conception. Er hat sich ganz nach hinten gesetzt. Am Ende der Messe bin ich zu ihm gegangen und wir haben ein bisschen miteinander geredet. Er hat nur gesagt: ›Ich fahre mit den Jungs nach Ouvéa, wegen der Wahlen.‹ Und ich habe geantwortet: ›Passt auf euch auf, macht keine Dummheiten.‹ Er hat erwidert: ›Nein, wir wollen nur dafür sorgen, dass die Wahlen nicht stattfinden.‹ Dann hat er mich gebeten, mich um Darewa zu kümmern. ›Ja, mach dir keine Sorgen‹, habe ich zu ihm gesagt, ›aber du kommst doch wieder, oder?‹ Das war unser letztes Gespräch. Er hat mir die Hand geschüttelt. Das war ein Dienstag.«

Roch Apikaoua beschreibt einen entschlossenen Menschen. Der völlig in der politischen Sache aufging, die er verteidigte. »Alphonse hat gern Scherze gemacht und in seiner Freizeit manchmal Gedichte geschrieben. Er war ein Künstler. Aber ich hatte gemerkt, dass der Künstler in ihm schon seit einiger Zeit einem anderen gewichen war. Einem, der seine Überzeugungen hatte. Er wusste, dass ich wusste, was er machte: Wir haben also nicht versucht, einander auszuhorchen. Alphonse wusste, dass ich nicht unbedingt mit allem einverstanden war.«

Der Kirchenmann wäre während der Einkesselung der Grotte durch die französische Armee gern nach Ouvéa gefahren, vertraut er mir an, aber es sei unmöglich gewesen, dort hinzukommen. Und ebenso unmöglich, irgendjemanden dort zu erreichen.

»Alphonse war ins Priesterseminar auf den Fidschis mit wallendem Haar und Blume im Mund gekommen. Aber mit einem tiefen Glauben. Ein intelligenter Kerl mit einer schnellen Auffassungsgabe. Ein heiterer junger Mann, der das Leben mit schönen Zähnen zu knacken verstand und sich leichttat mit anderen. Die Professoren beeindruckten ihn nicht, er pflegte Beziehungen auf Augenhöhe, nicht von Schüler zu Meister. Er ist mit seiner Berufung sehr aufrichtig umgegangen; er konnte stundenlang schweigend in der Kapelle beten und dann noch mehr Stunden Musik machen. Ein ehrlicher Mensch, zu ehrlich – wenn man Scheiße sagen musste, hat er es getan. Aber grundsätzlich immer im Dialog.«

Eines Tages teilte Dianou ihm mit, er werde nicht ins Seminar zurückkehren und wolle ein Jahr lang nachdenken und Bilanz ziehen. Er suchte sich eine Arbeit und kam mit Hélène zusammen. »Mit seiner Musik hat er zwar Lärm gemacht, aber eigentlich hat er die Stille gesucht. Er hat viel meditiert. Und gelesen. Er hat mir oft von seiner Mutter erzählt, er hat sich Sorgen um sie gemacht und wollte ihr helfen, weil sie bald in Rente gehen sollte. Unser Verhältnis, das war mehr als Freundschaft, wir waren wie Brüder. Wenn wir Freunde gewesen wären, hätten wir miteinander geredet; aber wir waren fast wie Brüder, also konnten wir auch schweigen.« Die Fidschi-Inseln waren gerade unabhängig geworden, die Leute strahlten ein gewisses Selbstbewusstsein aus, erzählt er weiter, die Männer und Frauen fühlten sich wohl in ihrer Haut – das beeindruckte ihn. »Die beiden Jahre dort haben ihm die Augen geöffnet: Im Vergleich dazu waren wir Provinzler. Man brauchte Saint-Cyr gar nicht verlassen, um zu begreifen, dass es irgendwann hier knallen würde. Ende 1984 hatte Machoro die Wahlurne zertrümmert. Alphonse, den ich als Hippie kennengelernt hatte, war ein anderer geworden.«

Die Art, wie das Kind aus Téouta die Evangelien las, zwang ihn, den Menschen und also auch sein Erdenleben in dem zu denken, was ihn verankert und rechtfertigt: seine Würde. »Er hat sehr aufmerksam wahrgenommen, wie sehr sich Jesus um die Armen gekümmert hat, um die Frauen, die Ausgestoßenen; sein Jesus war einer, der dem Leben derjenigen wieder Sinn verlieh, die keinen mehr sahen. Tatsächlich haben wir keine Befreiungstheologie gebraucht, unsere Bibellektüre hatte uns diesen gerechten und achtsamen Christus schon entdecken lassen. Alphonse kannte keinen Hass. Ich kann mich noch erinnern: Einmal sind wir die Rue de la République entlanggegangen und eine europäische Ladenbesitzerin hat uns lachen hören, sie ist herausgekommen und hat angefangen, mit uns über die Unabhängigkeit zu diskutieren – ich weiß nicht, was sie geritten hatte. Wir sind in Lachen ausgebrochen und haben zu ihr gesagt: ›Madame, wenn irgendwann die Unabhängigkeit kommt, behalten wir Sie hier!‹ Und Alphonse hat nochmal nachgelegt: »Wir wollen, dass Sie hierbleiben, wirklich!«

Der Priester lacht.

»Natürlich hatte er politische Gegner: die Rechten. Aber er hatte kein Problem mit den Europäern als solchen; ich weiß noch, dass er immer nur vom Staat gesprochen hat, vom französischen Staat. Die Caldoches sind Leute von hier. Wir waren natürlich Zeugen von all den Ungleichheiten, aber trotzdem habe ich aus seinen Worten nie Hass herausgehört. Alphonse hatte Freunde aller Hautfarben. Einmal bin ich mit ihm durch Nouméa gelaufen: Um von einem Block zum anderen zu kommen, haben wir einen ganzen Vormittag gebraucht! Von Chinatown bis zum Square Olry! Er kannte jeden. Und grüßte alle. Das nächste Mal habe ich zu ihm gesagt, er soll allein in die Stadt gehen!«

In dem Bild, das die Presse, die Berichte und die verschiedenen Bücher von Dianou entwarfen, erkannte er den, mit dem er zu tun hatte, nicht wieder. Er suchte nach einem Grund dafür, erzählt er: »Alphonse muss mit seinen Nerven am Ende gewesen sein. Er hatte eine Situation fast wie im Krieg geschaffen: Es wäre schlauer gewesen, Ruhe zu bewahren. Er hat sich für die anderen verantwortlich gefühlt, glaube ich, er hatte die Operation ja initiiert. Im Feuer des Gefechts benimmt man sich manchmal wie die Axt im Wald. Aber dass man ihn als Hysteriker beschrieben hat, ist auch ganz gezielt geschehen. Damals hat man islamistische Extremisten in Afghanistan gern als ›Fanatiker‹ bezeichnet: Pons hat dasselbe Wort benutzt, um seinen Quasikrieg zu rechtfertigen, statt sich klarzumachen, dass er es mit einem Staatsbürger mit demselben Pass wie er zu tun hatte.«

Die Glocken läuten.

Er hat noch nie gehört, dass Dianou der Schütze gewesen sein könnte, der den Tod von zwei Gendarmen verursacht habe – aber das ist für ihn auch nicht die eigentliche Frage: Eine

Tragödie ist immer eine kollektive, es nützt nichts, einen Einzelnen aus einer gemeinsamen Handlung herauszugreifen, um diesen zu beschuldigen oder zu decken, es ist sinnlos, das Gemeinschaftliche auf Einzelentscheidungen zu verkürzen. »In allem, was ich über diesen Fall gelesen habe, wurde über die vorherigen Verantwortlichkeiten und Etappen kaum gesprochen. Der französische Staat hat sehr schnell nach einer kriegerischen Lösung gesucht; vorher, als es darum ging, die Zuspitzung der Situation zu verhindern, war er nicht so schnell.«

33 Ich schätze ihre Offenheit: Ohne Dave Lavelloi an meiner Seite hätte sie mir die Tür vor der Nase zugeknallt. Was ich eigentlich wolle, fragt mich Nelly. Warum ich mich für Kahnyapa interessiere. Wieso diese ganze Reise fast dreißig Jahre später. Nelly trägt ein rosafarbenes Haiti-T-Shirt und einen langen Rock und die geflochtenen Haare über ihrer hohen Stirn zu einem Knoten gebunden. Sie ist Kassiererin, Mutter von drei Kindern und Alphonse Dianous Nichte, Hilaires Tochter.

Ich stehe vor ihr und habe nur zwei, drei Minuten Zeit, um mir irgendwie Gehör zu verschaffen; sie scheint aufzutauen und etwas aus der Deckung zu kommen; ich glaube, den Ansatz eines Lächelns zu erkennen, vielleicht auch weniger.

Draußen legt sich die Nacht auf Nouméa.

Die junge Frau nennt ihren leiblichen Vater trocken oder sarkastisch bei seinem Vornamen – »er hat herumgespielt, statt sich um seine Familie zu kümmern«, sagt sie – und spricht mit großer Bewunderung von ihrem Onkel, dem Mann, der sie die ersten fünf oder sechs Jahre ihres Lebens erzog. »Seine Aufrichtigkeit hat mich geprägt«, erklärt sie, dann macht sie eine Pause. »Deshalb wollte ich auch nicht über ihn sprechen.« Ihr Blick wird trüb, ihre Zunge windet sich. »Das ist hart. Ich schaff das nicht.«

Ich bin kurz davor, wieder zu gehen und ihr nicht den Abend zu verderben, den ich wahrscheinlich gar nicht hätte stören sollen; da geht sie für einen Moment weg und kommt mit einer großen, fleckigen Zeichenmappe voller Briefe, einem Fotoalbum, einer angeschlagenen Ataï-Figur aus Holz und der Gitarre ihres Onkels wieder. »Hier, wenn dir das was nützt – das ist alles, was ich habe, das ist mein Schatz«, sagt sie mit einer Stimme, die nur das Wort »zärtlich« beschreibt, so grob es auch sein mag.

Ihr ist wichtig, dass diese Briefe bewahren, was in ihren Augen heilig daran ist – bekanntlich verändert das profane Licht manchmal das, was es zu erhellen meint; beim Weitererzählen werden Worte entstellt, dem Urteil von Richtern und Krittelern preisgegeben, auf Meinungen von Kleingeistern und Beamtenseelen verkürzt; ich werde also nichts darüber sagen, außer dass diese Worte das Porträt nicht verändern, das diese Seiten zu zeichnen versuchen, es sind Worte eines liebenden Sohns, Bruders und Onkels, Worte eines ganz gewöhnlichen Menschen.

Ich blättere in den plastifizierten, vergilbten Seiten des Fotoalbums: Ein Passbild zeigt ihn als Jugendlichen, mit leichtem Bartflaum und vollen Lippen. Alphonse' Mutter – die zehn Jahre nach ihrem Mann Anfang der 2000er Jahre starb, erzählt mir Nelly – sitzt als Küchenhilfe inmitten einer Gruppe neben zwei Kanak und drei Weißen, wahrscheinlich Caldoches, in der Einrichtung, in der sie angestellt war, der Direktion des katholischen Schulwesens (heute DDEC): ein volles Gesicht, die schwarzen Haare zu einem Dutt gebunden, der Blick streng. Die Geschwister Dianou – Patricia, Hilaire und Alphonse – posieren mit kurzen Hosen und strahlenden Augen: Die Ältere steht mit Schmollmund in einem Kleid mit bunten Vierecken da, der Mittlere hat ungelenk eine Hand in die Hüfte gestützt, der Jüngste zieht eine lustige Schnute.

Nelly platzt dazwischen: Nein, unmöglich, Alphonse hätte nie auf unbewaffnete oder kniende Männer geschossen, niemals! »Hilaire ja, sofort. Ich weiß nicht genau, was in der Gendarmerie passiert ist, aber das war nicht Alphonse, das ist alles, was ich sagen kann.«

Ein von oben aufgenommenes, bläulich-vergilbtes Foto: Alphonse, der zu Dianou geworden ist, reif, selbstbewusst, mit einem auffälligen, scharfgeschnittenen Gesicht. Er steht vor zwei oder drei geparkten Fahrzeugen, den Mund halboffen – er hält eine Rede vor einem Gericht, erklärt man mir. Das Bild überrascht, so sehr würde man es für eines aus Oakland oder Seattle halten. Mein Blick fällt auf ein ungewöhnlich scharfes Porträt, dasselbe, das auch an seinem Grab hängt: ein Mitte der 1980er Jahre aufgenommenes Passbild, erklärt mir später Hélène. Der Freiheitskämpfer trägt ein Militärhemd, Spitzbart, Koteletten und seinen traditionellen Afro – die Nase breit, die Augen irritierend.

Nelly lächelt, diesmal wirklich.

Und viel mehr wird die Nacht darüber nicht erfahren.

Ein offizieller Anruf des Élysée-Palasts am Morgen des 2. Mai: Legorjus erhielt die Mitteilung, dass Mitterrand sich anschicke, Chirac die Ernennung eines Vermittlers anzukündigen – tatsächlich hatte der Präsident den Premierminister schon am Tag zuvor darüber unterrichtet, fand der GIGN-Chef später heraus. So wie er noch zwei Jahre später herausfand, dass der Mitterrand nahestehende Hochkommissar der Republik Edgard Pisani damals in regelmäßigem Telefonkontakt zu Jean-Marie Tjibaou stand, um die Krise friedlich zu lösen. Der Präsident des FLNKS, verriet Pisani in seinem Buch Persiste et signe *1992, hatte sich dafür eingesetzt, dass eine Befreiung der Geiseln nur unter einer Bedingung erfolge: dass die Entführer im Mutterland verurteilt würden und nicht in Neukaledonien. Aus gutem Grund: Sechs Monate zuvor waren die Mörder der beiden Brüder von Tjibaou von der lokalen »Justiz« freigesprochen worden.*

Blieb also nur noch Chiracs Zustimmung abzuwarten, dachte Legorjus. Und dafür Zeit zu schinden. Alphonse Dianou erwartete ein konkretes und natürlich schnelles Ergebnis der Verhandlungen mit der Front, also musste er dem Chef der Unabhängigkeitskämpfer »etwas vormachen«, schreibt Legorjus später, und so tun, als bewegten sich die Dinge in die richtige Richtung und nicht in die einer Militäroperation am nächsten Tag. Legorjus und Vidal trafen noch einmal mit Pons zusammen; Legorjus teilte seinen Plan mit: Man solle vortäuschen, der FLNKS erlaube mit Zustimmung der französischen Machthaber einem Team von Antenne 2, in die Grotte zu kommen und die Entführer und Geiseln zu filmen; Dianou, der die Möglichkeit begrüßen würde, seine politischen Forderungen vor der Weltöffentlichkeit zu formulieren, wäre dadurch entspannter und zuversichtlicher, wodurch man die Sicherheit der Geiseln länger garantieren und den Angriff unter besseren Bedingungen vorbereiten und – aber das gab Legorjus natürlich Pons gegenüber nicht zu – die so dringend erwartete Ankunft des Vermittlers aus Frankreich ermöglichen und damit bestenfalls die militärische Lösung verhindern könne. Nach einigem Zögern willigte Bernard Pons ein. Dianou antwortete Legorjus am Telefon, er werde die Meinung der Clanchefs zu diesem Vorschlag einholen, außerdem dürften die zugelassenen Journalisten nur männlichen Geschlechts sein, Coutume verpflichtet – und gestand, er sei »glücklich«, den französischen Militär am anderen Ende der Leitung zu hören.

Jacques Attali schildert in seinem Tagebuch ausführlich, Mitterrand habe den Verteidigungsminister einbestellt und ihm mitgeteilt, da Neukaledonien zu Frankreich gehöre, habe dort nicht die Armee »einzuschreiten«. Der damalige Innenminister Pasqua habe daraufhin erklärt, er teile die Werte des Front national, woraufhin Mitterrand privat kommentiert habe: »Gleich und Gleich gesellt sich gern ... Aber hier ist es wenigstens klar, sie haben die Maske abgelegt!«

Der FLNKS verurteilte in aller Öffentlichkeit die kriegerische Politik von Chirac und versprach, die Geiseln würden gut behandelt. »Ich habe zu viel an innerer und äußerer Kraft investiert, um nicht komplett mit diesem Beruf brechen zu wollen, aber schon jetzt kommt er mir nicht mehr wie der meine vor«, schrieb Legorjus an diesem Tag. »Das Metier der Waffen ist nicht länger meins. Ich will diese Last nicht mehr tragen. Mein Beruf muss darin bestehen, Menschen und Ereignisse zu entwirren und neu zusammenzuführen.«

»Nach diesen gescheiterten Versuchen können jetzt nur noch die Waffen sprechen!«, erklärte General Vidal in dem Bericht, den er über diesen 2. Mai verfasste, und kalkulierte die Verluste in den eigenen Reihen auf zwei bis zehn Tote.

Drei Tage später wird der Befehl zum Sturmangriff gegeben.

34 Wie Jesus – so stellt sich der Sohn den fast unbekannten Vater vor.

Darewa war zwei Jahre alt, als er ihn verlor. Erst sechs oder sieben Jahre später begann er, sich und seiner Umgebung deswegen Fragen zu stellen. »Ein Kind sagt nichts, aber es spürt die Dinge. Mit diesem Ding bin ich aufgewachsen. Und es war schwer, es einzuordnen.« Wir sitzen auf der Place des Cocotiers auf dem Rasen. Wir sprechen über seine Jugend und das Gefühl, das ihn damals antrieb. »Wut. Auch Hass. Auf alle. Wir wurden wie Kinder von Mördern behandelt. In der Schule haben sie uns komisch angeschaut. Aber wir haben damit leben gelernt. Es hat uns auch zu denen gemacht, die wir sind.«

Seine Familie sprach nur selten über diese bedrückende Zeit. Manchmal löste der Alkohol die Zungen. Als Teenager hörte er einmal eine Aufnahme, die später verlorenging, mit der Stimme seines Vaters: ein Schock. Darewa hält immer wieder inne, seine manchmal nur angefangenen Sätze sind kurz – und eher verletzt als scharf. Sein Blick irrt herum. »In Momenten, wenn ich mich zurückziehe oder meditiere, spreche ich mit ihm. Wie soll ich das beschreiben? Ich habe keine Worte dafür. Mein Vater ist da, er ist da. Mein Kleiner, der ist fünf, der fragt mich manchmal, wo er ist. Dann sage ich ihm, Opa ist tot. Und erkläre ihm, dass die Armee ihn umgebracht hat.«

Die Vögel zwitschern über unseren Köpfen. Eine Clique von jungen, angetrunkenen Kanak bittet um Feuer.

»Viele Junge heute wollen einen Krieg. Es ist sehr heiß gerade. Es wird härter. Sie lehnen sich selbst gegen unsere *Alten* auf und gegen die Autorität der Tradition. Und die junge Generation von Caldoches, die erkennt mehr und mehr, dass sie manchmal von den Vorfahren her Kanak-Blut in den Adern hat, dass wir vermischt sind. Das ist gut. Es gibt Caldoches, die stehen auf unsrer Seite. Wenn eines Tages die Unabhängigkeit kommt, können wir nicht die ganzen Kinder von Europäern, die hier geboren sind, davonjagen. Dieses Land gehört auch ihnen. Genau wie uns. Wir sind gleich. Wir schauen in dieselbe Sonne, das ist keine Frage von Prozenten. Sie sind inzwischen genauso legitim hier wie die Kanak, zumindest sehe ich das so. Wenn die Zukunft dieses Landes Kanaky heißt, dann dürfen die Caldoches nicht gegen uns sein. Kanaky bedeutet ›der Mensch zu Hause‹.«

Darewa steckt sich eine Zigarette an. Der Rauch verzerrt sein Guerillero-Profil.

Ich frage ihn, was er empfindet, wenn er die französische Fahne sieht. »Na ja, ich habe nicht nur eine Trikolore verbrannt – entscheide selbst, ob du das in deinem Buch haben willst. Als junger Mann habe ich welche an den Masten der Polizeiwachen angezündet; das war meine Art, gegen dieses System zu protestieren. Heute ist mir klar, dass im Krieg auch ein Teil unserer *Alten* für diese Fahne gefallen ist. Sie gehört auch zu unserer Geschichte. Die Franzosen haben uns damit kolonisiert, aber manche Alte sind auch los und haben sie verteidigt. Es macht mir nichts mehr aus, sie zu sehen ... Mein Sohn hat sogar manchmal ein Trikot von Thierry Henry an, der Nummer 12! Aber ich bin stolz, wenn ich vor manchen offiziellen Gebäuden die Fahne von Kanaky wehen sehe, auch wenn das System sie nur als Dekor aufzieht. Es gibt übrigens auch Kanak, die sich darin nicht wiedererkennen, die sagen, diese Fahne ist mit Blut befleckt; aber welche Fahne der Welt ist das nicht? Und Blut ist auch Leben. Als mein erster Sohn aus dem Bauch seiner Mutter kam, habe ich ihn gehalten, er war voller Blut.«

Eine Niederlage kann auch ein Sieg sein, glaubt der Sohn des Verstorbenen. Der Tod der neunzehn Männer – man sollte nicht von *Ereignissen*, sondern von *Aufstand* sprechen, erklärt er – hat so deutlich wie endgültig gezeigt, dass die Rechte und die Linke unter einer Decke stecken. Die gegnerischen Parteien versuchen einander Läuse in Mariannes Haaren anzudichten und Landesverrat vorzuwerfen, aber im Ausland putzen sie ihre Waffen mit demselben Lappen. Eine Lektion, die auch schon Machoros Tod erteilt hat. Und die, glaubt Darewa, seinen Vater dazu gebracht hat zu verhärten. »Es gibt keinen Kampf ohne Opfer – auch wenn unsere *Papas* das nicht gewollt haben«, erklärt der Dreißigjährige und zieht an seiner Zigarette.

Trotzdem interessiere er sich »nicht wirklich« für Politik, erzählt er mir. Der Stammhalter wird zum ersten Mal in seinem Leben wählen gehen, obwohl das Wahlrecht aus seiner Sicht fast einem Betrug gleichkommt: Das Abkommen von Nouméa hat zur Konsequenz, dass derzeit Tausende von Kanak nicht auf den Wählerlisten stehen. »Wir sind fast unabhängig, aber das ist immer noch ein Kolonialstaat. Wir fühlen uns unterdrückt, auch heute noch. Die Kolonisierung hat nur andere Formen angenommen.«

Ein Passant wünscht uns ein gutes neues Jahr.

»Ich sag dir ganz ehrlich: Dass ich mich darauf eingelassen habe, mit dir zu reden, habe ich nicht für Frankreich getan, das ist zweiundzwanzigtausend Kilometer weit weg, sondern für die Leute von hier. Viele von uns wissen gar nicht, was wirklich passiert ist. Viele Junge haben keine Ahnung. Der Kampf ist nicht vorbei.«

35 Auf einer der siebenunddreißig Straßenmauern im Viertel Rivière Salée, der größten, prangen zwei Porträts von Bob Marley. Ein fast vollständig mit einer Plane bedeckter Außenborder ist an den graffitibesprühten Pfeiler einer Bushaltestelle gebunden. Müllsäcke und Äste türmen sich vor einem Strommast, dessen Spitze in den Kokospalmen verschwindet. Ein paar Meter weiter das Haus der Dianous, in dem Alphonse aufwuchs.

Auf einer Leine trocknet Wäsche, auf dem Betonboden liegen verstreut Sandalen, auf einem Tisch lagern umgedrehte Stühle. Hier ein Durcheinander von Kanistern, vollgestopften Plastiktüten, zusammengerollten Teppichen und Flaschen mit Düngemitteln, dort ein Kühlschrank, Gasflaschen, eine Küchenecke und ein vollgekritzelter Stromzähler. Auf dem langen Gartentisch, auf den ich mich stütze, liegt eine Wachstuchdecke. Djary ist ein Neffe von Alphonse Dianou, er ist freundlich und gesprächig. Er erinnert sich an seinen Onkel: ein spezieller Typ, müsse man zugeben, der sich manchmal in sein Zimmer verzogen und zum Lesen an einen Wasserturm in der Nähe gesetzt habe – »niemand hat sowas gemacht!«.

Alphonse, erzählt mir Djary, wurde unter freiem Himmel im Gras geboren, seine Mutter hatte es nicht rechtzeitig ins Krankenhaus geschafft. Eine Seite des Gartens wird von einer Felswand begrenzt: Während eines Essens hat sein Onkel einmal eine Flasche Alkohol dagegengeworfen. Und sich mit dem Satz rechtfertigt: »Dieses Zeug hat unser Volk zerstört!« Oder, überlegt Djary, »wird es zerstören«. Außerdem hat er einmal ein Familienmitglied aufgefordert, die Cannabispflanzen auf dem Grundstück auszureißen. Der Neffe zeigt mir einen Grapefruitbaum, den der Priester, der er nicht geworden war, gepflanzt hat.

Er erinnert sich an einen Mann, der gern lief (das half ihm beim Nachdenken), der eine besondere Bindung zu seiner (geschlagenen) Mutter hatte, der Johnny Clegg hörte, als Mannschaftskapitän Volleyball spielte, darum bat, mit seiner Gitarre begraben zu werden, darauf bestand, dass das Haus ordentlich aufgeräumt wurde, und der jeden Abend die Mitteilungshefte der Kinder kontrollierte, die um ihn herum lebten. (Djary seufzt, wenn er daran denkt; in dieser Hinsicht verstand Kahnyapa keinen Spaß.) »Eines Tages hat er einen kleinen schwarzen Hund mitgebracht, er hat ihn Afi, ›den Verrückten‹, genannt.« Alphonse, fährt Djary fort, habe ihnen damals erklärt, irgendwann würden sie nicht mehr draußen spielen können wegen der Parzellierung der Stadt: »Er hatte recht! Überall wurden später Mauern und Stacheldrahtzäune hochgezogen …

Um uns zu wecken, hat er Gitarre gespielt. Und er hat mir von Gandhi erzählt, das war sein Steckenpferd. Ich dagegen wusste nicht mal, wer ich selbst bin!« Er sprach auch oft von Guevara und übte scharfe Kritik an Haile Selassie (vielleicht warf er ihm vor, nach dem Angriff der italienischen Faschisten auf Äthiopien ins Exil gegangen zu sein?). »Er hatte drüben im Wohnzimmer einen Schrank, da standen nur Bücher drin.« Definitiv das Gegenteil seines Bruders – Djary erzählt mir von Hilaires Anfällen und erinnert sich, wie dieser unter diesem Dach alles zerschlug, wenn der Alkohol ihn übermannte. Der mich begleitende Dave Lavelloi legt nach: »Die Gendarmeriegeschichte macht mich immer noch fertig. Immer wenn es eine Versammlung gab und Kahnyapa sprach, hieß es Nein zur Gewalt, da ging es ganz friedlich zu. Mit Hilaire und Papa dagegen war es das ganze Gegenteil. Aber Alphonse konnte sie einbremsen. Ich weiß noch, was er dann gesagt hat. Wenn also einer behauptet, Alphonse habe jemanden getötet – ich glaub das nicht!«

Ich frage, ob ich das Zimmer von Alphonse Dianou sehen dürfe. Es wurde nach seinem Tod ausgeräumt: ein bescheidener Raum mit Bodenkacheln und weißen Wänden; die Fenster gehen auf den Garten hinaus.

Ein Neubauviertel wie in unseren Banlieues. Kinder fahren mit Fahrrädern auf dem Parkplatz herum, Graffiti bedecken ein ziemlich heruntergekommenes Treppenhaus. Hier in Tindu, dem Armenviertel der Inselhauptstadt, lebt Darewa. Seine Frau, die gerade ihr drittes Kind erwartet, öffnet uns die Tür. Einer der Männer aus der Grotte – nennen wir ihn den Zigeuner, denn so heißt er mit Spitznamen – hat uns mit einem grauen Peugeot, der über die ganze Heckscheibe mit den Gesichtern der neunzehn Toten von Ouvéa beklebt ist, hergefahren. Eine Wand des Wohnzimmers ist vollständig in den Farben der Unabhängigkeitsflagge gestrichen; »Freies Kanaky«, liest man in leuchtenden Großbuchstaben. Mit braunem Klebeband wurden Fotos befestigt: von Machoro, Tjibaou, Dianou. Auf einem davon sieht man Darewas Vater im Schneidersitz im Profil: mit ausrasierter Wange, markantem Jochbein, gerader Nasenlinie, den Mund auf die Faust gestützt. An die Wände eines Schlafzimmers hat Darewa Porträts von Che und Pierre Declercq gemalt.

Der Weihnachtsbaum streckt seine mit Fuchsien geschmückten Zweige aus, auf dem Balkon drückt der Zigeuner seine selbstgedrehte Kippe in einem Kaktustopf aus. Die Berge färben den bleichen Horizont grün. »Er hat nicht geschossen. Die Typen aus der Gendarmerie haben uns erzählt, was da passiert ist. Wer behauptet, dass er geschossen hat, redet Blödsinn«, stellt sein ehemaliger Kampfgenosse in den Raum. Der Mann mit dem kahlen Schädel trägt mehrere Ringe und seinen Namen zu Recht; seine Unterarme sind von Adern durchzogen – die hagere Linie seiner Silhouette kann höchstens oberflächlich darüber hinwegtäuschen, dass sich hier ein lebenshungriges Nervengeflecht unter der Haut aufbäumt. Seine Wangen sind zerfurcht, faltig und mager, die Lippen schmal wie ein Schnitt mit dem Hirschfänger. Der Zigeuner hat »den Alten« gekannt – so nennt er Alphonse Dianou heute auf politischen Versammlungen –, er selbst war damals neunzehn.

»Als die Gendarmerie gestürmt wurde, war ich bei der Verstärkung. Wir kamen an, da liefen sie gerade heraus. Dann sind wir auf einen der Transporter gesprungen, dort saß der alte Kahnyapa mit einem Teil der Geiseln. Auf dem Weg Richtung Norden. Er sagte, wir sollen zurück ins Dorf, er fand uns zu jung, aber wir haben gesagt: Nein, wir haben zusammen angefangen, also ziehen wir das auch zusammen durch. Da hat er gemerkt, dass es uns ernst war. Wir sind im Wald herumgeirrt, bis wir die Grotte gefunden haben. Wir wussten nicht mehr wohin. Wir hatten nichts zu beißen mit, nur ein paar Saos, also Cracker, aber Kahnyapa hat gesagt, wir sollen zuerst den Gendarmen davon abgeben. Es war nicht geplant, dass wir sie mitnehmen. Wir haben dann einen Weg gesucht, um mit der Außenwelt zu kommunizieren und sind im Kreis gelaufen. Herumgeirrt. Ich hatte Hunger. Und Fieber. Kahnyapa war erleichtert, als er in Legorjus einen Gesprächspartner gefunden hat. Ganz am Anfang war er sehr nervös. Er hat herumgeschrien. Er dachte, die Grotte sei unauffindbar, und als die GIGN-Leute sie doch gefunden haben, war er extrem sauer. Der Begleiter, der die Armee da hingebracht hatte, musste ziemlich was einstecken ... Der kriegte Kahnyapas ganze Wut ab. Mein Posten war genau über den GIGN-Leuten, ich habe sie bewacht, wenn sie aufs Klo gingen. Danach hatten wir einen guten Draht zu den Gendarmen. Wir haben mit ihnen Karten gespielt. Alphonse hatte gesagt, wir sollen ihnen die Zeit gut vertreiben.«

Der Zigeuner beschreibt die Last des Wartens, das Gefühl, im Stich gelassen worden zu sein, das Bedürfnis ihres Anführers nach Rückzug (»Ich habe ihn beobachtet. Der Alte hatte ein Eckchen für sich. Er hat sich abends manchmal sehr früh abgesondert, um schlafen zu gehen oder zu meditieren oder nachzudenken«), außerdem ihre Wut auf die GIGN-Männer und den Verlauf ihrer Versammlungen: Entscheidungen wurden immer zu zweit getroffen – von Alphonse und Wenceslas – oder aber in der Gruppe, in einer kleinen Abordnung (kein Wachposten durfte je unbesetzt sein). Meistens »wussten wir nicht, was wir tun sollten«.

Weil einer der Geiselnehmer einmal eine politische Reise nach Tripolis gemacht hatte, behaupteten manche, sie alle hätten sich im Auftrag der DDR vom Revolutionsführer in Libyen ausbilden lassen. Er lacht: »Wir kommen aus Kanak-Dörfern!«

Er dreht sich eine Kippe und schnippt zweimal am Reibrad seines roten Feuerzeugs.

»Der französische Staat hat gar kein Interesse daran gehabt, dass wir die Geiseln freilassen. Wir selbst waren ja bereit, es zu tun, vor laufenden Kameras! Wir haben auf *Antenne 2* gewartet und dass die Freilassung live gefilmt wird! Kahnyapa hat nie damit gedroht, Geiseln umzubringen, zu keinem Zeitpunkt vor dem Angriff! Legorjus sagt wenigstens irgendwo die Wahrheit; es stimmt, was er in seinem Buch schreibt. Am Tag des Sturmangriffs bin ich vor der Grotte gewesen. Ich habe Wache über der Stelle gehalten, wo Alphonse immer schlief. Als die Teebringer kamen, bin ich eingenickt. Ich bin aufgewacht, als ich gehört habe, dass jemand die Coutume gemacht hat. Ich habe den anderen ihre Stimme gehört, weil sie diskutiert haben. Und dann haben wir den Heli gehört, den Puma: Das muss *Antenne 2* sein, haben wir gedacht. Die Propeller, die fegen alles weg, die machen den Weg frei. Und da seh ich, wie hinten die Tür aufgeht und sich ein Gewehrlauf rausschiebt. Ich hab gar nicht erst versucht zu verstehen, dass das nicht *Antenne 2* sein konnte; ich hab mein Gewehr geschnappt und geladen; der andere hat begonnen loszuballern, und ich hab auch geschossen. Zum ersten Mal in meinem Leben. Das war ein halbautomatisches MAS-36, eins von den Gendarmen. Ich hab in einem Halbkreis das ganze Magazin Richtung Puma verschossen. Einer der Typen war verletzt. Die Kugeln hatten fast den Tank getroffen. Ich war der Erste, der auf den Hubschrauber geschossen hat. Ich hatte keine Munition mehr, ich leg mein Gewehr ab und merk, wie die Kugeln um mich herumschwirren, ich dreh mich um und sehe Männer, die umfallen, ein Wachposten rennt auf mich zu und schreit: Das war's, das ist ein Sturmangriff! Ich bin an einem Baum liegengeblieben. Einem riesigen. Ich hatte nur noch eine kleine Pistole. Ein anderer ist zu mir gehechtet. Eins von den Kommandos hat eine Handgranate geschmissen und wir wurden weggeschleudert. Der andere ist weiter unten gelandet, beim Lauf des AA-52. Ich war nicht bewusstlos, aber völlig benommen. Der Nebel, der Rauch, die Kugeln ... Ein Cousin hat zu mir gesagt, ich soll mich hinlegen, er hat Handgranaten entsichert und geworfen. Dann bin ich über den Felsen gesprungen und mit einem Onkel weggekrochen. Er war vor mir, dann ist er aufgestanden und hat sofort eine Kugel in den Nacken gekriegt. Ich bin weiter. Ich bin bis dorthin, wo die Kugeln nicht mehr zu hören waren. Da gab es einen Zaun, und ich bin raus.«

Er denkt immer noch daran. Empfindet ständig wieder, was er mit den anderen erlebt hat. Sieht Alphonse Dianou vor sich, wie dieser verkündet, die Parteileitung habe sie im Stich gelassen. Erinnert sich mit großer Wertschätzung an seine Entschiedenheit (»Alles einfach so zurücklassen, die Familie und alles, das muss man erst mal bringen«). Und beeilt sich zu lächeln, wenn er an Alphonse' Wagemut denkt: Den Staat von einer Grotte aus zu zwingen, die Unabhängigkeit zu unterzeichnen!

Der Zigeuner geht nicht wählen, die hohen Tiere der Politik widern ihn an. »Das sind lächerliche Typen heutzutage, die wollen nur Kohle machen. Alle, die heute irgendeinen wichtigen Posten haben, wissen von all dem nichts mehr. Die Arschlöcher. Das kotzt mich an. Die ganzen Brüder, die gestorben sind oder die sich abstrampeln. Immer noch. Wer kriegt denn letztlich was ab vom Kuchen? Die Arschlöcher. Keiner spricht von Kahnyapa und den neunzehn, die gestorben sind. Die Arschlöcher. Wer hat die denn auf ihre Posten gehievt? Wenn die Wahl, die Abstimmung und das alles vorbei ist, kennen die niemanden mehr.«

Als wir im Aufbruch begriffen sind, hält mir Darewa ein Geschenk hin: einen Firstpfeil, das bekannte Symbol der kanakischen Souveränität. Ein langes, helles, geschnitztes Holzstück, das, erklärt er mir, gewisse mehr oder weniger geheime Kräfte besitzt: »Leg es dir auf den Schreibtisch, wenn du schreibst. Und dreh es um, wenn dir die Inspiration fehlt. Du wirst sehen, dann kommen die Geister.«

36 *Djiido.*
Auf Fwâi: Nadel.

Die, mit der man die Strohbunde zusammennäht, die das Dach der Hütte bilden.

Thierry Kamérémoin ist der Leiter eines Radiosenders dieses Namens – der anlässlich des einhundertzweiunddreißigsten Jahrestags der »Angliederung« von Neukaledonien an Frankreich, inmitten der »Ereignisse« zum ersten Mal auf Sendung ging. Er empfängt mich in seinem Büro als ehemaliger Mitstreiter von Alphonse Dianou. Abgetragenes Cap, breitrandige Brille, zwei Ringe im linken Ohr, khakifarbenes Unterhemd, schwarze Hose, muskulöse Arme und ein angegrauter Wochenbart – offen, unverstellt, geradeheraus.

»Ich kam von der Straße, ich bin eher ein Loser, ich hätte auf die schiefe Bahn geraten können; ich hatte Glück, dass ich Leuten wie Alphonse begegnet bin. Er war nicht autoritär; er hatte sein Priestergewand an den Nagel gehängt. Ich erinnere mich an ein Fest, bei dem wir alle getrunken haben – außer ihm. Er hat nachgedacht! Er hat auch Yoga gemacht. Wir haben Gespräche über Glauben und Gewaltlosigkeit geführt und darüber, bis zu welchem Punkt man die Gewalt des Staats hinnehmen müsse. Nachdem er auf der Place des Cocotiers geprügelt wurde, ging es ihm ziemlich dreckig. Da ist alles gekippt.«

Zum letzten Mal hat er ihn an einem Abend »im Scheinwerferlicht eines Autos« gesehen. Er trug Pakete weg. Was war darin? Thierry Kamérémoin lächelt ironisch: »Bananen.«

»Militante«, das ist das Wort, das er benutzt, um zu bezeichnen, was sie waren – vom lateinischen *mīles*, Soldat (ursprünglich: Mitglied der Miliz Christi). Militante, die für ihre Rechte kämpften, präzisiert er: »Das ist alles. Aber wir waren keine Militärs. Jeder von uns, der sich auflehnte, riskierte eine Kugel. Das war uns klar. Diejenigen, die sich entschlossen hatten, sich ernsthaft zu engagieren, wussten, was sie erwartete. Wenn bei uns jemand stirbt, weint man zehn Jahre lang – das liegt an der Größe unseres Landes und unserer Zahl. Das menschliche Maß ist entscheidend bei uns.«

Der Leiter von Radio Djiido war an Operationen zur Entwaffnung »der Kolonialherren« an ihrem Wohnort beteiligt – mit der Empfehlung, die Waffen zu beschlagnahmen, ohne ihre Besitzer anzurühren oder irgendetwas zu stehlen. Er hat einen Hungerstreik gemacht und war im Gefängnis. Und tut sich immer noch schwer damit zu verstehen, was in der Gendarmerie von Fayaoué passiert sein mag. »Hat Alphonse die Kontrolle verloren? In dem Maß, dass … Ich weiß es nicht. Auf jeden Fall hat da einer die Selbstbeherrschung verloren.«

Sah ihm das ähnlich? »Nein, überhaupt nicht. Gar nicht. Es hätte eher umgekehrt sein können. Er hat immer versucht zu vermeiden, dass … Er hatte keine Waffe. Ich habe eine Weile mit Hilaire zusammengewohnt, als er aus dem Gefängnis kam – Hilaire war nicht politisch engagiert, er hat einfach getan, was sein Bruder getan hat.«

Er schweigt. Denkt nach, die Augen im Schatten seiner Schirmmütze versteckt.

»Nein. Nein … Er hat viel zu sehr das Leben verteidigt, um

jemanden zu töten. In seinem Kopf war er kein Soldat, sondern Pfarrer.«

Abermals langes Schweigen.

»Nein.«

Thierry Kamérémoin ist glücklich darüber, dass das Matignon-Abkommen den endlosen Kreislauf der Rache durchbrochen hat: Neunzehn tote Kanak, wie viele Europäer hätten danach sterben können! Die Unterzeichnung habe verhindert, dass die Unabhängigkeitsbewegung eine weitere, in seinen Augen unumkehrbare Schwelle überschritt: die der Gewalt gegen Zivilisten, wie sie im Algerienkrieg ausgelöst wurde. Ein im Alleingang, mit den Füßen im noch warmen Blut ratifizierter Kompromiss, ein politisches Bravourstück, das den Tod von Tjibaou aufwiegt. »Morgen zu wiederholen, was wir damals gemacht haben, wäre völlig zurückgeblieben. Alphonse ist nicht mehr, das ist vorbei. Ich bin stolz, ein Stück des Wegs mit ihm gegangen zu sein. Ich bin stolz darauf. Vielleicht ist es das, was der jungen Generation fehlt: Träume. Wir haben davon geträumt, eine andere Beziehung zu Frankreich einzugehen, eine auf Augenhöhe, nicht so ein Scheißverhältnis. Wenn wir nach Frankreich fahren, wissen wir, dass wir nicht zu Hause sind, aber wir fühlen uns auch nicht völlig fremd. Wir müssen den Jungen klarmachen, was wir erreicht haben. Unsere Toten sind ein Teil davon, dazu stehe ich. Wir wussten, wohin das führt. Aber es darf nicht umsonst gewesen sein: Man muss dieses gewonnene Kapital, dieses Erbe auch verwalten. Das kostet Zeit; aber wir Kanak stehen zu unserem Wort, die Zeit führt uns nicht an der Leine. Ein kleines Land wie unseres, das so viele Menschen verloren hat … das ist viel, finde ich. Damals war das Land militärisch organisiert: Wir haben nicht aus dem Affekt heraus gehandelt, das war überlegt! Die Neunzehn sind tot, die Armee hat sie getötet: Wenn dir das klar ist, weißt du, dass die Typen nicht zimperlich sind, du kennst ihre Schlagkraft. Wenn du mit ihnen rivalisieren willst, ist das nicht schwer, dann musst du einfach funktionieren wie sie. Aber wir können da nicht mithalten, wir müssen schlau sein. Unsere Kraft ist es, zu überleben und Zeugnis abzulegen. Wir können kein Interesse daran haben, dass es hier brennt. Wir müssen ein Interesse daran haben, dass der Übergang so friedlich wie möglich vonstattengeht. Wir dürfen nicht in die Falle tappen. Wir dürfen das Land nicht noch einmal so lahmlegen wie in den 1980er Jahren! Wir haben die Schleusen geöffnet, das reicht. Wir haben internationale Beobachter, die herkommen. Es gibt andere Arten der Mobilisierung. Wenn wir es 2018 nicht schaffen, ist das nicht das Ende; es ist nur ein Maßstab für den Reifegrad des Volks. Europa hat die Welt in Stücke aufgeteilt; wir haben um keines davon gebeten. Wir haben Frankreich auch nicht darum gebeten, uns auszunehmen. Frankreich trägt die Verantwortung dafür, dass es dieses Land erobert hat. Also muss es sich seiner Verantwortung auch stellen. Es ist egal, wie viele wir sind; solange es einen Kanak auf Erden gibt, wird er weiterkämpfen. Man hat ein Riesending aus der Ouvéa-Affäre gemacht, aber eigentlich geht es nur darum, Menschenrechte zu respektieren, unsere Rechte.«

Die Nacht zermalmt die Vorstadt zwischen ihren schwarzen Zähnen. Auf der Zunge der Bar *Le Bout du Monde* perlen lachende Münder, klingende Gläser und behagliche Bäuche, Bestecke, die von einer Hand zur anderen wandern, Paare, Freunde, Kumpel, Liebende und was weiß ich; es blinkt der stahlblaue

Tresen, einen Orangensaft bitte, und die Schuhe der Kellner gleiten über den Holzboden – Olga Nassele sitzt am Tisch in der Nähe des Klaviers, dessen Deckel geschlossen ist: eine Gestalt in rosafarbener Baumwolle, die Haut kupferfarben, als sei sie Mestizin, die dunkel- und graugewellten Haare über dem Nacken zusammengebunden, den eine zarte Kette teilt wie ein goldener Riss. Olga war achtzehn, als Alphonse starb. Ihr Bruder war der Sänger der Riverstars; die Schülerin, die sie damals war, besuchte die Kurse des Unabhängigkeitskämpfers im Rahmen der AKJM, des Jugendverbands der Union calédonienne.

»Kahnyapa hat mich als Claudette verkleidet und die Musik von Claude François aufgelegt. Er hat mir gesagt, ich sei Die Schwarze, die Lebensgefährtin von Jacques Brel.«

Das letzte Mal, dass sie ihn sah, war an einem Donnerstagabend: Sie kam gerade von der Schule nach Hause und traf im Viertel Vallée-du-Tir in Nouméa auf ihn. »Kahnyapa hatte gerade eine Diskussion mit seinem Onkel mütterlicherseits gehabt, der die Rechten unterstützte, beide hatten auf ihrer Meinung beharrt.« Olga konnte keinen klaren Bruch bei ihm wahrnehmen, keine psychologische oder ideologische Wende, keine deutlich spürbare Veränderung, die irgendeine Gewaltaktion begründet hätte; sie zweifelt sogar, ob das Wort »Radikalisierung« geeignet ist, um den Wechsel von seinem, sagen wir, Gandhiismus zur bewaffneten Besetzung einer Gendarmerie zu beschreiben: »Ich sehe das eher als eine logische Konsequenz seiner Prinzipien und Werte. An denen er unbeirrt festgehalten hat. So, wie ich ihn gekannt habe, hat er ständig von Gewaltlosigkeit gesprochen. Aber ich erinnere mich, dass er uns ein paar Wochen oder Monate vor seiner Abreise nach Ouvéa in einem Kurs gesagt hat, Gewaltlosigkeit habe manchmal auch ihre Grenzen. Sie hätten es damit versucht, aber sie funktioniere nicht immer.«

Er erklärte, fährt Olga auf einen Reggae als Soundtrack fort, das französische Volk sei genau wie wir Kanak, es sei genauso viel wert und man dürfe keinen Franzosen verurteilen, nur weil er Franzose sei: »Das ist ein Denken, das man bekämpfen muss, hat er gesagt.« Sie könne sich nicht mehr an die genauen Worte erinnern, die er benutzt hat, aber die Grundidee sei auf jeden Fall diese gewesen. »Er hat immer gesagt, man solle sich nicht täuschen, wer die wahren Feinde sind. Man müsse den Überblick behalten und nicht alle in denselben Sack stecken. Solche Botschaften hat er uns inmitten all der Gewalt mitgegeben, inmitten all der ›Ereignisse‹ der 1980er Jahre!«

Vortag des zweiten Durchgangs der Präsidentschaftswahlen.
Am frühen Morgen ließ Pons Legorjus zu sich kommen. Er erklärte ihm, Gründe »jenseits der Politik« machten die Strategie mit dem Interview von Antenne 2 unmöglich, und fragte ihn, ob er irgendwelche inoffiziellen Kontakte zum Élysée-Palast unterhalte. Der Hauptmann stritt es nicht ab: Jacques Chirac habe keinerlei Interesse gezeigt, auf den Vorschlag einzugehen, einen Vermittler einzusetzen, den der FLNKS *noch einmal bekräftigt und dem Mitterrand nach einigem Zögern auch zugestimmt hatte.*

Als Vidal später mit dem Minister für die DOM-TOM-*Gebiete sprach und dabei von Legorjus' heimlichen Telefongesprächen mit Paris erfuhr, empörte er sich über dessen Illoyalität und mangelnden Respekt gegenüber seinen Vorgesetzten.*
»Ich habe gekämpft.
Und ich habe verloren«, wird Legorjus schreiben.
Die Befreiungsfront übernahm keinerlei Verantwortung für die Folgen ihrer dezentralen revolutionären Politik; die Rechte setzte auf Angriff, um Chiracs Rückstand bei den Umfragen aufzuholen (»der gewisse Vorteil« des Premierministers bestehe in der zeitgleichen Befreiung der Geiseln im Libanon und in Neukaledonien, behauptete der führende Unabhängigkeitsgegner, der Caldoche Jacques Lafleur); die Linke sah tatenlos zu aus Angst, im Fall eines Siegs am Tag nach der Wiederwahl des sozialistischen Präsidenten diesen heißen Fall lösen zu müssen; und die Militärs wünschten sich nichts sehnlicher als »sich zu prügeln«:

So die Analyse des GIGN-Hauptmanns, der entsprechend befürchtete, die Entführer könnten, sobald sie die Ausweglosigkeit ihrer Lage erkannten, ihre Geiseln vielleicht doch noch opfern.

Vidal telefonierte mit Chirac. Die Ehre der französischen Armee stehe auf dem Spiel, erklärte der Premierminister und fragte den General: »Was, glauben Sie, würden die Israelis oder Margaret Thatcher tun?« »Sie würden die Operation starten.« Dann würden auch sie es tun, antwortete Chirac, er müsse aber noch die Zustimmung von Mitterrand einholen.

Legorjus rief seinen Mittelsmann im Élysée-Palast an und informierte ihn, er wolle eine Waffe in die Grotte schmuggeln, um im Notfall während des Angriffs seine sechs Männer schützen zu können, er gehe von bis zu zehn Toten aus. Der Kommandant suchte den Staatsanwalt auf und bat ihn, einen Revolver an seinem Körper zu verstecken; da er Richter sei und kein Soldat, habe nur er die Möglichkeit, sich zwischen Hauptquartier und Grotte zu bewegen, ohne von den Kämpfern durchsucht zu werden. Bianconi sträubte sich zunächst, doch dann war er einverstanden und bat sogar um zwei. (Während er sich später sehr kritisch über Legorjus äußerte und dessen Image als »moralisches Gewissen« anzweifelte, bezeichnete Legorjus Bianconis Haltung weiter als »heldenhaft« – die Menschenrechtsliga urteilte umgekehrt, der Staatsanwalt habe mit seinem Handeln »einen großen Teil der Verantwortung für das Blutbad, das daraus entstand«, übernommen.)

Da es nach Legorjus' Ansicht keine Möglichkeit mehr gab, Zeit zu gewinnen und die Offensive zu verhindern, ging es nun darum, sie voranzutreiben und so schnell wie möglich durchzuziehen. Die Revolver wurden mit Klebeband in Bianconis Kreuz befestigt und unter seinem T-Shirt versteckt; außerdem nahm er *noch einen anderen Schlüssel für Picons Handschellen mit, da der erste nicht gepasst hatte.*

Der Sonderberater des Präsidenten notierte in seinem Tagebuch: »*Jacques Chirac nötigt (dem in Straßburg weilenden) Mitterrand dessen Zustimmung ab, um den Angriff zu starten.*«

Auf Grande Terre machten Gerüchte von einer militärischen Operation die Runde – mehrere Akteure fragten sich, an welcher Stelle diese Nachricht durchgesickert sein konnte. Der FLNKS *erklärte daraufhin, im Fall einer gewaltsamen Intervention könne das Leben der Geiseln* »*nicht garantiert*« *werden.*

Am späten Nachmittag schickte Vidal eine Nachricht an Minister Pons, es gebe »*eine Zweidrittelchance*«*, dass die Operation Victor* »*mit akzeptablen Verlusten*« *durchgeführt werden könne, und zwar ab dem nächsten Morgen. General Jérôme, zuständig für die Gendarmerie-Einheiten des Archipels, bekräftigte noch einmal schriftlich seine Weigerung, sich zu beteiligen, mit dem Argument, es sei immer noch möglich, auf eine nichtmilitärische Lösung des Konflikts hinzuwirken, zumal eine Verbesserung der Lebensbedingungen der Geiseln beobachtet worden sei – ein handschriftliches und von ihm unterzeichnetes Postskriptum erklärte dennoch, die Einschleusung von zwei Revolvern in die Grotte mache eine* »*schnelle Nutzung*« *derselben erforderlich: über diesen* »*Beamtenjargon*« *wird Vidal später noch spotten.*

Zurück aus dem Elsass empfing der Staatspräsident den Verteidigungsminister. Ersterer, wird Mitterrands Sonderberater berichten, »*sieht angesichts der Bedrohungen, denen die Geiseln ausgesetzt sind, keine Möglichkeit mehr, sich gegen einen Angriff zu stellen*«*. Der Verteidigungsminister zitiert die Worte des Präsidenten folgendermaßen:* »*Da die militärische Führung einen*

Angriff für sinnvoll hält, muss diesem zugestimmt werden. Ich glaube, wir hätten auf dem Verhandlungsweg mehr erreichen können. Das habe ich dem Premierminister auch mitgeteilt und verschiedene Vorschläge gemacht. Doch jetzt muss zugestimmt werden.« Worauf Mitterrand hinzugefügt haben soll, es sei allerdings geboten, das Leben möglichst vieler Kanak zu schützen; wenn die Operation misslinge, müsse »die Schuld bei der Armee gesucht werden«. »Eine schöne Einstellung« wird Vidal sticheln.

Die in Paris um dreizehn Uhr verkündete Zustimmung des Präsidenten erreichte Ouvéa um zweiundzwanzig Uhr; Pons bestellte General Vidal zu sich und teilte ihm Mitterrands Forderung mit, die Verluste unter den Unabhängigkeitskämpfern gering zu halten.

Zur großen Verblüffung aller wurde die Operation Victor dann um einen Tag verschoben. Bianconi reagierte ungehalten; Legorjus, der sich um das Schicksal der Geiseln sorgte, die jetzt der schwer einzuschätzenden Reaktion auf abgebrochene Verhandlungen ausgeliefert waren, und der ein Informationsleck in einer solchen Lage befürchtete, war nervös. Der General betonte später immer wieder, er allein sei für diese Verschiebung verantwortlich gewesen, logistische Sachzwänge hätten sie nötig gemacht. Im Jahr 2008 gibt der Präfekt Christian Prouteau, Gründer der GIGN und dann persönlicher Sicherheitsbeauftragter von Mitterrand, allerdings zu, Vidal habe ihm gegenüber irgendwann eingeräumt, auf Befehl von oben gehandelt zu haben. Sprich von Chirac. Prouteau erwähnt die angestrebte »Gleichzeitigkeit« mit der Befreiung der Geiseln im Libanon. »Punkt. Das war's. Wir dachten, einen umso größeren Coup zu landen.« Vier Jahre später schreibt der GIGN-Mann Michel Lefèvre in seinem Buch: »Offiziell waren wir nicht ausreichend vorbereitet …

Aber jedem war klar, dass Paris ›mauerte‹.« Eine Behauptung, der Jacques Chirac in seinen Memoiren 2009 widerspricht – und ebenso Bernard Pons in den seinen im April 2018.

Mitterrand wurde von Chirac über Vidals Bericht nicht informiert.

Im Élysée-Palast habe an diesem Abend Trauer geherrscht, schreibt später der Sonderberater des Präsidenten. Die Angst und der Druck hätten alle vergessen lassen, dass sie sich nur wenige Stunden vor einem zweiten Wahlgang befanden, dessen Favoriten sie waren, und Mitterrand habe wegen Pons »[ge-]tobt«.

Zwei Tage später wird der Befehl zum Sturmangriff gegeben.

37 »KANAKYS Erde – meine Mutter

Der KANAK-MENSCH entspringt der Erde.

Wenn der KANAK (der MENSCH) spürt, dass er selbst Frucht dieser Erde ist, dann hat die Frucht automatisch Respekt vor dem Boden, der sie trägt, und der Boden sorgt für seine Frucht.

Ein Kind, das dem mütterlichen Schoß entspringt, bewahrt ein emotionales Band zum Schoß, der es getragen hat, der es hat wachsen lassen und ihm das LEBEN geschenkt hat. Sorgt dieser Schoß nicht für das Kind, seine Frucht?

Deshalb sehen wir den KANAK-MENSCHEN in Harmonie mit seiner Mutter Erde. Deswegen auch der Respekt des MENSCHEN für die Erde, die zu ihm gehört, und die aus ihren Eingeweiden schreit: ›MENSCH, DU GEHÖRST ZU MIR.‹

Von daher auch die Vorstellung der KANAK von der Erde, die gebietet, die Erde nicht auszubeuten und nur die eigenen individuellen und ökonomischen Interessen zu befriedigen, sondern sie mit allem Respekt zu bestellen, im Wissen, dass sie seine Mutter ist, aus der die stärkende, ewige Milch des Lebens fließt, die ihm das Leben schenkt und ihn am Leben erhält, im Wissen, dass er eines Tages zu diesem und in diesen Schoß zurückkehren wird, um dort auf ewig zu leben.

Mit dieser Vorstellung muss heute dafür gekämpft werden, dass die Erde sein kann, was sie ist: ›QUELLE des Lebens für den MENSCHEN und nicht QUELLE von Konflikten.‹

Mit dieser Vorstellung haben unsere ALTEN mit spiritueller oder göttlicher Hilfe eine gut verankerte soziale Struktur geschaffen: Ist sie sozialistisch oder kommunistisch (gemeinschaftlich) oder religiös? ...

Die Erde, eine schöpferische Mutter für eine Gesellschaft der Teilhabe.

Die Erde, eine Mutter, die einen Reichtum birgt, der zu gleichen Teilen unter ihren Kindern (Männern und Frauen) aufgeteilt werden muss, wenn diese ihrer Mutter-Erde-KANAKY weiter Respekt erweisen wollen, und die keinesfalls Zeugin werden will, wie sich ihre Kinder wegen des Reichtums, den ihr Schoß birgt, entzweien, denn: ›Unter KANAK um Stücke von Land zu streiten, heißt das nicht, den MÜTTERLICHEN SCHOSS KANAKY zu zerreißen, dessen Frucht wir sind?‹

Dieser Mütterliche Schoß, die Erde von KANAKY, ist traurig. Sie ist traurig zu sehen, wie ihre Kinder ihren Schoß auseinanderreißen, nur um ihre eigenen Bedürfnisse und Interessen zu befriedigen, und wie sich manche, obwohl sie in der Minderzahl sind, auf Kosten anderer bereichern.

Unsere Mutter KANAKY ist unglücklich zu sehen, wie ungerecht ihre Muttermilch verteilt wird. Sie ist verbittert zu sehen, wie ihre Adoptivkinder unter Beteiligung einer Minderheit ihrer eigenen Kinder den Reichtum ihres Schoßes ausbeuten. Mit ihrem schmerzenden Schoß weint KANAKY. Sie beweint die Milch, die all ihre Kinder nähren und am Leben erhalten könnte, ihre eigenen wie ihre adoptierten. Es gibt also nur einen Ausweg: zur Quelle des KANAKISCHEN Verständnisses von der Erde zurückkehren, damit unsere MUTTER, die ERDE, sich erholen und ihre Kinder in Freude ernähren und ihnen zusehen kann, wie sie die Muttermilch harmonisch teilen. An diesem

Tag werden sich die Tränen der Traurigkeit, die sie für jene Kinder vergossen hat, die für ihre MUTTERWÜRDE gestorben sind, in Freudentränen verwandeln. Aus dieser Freude wird tausendmal mehr Milch fließen als gebraucht wird, um alle menschlichen Bedürfnisse der MÄNNER und FRAUEN zu stillen, die in KANAKY leben.«

Ich lese diese handgeschriebenen Notizen von Alphonse Dianou, die Hélène mir abzudrucken erlaubt hat, in einem der Flugzeuge, die mich zurück nach Frankreich bringen.

Ich denke an ihren gemeinsamen Sohn, den ich vor meiner Abreise noch einmal am Hafen auf einen Spaziergang am Quai getroffen habe, diesmal lächelnd. Dann frage ich mich irgendwo über der Erde schwebend: Ist Dianou der Spagat über den Abgrund zwischen Gandhi und Guevara? – dann wäre er bald der eine, bald der andere, der eine oder der andere, Schüler oder Gegenstück, Erbe oder Avatar. Das Wasser und das Feuer in ein und demselben Menschen – doch das wäre ein billiges Paradox, die Koketterie eines Werbetexters …

Sprich, Gandhi ist nicht das legendäre Lamm, und Guevara schwor, ohne große Liebesgefühle könne er kein authentischer Revolutionär sein; sprich, Gandhi versicherte, er würde der »Entmannung einer ganzen Rasse« die Gewalt vorziehen, und der junge Guevara schätzte Ersteren so sehr, dass er seiner damaligen Verlobten eines seiner Bücher schenkte und später, dann als kubanischer Minister, während einer Indienreise sein Grab besuchte. Und dennoch scheint es, auch wenn man damit beider Tiefgang verfehlt, als verrate man den ersten, wenn man sein Herz an den zweiten verschenkt, und als hintergehe man den zweiten, wenn man dem ersten folgt; als Kommandant machte Guevara kein Geheimnis daraus: Die Gewaltlosigkeit »funktionier[e] nicht« auf seinem Kontinent, die Reaktionären würden keine Gelegenheit verpassen, um gegen das neue Regime die Waffen zu erheben, sobald man sie ihnen überlasse.

Hier der Inder, der Verfechter von *Ahimsa* – dem Respekt des Lebens, der Gewaltlosigkeit –, dort der Argentinier, der auf der Tribüne der Vereinten Nationen lautstark verkündet, Kuba schieße und werde schießen, sobald es sich bedroht fühle; hier der Inder, der in *Mein Leben* erzählt, er schäume beim Lesen des Evangeliums vor Freude über, und der Jesus als großen spirituellen Meister bezeichnet, dort der Argentinier, der in seinen Briefen beteuert, er werde nie ein Mann der Mitte sein und sei »das ganze Gegenteil« von Christus; hier der Inder, der erklärt, man müsse die Ungerechten lieben und den Tyrannen mit der Kraft der Liebe besiegen, dort der Argentinier, der offen zugibt, es sei wichtig, einen »unversöhnlichen Hass« auf den Feind zu nähren und sich zur »kalten Tötungsmaschine« zu machen, um ihn schlagen zu können; hier der Inder, der den Bolschewismus als »Katastrophe« bezeichnete, dort der Argentinier, der den Premierminister des Rats der Volkskommissare und den Bürgerkrieg, den er herbeisehnte, für Vorbilder hielt: Das Denken wirkt immer mit Verspätung auf den Körper. Der Schmächtige schleifte überall seinen Stock, sein Gebiss und sein Mitleid hin für das Wohlergehen einer Welt, die sich um Leidgeprüfte und Verletzbare nicht kümmert; der schwarze Stern des Sozialismus spottete als unbarmherziger, asthmatischer Prophet einer neuen Menschheit über den Tod. Zwei echte, dem Opfer verpflichtete Asketen – und zwei Ermordete: hier drei Kugeln aus nächster Nähe von einem hinduistischen Nationalisten, dort neun andere in zwei Salven von einem bolivianischen Feldwebel im Dienst der CIA.

In seinem *Tagebuch* gesteht Romain Rolland, Lenin ebenso zu lieben wie Gandhi: Das ist möglich, aber ein Spagat. Doch genau das ist der Raum, der durch eine Position aufgemacht wird, wie sie die vorliegenden Seiten durchdringt: das Dazwischen, die Auslassung, die Spannung. Alles lässt mich glauben, dass Alphonse Dianou weder Gandhi noch Guevara war, aus dem einfachen und guten Grund, dass ihn gegensätzliche, aber lange Zeit in eine bestimmte Richtung kanalisierte Einflüsse durchströmten, die bescheidener und weniger fulminant waren als diese beiden symbolträchtigen psychischen und politischen Formen von Revolution: »Die Regierung tut alles, um uns zur Gewalt anzustiften. Die Herausforderung«, verkündete er in einem Interview, in dem er den Dialog und Verzicht auf Rache pries, »besteht darin, nicht die Kontrolle über sich zu verlieren.«

38 Geier ziehen über unseren Köpfen und dem Plateau du Larzac ihre Kreise. Lichtflecken sprenkeln das Gras im Garten, durch den eine schwarze Katze streift, um zu meinen Füßen zu maunzen. Eine Schubkarre, eine Heugabel und mehrere Rechen lehnen an einem halboffenen Schuppen; aus einem Plastikblumenkasten ragt ein Sack Erde; in einer Stiege drängen sich Pflanzen in kleinen Blumentöpfen; ein Stapel Holzscheite bedeckt die Wand eines sehr hübschen Steinhauses – das meines Gastgebers mit dem angesengten weißen Bart, den Holzfällerarmen, dem Karohemd und der festen Stimme.

Hervé Ott ist mehrere Male in Neukaledonien gewesen, aber seine erste Reise machte mich hellhörig, denn diese verbrachte er im April und Mai 1985 an der Seite von Alphonse Dianou – wie ich in einem Interview las, das er zwei Jahre später der Association la Cimade gab und in dem er den Namen des Pazifisten erwähnte, der damals mit dem Ausbildungszentrum Le Cun (auf Okzitanisch »die Ecke«) in Verbindung stand, welches für seine Unterstützung der Bauern von Larzac in den 1970er Jahren bekannt war, die sich gegen die Ausweitung eines Truppenübungsgeländes aufgelehnt hatten. Ott, ein ausgebildeter evangelischer Theologe, war Wehrdienstverweigerer; als Delegierter von Larzac reiste er nach Neukaledonien, traf Tjibaou und durchquerte Grande Terre und die Loyalitätsinseln – im Gegenzug begab sich der kanakische Führer danach auf die Hochebene des Massif central und man sah ihn heiter unter dem ausladenden Spruchband: »Larzac und Kanaky: derselbe Kampf«.

Kekse und Kaffee mit Zucker.

Die Geier ziehen ohne einen Flügelschlag ihre Kreise.

Hervé Ott, die Augen hinter den getönten Gläsern von sechs Jahrzehnten in Falten gelegt, erzählt: Während seines Besuchs sei er damals von der Union calédonienne betreut worden und Dianou habe ihn in alle Ecken des Landes gefahren; die Gastfreundschaft sei ganz außerordentlich gewesen. »Jedes Mal, wenn wir in eine Tribu kamen, haben wir einen Kurs in Techniken des gewaltfreien Widerstands gegeben. Wir haben den Leuten beigebracht, wie man sich über den Boden schleifen lässt, ohne Widerstand zu leisten, und wie man weder auf Provokationen noch auf Schläge reagiert. Alphonse und ich hatten eine Filmvorführung von Richard Attenboroughs *Gandhi* organisiert – eine französische Journalistin hat gezetert, wir würden Gehirnwäsche betreiben! Na ja, Sie wissen ja, wie Journalisten oft so sind ... Die Situation war angespannt. Wir wurden überwacht. Ich habe da drüben einen dummen und gemeinen Kolonialismus erlebt – mein Schwager zum Beispiel, ein ›Konti‹, hat mir gesagt, er würde keinen Moment zögern, bei einer Demonstration auf mich zu schießen.«

Von Dianous Tod erfuhr Ott dann drei Jahre später aus der Presse. »Ich hatte den Eindruck, mit in der Grotte zu sein. Es war entsetzlich. Es war, als sei ich bei ihm gewesen, als er starb, furchtbar!« Er gibt Mitterrand die Schuld, dem Befehl zum Sturmangriff am Ende stattgegeben zu haben, und denkt ziemlich verbittert an den gescheiterten Versuch der kanakischen Bewegung, eine Strategie der Gewaltlosigkeit anzuwenden (die er inzwischen lieber *konstruktive Konfliktumwandlung* nennt): Für eine gut strukturierte Organisation wäre es nie in Frage gekommen, auf halbem Weg umzukehren, auszuweichen und aus demselben chaotischen Aktionismus heraus sowohl zu den Waffen zu greifen als auch zu Mitteln wie Hungerstreiks und Sitzblockaden; besser man legt einen Kurs fest und hält sich dann daran. Nach den ersten Wellen der Gewalt, die Anfang der 1980er Jahre das Land erschüttert hatten, fährt mein Gesprächspartner fort, hatte die von den Aktivisten verfolgte Strategie der Gewaltlosigkeit ein breiteres Publikum für das Anliegen der Kanak eingenommen und ihm in der öffentlichen Meinung Gehör verschafft – »leider hat Ouvéa alles wieder zurückgeworfen«.

Tjibaou hatte erklärt, er persönlich sei bereit zu sterben, ohne Zahn um Zahn Rache zu üben, wobei Gewaltlosigkeit eine »fast militärische beziehungsweise religiöse Disziplin« auf einer breiten Ebene voraussetze, eine strenge seelische und spirituelle Vorbereitung – aber, hatte er vier Monate vor der Besetzung der Gendarmerie durch Dianou und seine Leute gefragt, ab wie vielen Toten muss man seine Taktik ändern? Hervé Ott seufzt: Man dürfe diese Strategie nie aufgeben, trotz aller Verluste, niemals – genau das sei die unschlagbare Lektion von Gandhi und Luther King. »Was für ein Mist ... Später habe ich Tjibaou gefragt, warum er sich nicht öffentlich klar für Gewaltlosigkeit ausspreche. Er meinte, er sei das Sprachrohr eines ganzen Volks und alle müssten dahinterstehen ... Er behauptete – und das ist ein Drama –, Frankreich hätte sich nie bewegt, wenn es nicht drei Gendarmen verloren hätte. Ich dagegen habe ihm gesagt, sie hätten aber keine Waffen und nicht genug Gewicht und also auch keine Wahl, andernfalls würden sie einfach plattgemacht. Es bleibe ihnen also gar nichts anderes übrig als der radikale Weg der Gewaltlosigkeit – und den kann das ganze Volk mitgehen, einschließlich Frauen und Kinder.«

Ott hat Alphonse Dianou als einen Aktivisten in Erinnerung. Aber als relativ »fragilen«: »Machoro war drei Monate zuvor erschossen worden; Alphonse hat ihn total idealisiert, er hat einen Helden gebraucht, ein Vorbild im Widerstand: Er hätte Machoro und die Gewaltlosigkeit gern verbunden ... Er hat in einer idealistischen Welt gelebt, ich würde das seiner Jugend zuschreiben. Letztlich, glaube ich, hatte er nicht das Format, um Anführer eines Kampfkomitees zu sein. Er hatte wohl Angst, von links überholt zu werden, also wollte er vorlegen ... Aber er war sehr freundlich und zuvorkommend und hilfsbereit. Wir haben viel zusammen gelacht. Trotzdem, er hat immer wieder davon gesprochen, dass er Machoro vermisse. Das passte mit der Gewaltlosigkeit nicht zusammen. Als sie in die Gendarmerie gegangen sind, hatten sie ja vor, eine gewaltfreie Aktion zu machen ... aber sie hatten Waffen mit! Ich habe ihnen immer gesagt: Passt auf, was für ein Bild ihr abgebt! Ihr braucht nur eine einzige verrostete Knarre dabeizuhaben, und die Weißen nieten euch um und machen noch ein Foto von euch damit.«

Auf dem Tisch im Esszimmer blättere ich in zwei Ordnern, die Hervé mir gebracht hat, während seine Frau, die Dianou auch gekannt hat und das Bild eines überaus sympathischen Mannes bestätigt, mit Familienangehörigen plaudert. Ameisen flitzen zwischen den Seiten entlang: überwiegend Zeitungsausschnitte von damals – ein Bericht über Alphonse Dianous Tod als Aufmacher in der *Libération* (darin die Behauptung, ein Druckverband habe durch eine Thrombose einen Herzstillstand verursacht – was später einhellig dementiert wurde); eine detaillierte Karte der Grotte und der Stelle, an der Dianou verletzt zusammenbrach; ein Foto des »Chefs der Entführer« sowie eine Kurzbiografie mit Formulierungen aus Behördenberichten, die ihn als labile, wenngleich charismatische Persönlichkeit beschreiben; eine Erklärung von Chirac, der die koloniale Vergangenheit Frankreichs rechtfertigt, und eine weitere von Tjibaou, der einräumt, der Weg der Gewaltlosigkeit berge die Gefahr, dass sein Volk zur Schlachtbank geführt werde …

Eirick Prairat ist Professor für Erziehungsphilosophie an der Universität von Lothringen und Autor mehrerer Bücher über Schule, Bildung und Erziehung: Er hat mehrere Wochen an der Seite von Alphonse Dianou verbracht, um seinerseits in den Tribus Gandhis Botschaft und die wichtigsten Techniken der Gewaltlosigkeit zu vermitteln – die Luther King in *Brief aus dem Gefängnis von Birmingham* als »mächtige und gerechte Waffe« bezeichnet hat, als »Waffe, die rettet«, »die schlägt, ohne zu verletzen, und die den veredelt, der sie führt«. Im Oktober 1987 interviewte Eirick Prairat Dianou für die Monatszeitschrift *Non-violence Actualité*: Weil ich seinen Namen in der Einleitung des Interviews gelesen hatte, das ich zufällig in Nouméa entdeckt hatte, wollte ich ihn kontaktieren, allerdings ohne damals zu wissen, ob er Dianou überhaupt persönlich kennengelernt hatte. Eines Montagmorgens rufe ich ihn an. Die Luft an meinem Fenster ist frisch, seine Stimme sanft und seine Art zu reden kurz gesagt geschliffen. »Alphonse war mein Reiseführer, wenn ich das so sagen darf. Abends führten wir unter den Sternen Gespräche. Vor allem vier Dinge schienen mir seine Persönlichkeit auszumachen: Zunächst einmal war er ein intelligenter Mensch. Er war gebildet. Und großzügig, das war seine größte Tugend. Ein Mann, der eine Art Faszination für Machoro empfand, sein Vorbild, der für ihn physischen Mut verkörperte. Und ein Mann, der eine kalte Wut verspürte, weil er sich als Kanak gedemütigt fühlte. Eine zurückgehaltene Wut allerdings – ich habe ihn nie erregt oder tobend erlebt; er war ruhig und entschlossen. Er kam mir vor wie jemand, der hin- und hergerissen war zwischen der Gewaltlosigkeit, deren Triebkräfte er ganz grundsätzlich verstand und für die er große Sympathie hegte, und der, sagen wir, körperlicheren Art des Kampfs. Alphonse war Christ. Das ließ ihn zur Gewaltlosigkeit tendieren – aber seine unterdrückte Wut zog ihn auch auf die andere Seite. Darüber sprachen wir viel; wir hatten eine Vertrauensbeziehung, wir schliefen ja jeden Abend im selben Raum. Ich weiß noch, wie er mich auf Ouvéa eines Abends am Strand auf die Probe gestellt hat, da hat er versucht, meine Überzeugungen zu prüfen. Und sicher zugleich auch seine. Es gab da einen Konflikt in ihm, eine Zerrissenheit. Aber sein markantestes Kennzeichen war seine Großzügigkeit. Man darf einen Exzess, ein durch bestimmte Umstände hervorgerufenes Verhalten, nicht verallgemeinern: Alphonse als einen gewalttätigen Menschen zu beschreiben ist eine unzutreffende Verkürzung; damit macht man einen anderen Menschen aus ihm. Das Bild eines Mörders entspricht ihm einfach nicht ...«

Prairat gesteht mir, etwas wie Reue empfunden zu haben, als er von der Geiselnahme erfuhr: Er wäre gern eingeschritten und mit Alphonse Dianou in Kontakt getreten, zumindest 1988 habe er sich das gewünscht. Eine Reue, die ihn auch drei Jahrzehnte später manchmal noch quält – auch wenn er, denke ich, nichts hätte ausrichten können: Der Zugang zu den Unabhängigkeitskämpfern wie zum Atoll überhaupt war, wie gesagt, praktisch unmöglich gewesen.

Bleibt eine Frage, die ungeschminkt schwarz auf weißes Papier gebracht werden muss: Hat Alphonse Dianou einen Menschen getötet?

Rufen wir uns die Fakten in Erinnerung.

In Fayaoué starben vier Gendarmen: Jean Zawadzki, Edmond Dujardin, Daniel Leroy und Georges Moulié.

Wenceslas Lavelloi gab zu, zwei von ihnen erschossen zu haben: Zawadzki und Dujardin – was der Augenzeuge Xavier Tangopi 2009 in einem gefilmten, aber nicht ausgestrahlten Interview für die Dokumentation *Le Temps kanak* bestätigte. Zum Tod von Dujardin wurden jedoch (von zwei Unabhängigkeitskämpfern namens Tiaou und Ihily) auch andere Angaben gemacht. Die Brüder Dianou wiederum wurden nur im Zusammenhang mit Georges Moulié und Daniel Leroy erwähnt.

Lesen wir Zeile für Zeile …

… Patrick Forestier, Auslandskorrespondent und Autor der 1988 erschienenen Untersuchung *Les Mystères d'Ouvéa*: Alphonse Dianou – nach Forestiers Beschreibung »verrückt geworden durch das Krachen der Schüsse und das Blutbad, das sein Kommando angerichtet hatte« (und bei der Gelegenheit um drei Jahre verjüngt) – habe die beiden genannten Gendarmen »kaltblütig« ermordet. Um seine Aussage zu bekräftigen, zitiert der Autor eine Aussage von Benoît Tangopi, in der dieser beteuert, er habe »nicht gesehen, wer auf Moulié geschossen hat« (sondern nur gehört, dass der Schuss »von da kam«, wo sich Alphonse Dianou befand), aber er habe seinen Chef

»einen am Boden knienden Gendarmen töten sehen«, nämlich Daniel Leroy.

... Gilbert Picard, Journalist und Autor des im selben Jahr erschienenen Buchs *L'Affaire d'Ouvéa*: Moulié habe bis zum Ende kämpfen wollen, aber »ein Kanake« habe ihn getötet – sein Kollege wird nicht erwähnt.

... Edwy Plenel und Alain Rollat, Autoren des ebenfalls 1988 erschienenen *Mourir à Ouvéa*: Bei der Beschreibung der Schießerei fällt nicht ein melanesischer Name.

... die von der Menschenrechtsliga in Auftrag gegebene Untersuchung, die 1989 veröffentlicht wurde: Jeder der beiden Brüder habe einen Militär erschossen, wird auf der Basis von widersprüchlichen Aussagen verschiedener Gendarmen berichtet.

... Henri Weill, einen zur Zeit der Ereignisse in Neukaledonien befindlichen Journalisten, ein Jahr später in *Opération Victor. GIGN et services secrets dans le Pacifique*: Alphonse Dianou sei bei der Besetzung »ruhiger« gewesen als seine Mitstreiter. Sein vermummter und sehr nervöser Bruder dagegen habe »nicht gezögert, zwei Gendarmen umzulegen«, die sich geweigert hätten, ihm zu gehorchen. Wenn Alphonse Dianou sich in der Grotte tatsächlich für den Tod eines der vier Gendarmen verantwortlich erklärt habe, dann nur, nimmt Weill aufgrund von Aussagen verschiedener Soldaten an, weil er vor den Geiseln habe großtun wollen. »Mehrere Gendarmen haben gesehen, wie Hilaire zwei ihrer Kollegen umgebracht hat«, insistiert der Reporter. Auch er zitiert eine Geisel (»Hilaire hat zwei Gendarmen erschossen«) und fügt im Anhang ein Gespräch mit einem anonymen Unteroffizier hinzu, der der Meinung ist, Hilaire Dianou hätte niemals begnadigt werden dürfen, da er »beschuldigt wurde«, in Fayaoué zwei Militärs »getötet zu haben«.

… Michel Bernard, einen am Sturmangriff Beteiligten und Autor von GIGN, *le temps d'un secret* von 2003: Nicht ein Name wird genannt.

… Alain Picard, General der Gendarmerie und Autor von *Ouvéa, quelle vérité?* von 2008: »Dieselbe vermummte Person« habe auf zwei Militärs geschossen. Er zitiert die Aussage eines Gendarms, ein gewisser Devos, der bei der Schießerei dabei war: Ein und derselbe »Melanesier« habe auf beide Männer geschossen – ein Name wird nicht erwähnt. Dennoch schreibt Picard später, Alphonse Dianou habe »kaltblütig wehrlose Männer in den Rücken geschossen« und Hilaire Leroy und Zawadzki umgelegt – unmöglich, denn Letzterer wurde unbestritten durch Lavelloi niedergestreckt. In einem an den Präsidenten von *France Télévisions* adressierten Brief vom Erscheinungsjahr seines Buches bezeichnet Picard Hilaire als »Mörder der beiden Gendarmen in der Gendarmerie«. Picard stellt uns also vor ein unlösbares mathematisches Problem: Wenn Hilaire zwei Männer erschossen hat und Alphonse »Männer«, also mindestens zwei, dann müssen sich Leichen in Luft aufgelöst haben.

… General Vidal und seinen 2010 veröffentlichten Bericht *Grotte d'Ouvéa*: Der Kanak, der Moulié erschoss, sei »ein vermummter Mann« gewesen, der losgefeuert habe, nachdem der Gendarm sich trotz anderslautender Befehle nicht hingelegt habe. Es sei »derselbe« Mann gewesen, der in der Menge Daniel Leroy erschossen habe. Der General nennt also nicht Alphonse Dianous Namen, fügt später aber hinzu, dieser habe gestanden, Moulié »getötet zu haben«.

… Philippe Legorjus, Autor von *La Morale et l'Action* und dem 2011, also zwei Jahrzehnte später, erschienenen *Ouvéa*, *la République et la morale*: Dieselbe vermummte Person habe praktisch direkt hintereinander auf beide Männer geschossen.

... Michel Lefèvre, Unteroffizier der GIGN und Autor des Ende 2012 erschienenen Buchs *Ouvéa. L'histoire vraie*: Dianou (der Vorname wird nicht genannt, aber es ist klar, dass es sich um Alphonse handelt) »sch[oss] hemmungslos auf alles, was sich bewegt[e]«, legte Moulié um und »knallt[e] dann wie einen Hund« dessen Kollegen ab.

... Roland Môntins, ehemaliges GIGN-Mitglied und Autor des 2013 erschienenen Buchs *GIGN, 40 ans d'actions extraordinaires*: Der Unabhängigkeitskämpfer, der Moulié tötete, wird »der Kanak« genannt. Das Buch enthält ein Interview mit einer der Geiseln, einem gewissen Meunier, der berichtet, »alle« gefangenen GIGN-Männer hätten gehört, wie Hilaire Dianou sich damit gebrüstet habe, besagten Gendarm umgebracht zu haben – Meunier beschreibt Alphonse' Bruder als »bestialisch«, zitternd vor Wut, vollgepumpt mit Drogen und »abgestumpft«.

... Pierre Montagnon, ehemaliges Mitglied der OAS und Autor des 2014 erschienenen Buchs *Histoire de la gendarmerie*: Er beschuldigt rundheraus Alphonse Dianou, beide Militärs umgebracht zu haben.

... Frédéric Angleviel, kaledonischer Historiker und Autor des 2015 erschienenen Buchs *Un drame de la colonisation*: Mouliés – damals nicht anwesendem – Sohn zufolge sei sein Vater von Alphonse Dianou »mit einem Tamioc erschlagen« worden (nicht ein anderer Zeuge erwähnt eine solche Tatwaffe). Daniel Leroy wiederum sei von einem »vermummten Kanak« umgebracht worden, der sich hinter einem Jeep befunden habe. Dieser Kanak, den einer der Gendarmen später als Hilaire Dianou identifiziert, habe auf seinem Jackenärmel einen Aufnäher mit »einer deutschen Fahne« getragen.

… den ehemaligen Minister für die DOM-TOM-Gebiete Bernard Pons, Autor der im April 2018 erschienenen Memoiren mit dem Titel *Aucun combat n'est jamais perdu*: In seiner Darstellung der Gendarmeriebesetzung fällt nicht ein Name (statt genauere Angaben zu den Brüdern Dianou zu machen, beschränkt sich Pons darauf, einen bereits bekannten Bericht von Legorjus zu zitieren).

Lesen wir auch die damaligen Aussagen der Gendarmen von Fayaoué: Pascal Méry berichtet, er habe »nicht gesehen«, wer Moulié erschossen habe, aber Alphonse Dianou habe den tödlichen Schuss auf Daniel Leroy abgegeben; Luc Vérier dagegen bezeichnet Hilaire Dianou als Urheber der beiden unmittelbar hintereinander erfolgten Morde. Im November 2011 schreibt eine Geisel, die in Fayaoué dabei war, im Internet auf der Seite *L'essor de la Gendarmerie nationale*, Hilaire Dianou habe »in der Gendarmerie zwei Gendarmen getötet«.

Wozu man noch die mündlichen Aussagen hinzufügen sollte, die im Rahmen dieses Buchs getroffen wurden; halten wir nur die stichhaltigsten davon fest (auch wenn die bloßen Vermutungen von Angehörigen nicht wertlos sind, da sie die Persönlichkeit eines Menschen deutlicher hervortreten lassen, weiß doch jeder – Kriminalfälle beweisen es –, dass der, von dem man meinte, alles oder fast alles zu wissen, auch Überraschungen bereithalten kann): Drei Geiselnehmer, von denen zwei mit in der Grotte waren, entheben Alphonse jeden Verdachts. Zwei andere dagegen, von denen einer in der Gendarmerie dabei war und der andere auch in der Grotte, widersprachen dieser Darstellung in meinen Gesprächen mit ihnen. Ich halte ihre Aussagen hier unverändert fest: »Ich habe gesehen, wie Alphonse auf den Typen geschossen hat. Wir hatten ihnen gesagt, sie sollen sich hinlegen und ruhig sein. Und einer ist stehengeblieben und hat sich bewegt. Er hat sich umgedreht und da hat Alphonse aus nächster Nähe, aus drei, vier Metern Entfernung, geschossen. Und der Typ ist zu Boden gefallen.« Und: »Er hat mein Gewehr benutzt. Ich habe gesehen, wie er auf den Gendarm gezielt hat. Mit dem Gewehr, das ich aus dem Dorf mitgebracht hatte. Alphonse hat zu ihm gesagt, er soll sich hinlegen, der Gendarm hat gebrüllt und Alphonse hat gerufen: ›Sei still! Leg dich hin!‹, aber der Gendarm hat weitergebrüllt. Da hat Alphonse geschrien: ›Habt ihr vergessen, was ihr alles gemacht habt?‹, und hat angefangen, alles aufzuzählen, von 1800 an bis Ataï, Machoro und so weiter. Und dann hat er geschossen.«

Ein paar Tage nach unserem Treffen rief ich den ersten dieser beiden Zeugen noch einmal an, um noch ein paar genauere Beschreibungen zu erhalten; daraufhin antwortete mir der ehemalige Häftling, das Ganze sei schon so lange her, immerhin dreißig Jahre, dass er letztlich nichts beschwören könne, zumal das alles so schnell gegangen sei. Er habe den Schuss auch nicht »gesehen«, sondern nur »gehört« – aus Alphonse' Richtung – und bat mich, seine Aussage im Konditional wiederzugeben. Derselbe Zeuge hatte einige Jahre zuvor erklärt, er sei hinter einem Fahrzeug in der Nähe des Eingangstors zur Gendarmerie versteckt gewesen und habe den Hof erst betreten, als die Schießerei schon beendet war.

Der Widersprüche also kein Ende.

Erst das eine und dann wieder das Gegenteil davon.

Nehmen wir an, dass, mehr noch als der Teufel, die Wahrheit im Detail steckt.

Und legen wir es auf den Tisch.

Die deutsche Fahne: Alphonse Dianou trug an seinem linken Arm ganz offiziell einen Aufnäher in den Farben von Kanaky – auf der Fahne der Unabhängigkeitsbewegung, die aus Grün, Rot und einem leuchtenden Blau besteht, prangt in der Mitte eine gelbe Scheibe. Die Flagge der Bundesrepublik Deutschland besteht aus drei parallelen Streifen: Schwarz, Rot, Gold. Der Gendarm Vérier hat in seiner schriftlichen Aussage behauptet, Hilaire sei »der Einzige« gewesen, der eine deutsche Fahne getragen habe (das Foto, das auf dem Hof vor der Kirche Saint-Joseph aufgenommen wurde, hilft hier leider nicht weiter: Alphonse' Bruder ist darauf mit nacktem Oberkörper und dem Gesicht am Boden zu sehen). Könnte es sich also um eine Verwechslung gehandelt haben? Der besagte Gendarm war damals allerdings zum zweiten Mal in Neukaledonien, man darf wohl davon ausgehen, dass er das fetischhafte Emblem der politischen Organisation, das er da vor sich sah, gekannt hat …

Die Vermummung: Fast »alle« Unabhängigkeitskämpfer seien »vermummt« gewesen, behauptete der Chefarzt der Krankenstation von Fayaoué – was, man ahnt es schon, die Identifikation von mehreren Dutzend Aufständischen, noch dazu im Kugelhagel, erschwert haben dürfte. Sowohl Legorjus als auch der Gendarm und Zeuge Luc Vérier beschrieben den Mörder der beiden Gendarmen als »vermummt«. Im Obduktionsbericht von Alphonse Dianou wird »ein dreifarbiger Schal« – erwähnt, doch es ist unmöglich festzustellen, ob er diesen auch schon in der Gendarmerie trug.

Die Waffe: Von verschiedenen Seiten wird behauptet, Alphonse Dianou habe eine hölzerne, mit einem Stück Stoff oder Zöpfen oder einer Bommel verzierte Keule bei sich getragen, außerdem ein Famas-Gewehr (wobei die Quellen hier entweder sehr allgemein oder vage bleiben – »der, der scheinbar der Chef war«, habe eines bei sich gehabt, erklärte ein Angestellter der Krankenstation) und obendrein ein Jagdgewehr! Manche wiederum werfen nicht gleich alles zusammen, etwa der Sonderkorrespondent Patrick Forestier, der berichtete, Alphonse Dianou sei in der Gendarmerie mit einer Keule und einem Gewehr gesehen worden, allerdings nicht mit beiden gleichzeitig ... Der Oberfeldwebel Jean-Paul Lacroix schrieb 2012, er sei Alphonse Dianou begegnet und dieser habe auf einem Benzinfass gestanden und ein Gewehr in der Hand gehabt; der Koch René Fretellière erklärte, er habe ihn mit einer Art Kegel unterm Arm (oder, einem anderen Zeugen nach, am Gürtel) gesehen; der mobile Gendarm Jean-Christophe Guichard beschrieb ihn mit »einer Art Totemstock in der Hand, der mit einem gelbgrünen Schal oder Tuch umwickelt war«. Der Gendarm Luc Vérier wiederum behauptete, Hilaire Dianou, der eine Zeitlang vermummt gewesen sei, habe die Waffe, mit der er auf die beiden Gendarmen geschossen habe, auch noch in der Grotte bei sich getragen: ein mit Bleikugeln geladenes Gewehr. Genau diese Geschosse wurden bei der Obduktion auch in den beiden Körpern gefunden – was wiederum den Gebrauch eines Famas-Gewehrs endgültig ausschließt.

Die Rede: Kein anderer Zeuge erwähnt irgendeine bedeutsame Ansprache vor der Ermordung eines der Gendarmen – die verschiedenen existierenden Berichte bestehen vielmehr darauf, dass beide Exekutionen schnell hintereinander erfolgt seien (nur der Gendarm Méry hat, als er in der Nähe seiner beiden Kollegen am Boden lag, gehört: »Leg dich hin, sonst blas ich dir den Kopf weg!«).

Die Geständnisse: Alphonse Dianou hat sich zum Mord an einem oder zwei Gendarmen bekannt. Vor den Geiseln in der Grotte sowie vor Staatsanwalt Bianconi. Ein unstrittiger Beweis seiner Schuld? Angeberei? Der Versuch, seinen Bruder zu decken? Folgt man der – auf den ersten Blick recht glaubwürdigen – Hypothese eines Doppelmords, warum hat sich Alphonse Dianou dann nicht systematisch zu beiden Taten bekannt, sondern zuweilen nur zum Mord an Oberstabsfeldwebel Moulié? Und umgekehrt: Warum hat Hilaire öffentlich die Tötung eines Gendarms gestanden – mit dem Gewehr beziehungsweise mit der Axt –, wenn eigentlich sein älterer Bruder die Verantwortung dafür trug? Glaubt man der These von einem Opfer pro Bruder, was ist dann mit den Zeugenaussagen der Militärs und Kanak, die das Gegenteil behaupten?

Wie gesagt: eher eine Suche als eine Untersuchung …

39

Eine Fußgängerzone im 17. Arrondissement von Paris. Ich warte in einer Eckkneipe mit roter Markise und heller Fassade gegenüber einem Obst- und Gemüsehändler. Ich sehe die verstreuten Einträge in meinem Notizbuch durch: Stichwörter, Zitate, sorgfältig vorformulierte Fragen, andere, die nur ein Gespräch konkretisieren kann ... »Joseph?« Ich schaue auf und erblicke den Mann, den ich bis jetzt nur vom Papier oder Bildschirm kannte: Philippe Legorjus. Kahler Schädel, über fünfundsechzig, sportliche Figur – der ehemalige GIGN-Chef trägt einen blauen Kapuzenpullover und einen gleichfarbigen Schal. Er lächelt, sein Händedruck ist fest. Der »aktive Rentner«, so stellt er sich vor, ordert ein Bier.

Ich weiß nicht mehr über ihn als das, was jeder über ihn wissen kann, hatte beim Lesen seines 1990 erschienenen autobiografischen Berichts aber überrascht einen Satz von ihm unterstreichen müssen, den auch ich hätte schreiben können: »Die Vorstellung von Ungerechtigkeit ließ eine Empörung in mir aufsteigen, die ich ganz physisch empfand.« Das Leben ist bekanntlich ein Flechtwerk, ein Gewirr von Grautönen, durch die man kaum hindurchsieht, schwarzes Gekrakel auf glattem Weiß und weiße Schlieren in schwarzer Masse; ja, das ist bekannt, trotzdem ...

Legorjus legt keinen Wert darauf, dass ich das Gespräch mit dem Diktafon aufzeichne. Ich nehme also mein Notizbuch zur Hand und noch einen Kaffee. Der ehemalige Elitegendarm hatte auf meine Anfrage nach einem möglichen Treffen höflich, ja sehr verbindlich reagiert – und so gibt er sich auch jetzt an diesem Holztisch. Wir hatten zuerst überlegt, uns in Nantes zu treffen, dann wurde es Paris, und da sitze ich nun und notiere diesen erstrangigen Zeugenbericht: »Meine gemeinsame Geschichte mit Alphonse ist kurz. Aber intensiv. Meine Erinnerungen daran sind sehr stark und zugleich sehr kompliziert. Wir brauchen nicht über den kriegerischen Kontext sprechen, den kennen Sie. Aber menschlich war das eine starke Beziehung: Wir steckten beide in der gleichen Situation. Jeder mit seiner Mission. Nicht derselben, aber beide überschnitten sich, als das Menschliche in den Vordergrund trat. In meinen Gesprächen mit ihm gab es einen ehrlichen, menschlichen Part und einen taktischen. Er war der Wegweiser und Anführer eines Teams von Leuten, und er wurde verheizt. Ich muss sagen, dass ich unsere Beziehung sehr mochte. Die Leute hier können sich nicht vorstellen, was diese berühmte ›kanakische Zeit‹ ist, was das bedeutet: Wir haben sehr viel miteinander geredet. Alphonse war einer, der sich, wie ich, in der Natur wohlgefühlt hat. Er war kein Asket, aber ein enthaltsamer Typ. Wir hatten fantastische Gespräche. Von Mensch zu Mensch. Während um uns Schüsse knallten, haben wir über die Bäume und Pflanzen rundherum gesprochen, die Heilkraft besaßen oder auch nicht. Wir haben über Augustinus und den ungläubigen Thomas gesprochen – mir war der zweite näher. Über Platon. Und Aristoteles. Das war sehr besonders … und irgendwie außerhalb der Zeit. Wir haben uns sofort geduzt. Wir hielten uns meist im oberen Teil der Grotte auf.«

Schon die Lektüre seiner beiden Bücher lässt eine Art Wertschätzung durchscheinen, die nämlich, dass die Geschichte mit ihren martialischen Ausfällen manchmal auf hinterlistige Weise Geschenke bereithält; dennoch überrascht mich die Sympathie, die ich aus seiner Stimme heraushöre.

Philippe Legorjus fährt im gleichen Tempo und mit düsterem Blick fort: »Alphonse war seiner Kultur und Identität treu, davor hatte ich großen Respekt. Ich habe ihn tief verstört, als ich ihm anhand von objektiven Tatsachen nachwies, dass er vom FLNKS verarscht worden war. Ich kann absolut nicht gutheißen, was er mit seinen Männern gemacht hat, aber er war ein guter Mensch mit einem sehr integren Kern. Ein guter Typ einfach. Es hat ihm nur an politscher Reife gefehlt. Er hatte überhaupt keinen Plan B für den Fall, dass er in der Gendarmerie scheitert.«

Sprechen wir genau darüber.

Hat Alphonse Dianou geschossen? »Nein«, erklärt mein Gesprächspartner kategorisch. Ich bohre nach. Warum behaupten manche das dann? Alphonse, erklärt er, hatte ihn gebeten, seinen Bruder zu schützen, den wirklichen Verantwortlichen für die beiden Morde. »Er hätte niemals auf einen unbewaffneten Gendarmen geschossen. Hilaire schon, ohne Probleme. Ich habe sechs oder sieben Zeugenaussagen von Gendarmen, die beweisen können, dass es Hilaire war. Es stimmt, dass Alphonse in der Grotte erklärt hat, er habe geschossen, aber nur, um seinen Bruder zu decken. Als ich einen Ausweg aus der Krise aushandeln wollte, hat er mir die Namen von allen genannt, die Blut an den Händen kleben hatten, und hat mir das Versprechen abgerungen, dass sie im Rahmen des Gesetzes verurteilt würden und im Fall einer Verhaftung unversehrt blieben.«

Ich hake nach: Warum widersprechen sich die Zeugenaussagen so enorm? Warum wird Alphonse Dianou weiter beschuldigt, auch wenn er nicht geschossen hat? Zum einen gibt es Lügner, die von offizieller Seite geschützt werden, antwortet er, zum anderen solche, die ihre Einbildungen mit bestem Wissen und Gewissen für wahr halten: Aus Ungewissheit wird Erfindung, so ist das eben. Der ehemalige Kommandant erzählt von einer Geiselnahme, die er im Département Creuse bei vorgehaltener Maschinenpistole zu regeln hatte, und den chaotischen Zeugenaussagen danach: Angst und Gewalt verbiegen die Wahrnehmung, vernebeln die Sinne und verdrehen Tatsachen und Beobachtungen.

»Alphonse hat Waffen nicht einmal angerührt. Das war nicht sein Ding.«

Ich werfe einen Blick auf meine Notizen. Was ist mit den Wutanfällen des kanakischen Leaders? »Wenn es ihm nicht gelang, eine Entscheidung zu treffen, wurde sein Ton schärfer. Sonst war alles friedlich. Alphonse war nicht berechnend. Er hatte starke Stimmungsschwankungen. Ja, er hat geschrien und gebrüllt, er würde die drittgrößte Weltmacht herausfordern. Aber er war kein Irrer, er war einfach extrem gestresst ... Eigentlich war er ein ruhiger, melancholischer Typ, kein Selbstmörder. Die hatten nichts gegessen und waren todmüde, die waren total im Stress. Sie hatten tagelang nicht mit der Außenwelt kommuniziert. Aber Alphonse hat sich dann schnell gefangen, und ich habe versucht, ihm den Druck zu nehmen. Er war Licht und Schatten, wie wir alle.«

Die Frage, weil so banal, bereitet mir Unbehagen, aber ich kann sie nicht nicht stellen: Steht er, Legorjus, selbst zu all seinen Entscheidungen? »Absolut.« Das Adverb kommt wie aus der Pistole geschossen, ohne auch nur Luft geholt zu haben. »Ich verstehe, dass ein Kanak mich für einen Verräter halten mag, aber ich stehe zu allem, einschließlich der Widersprüche. Ich habe der GIGN angehört, ich hatte Korpsgeist und musste sechs meiner Männer lebend aus der Grotte rausbringen. Aber ich bin Alphonse gegenüber nie respektlos gewesen. Nie.« Er wiederholt das Adverb drei Mal. »Ich habe an dieser Operation mitgewirkt, ich musste mich intellektuell dazu zwingen, aber ich habe daran mitgewirkt. Und ich habe keine Gewissensbisse. Aber wissen Sie, die französischen Militärs sind viel wütender auf mich als die kanakischen Unabhängigkeitskämpfer!« Wirklich? Er nickt. »Mit denen hatte ich einen Mordsärger.«

Der offiziellen Version nach stieg Alphonse Dianou aus der Grotte, schwang seine Keule drohend über dem Kopf und wurde dann von einer Kugel Kaliber 12, die von einem GIGN-Mann aus einem Sicherheitsabstand abgefeuert wurde, zu Boden gestreckt (General Vidal dagegen sprach von einem »Schusswechsel«). Eine Version, der Benoît und Joseph Tangopi widersprachen: Im Dokumentarfilm *Retour sur Ouvéa* erklärte der Erste, Alphonse Dianou habe neben ihm »auf dem Bauch gelegen«, als er einen Schuss aus nächster Nähe abbekommen habe; der Zweite berichtet in *Le Monde*: »Alphonse hielt eine traditionelle Skulptur an sich gedrückt. Er sagte, mit ihr ist er hineingegangen und mit ihr geht er auch hinaus. Wenceslas Lavelloi ist ihm hinterher. Und wir alle ihnen nach. Sobald wir aus der Grotte raus waren, haben die Militärs uns befohlen, uns auf den Boden zu legen. Dann hat ein Soldat in Alphonse' Bein geschossen.« Eine Version, der 1988 die Journalisten Edwy Plenel und Alain Rollat widersprachen, die sich auf »Informanten« stützten: Auf dem Schreibtisch zweier von Verteidigungsminister Chevènement beauftragter Generäle war die Zeugenaussage eines beteiligten Militärs gelandet, der berichtete, Dianou habe eine Kugel ins Knie bekommen, nachdem er sich bereits ergeben hatte und gezwungen worden war, sich auf den Boden zu legen. Eine Version, der die Menschenrechtsliga ein Jahr später widersprach: Dianou, der unbewaffnet am Boden gelegen habe, sei durch Brenneke-Munition verletzt worden – Geschosse, die häufig für die Wildschweinjagd verwendet werden. Eine Version, der der unabhängige Journalist Jean-Guy Gourson 2014 widersprach, dem es gelungen war, einen Gendarm und ein ehemaliges Mitglied des Commando Hubert zu befragen: Alphonse Dianou sei aus der Grotte gestiegen, um sich zu ergeben, daraufhin habe er von einem Militär sofort einen Faustschlag ins Gesicht bekommen. Ein GIGN-Mann, erprobt in Kampfsportarten und bekannt für seine Beteiligung an der Verhaftung des Chefs einer baskischen Unabhängigkeitsorganisation drei Monate zuvor, habe Dianou dann mit einem Tritt ins linke Knie zu Fall gebracht. Sobald der Kämpfer am Boden lag, habe er seine 12-kalibrige Pumpgun abgedrückt. »Der Typ hat geschossen und sowas gesagt wie: ›schönen Gruß von meinen Kumpels‹«, berichtet der Zeuge in diesem Interview.

Ich bitte Philippe Legorjus um seine Einschätzung. Er zeichnet einen imaginären Plan der Grotte auf unseren Tisch. Alphonse sei mit den Worten herausgesprungen: »Das ist ein letztes Ehrengefecht!« Dann habe ein GIGN-Mann, der Legorjus' Befehl verstand, gezielt geschossen, um ihn bewegungsunfähig zu machen, weil er sich von seiner Keule bedroht gefühlt habe. Ich bitte ihn, mir genauer zu beschreiben, von welcher Entfernung wir reden. Legorjus steht auf, ahmt Dianous Haltung nach und zeigt auf eine Kundin drei Meter hinter uns: »Ich habe den Schuss mit eigenen Augen gesehen. Hätte er ihn töten wollen, hätte er es getan. Er hat nur versucht, ihn aufzuhalten, weil er sich bedroht gefühlt hat.« Also hat niemand ihn verletzt, als er schon am Boden lag? »Nein.« (Bei einem zweiten Treffen präzisiert Philippe Legorjus auf mein Insistieren und Erstaunen hin – denn der Obduktionsbericht spricht von einer »großen Wunde an der linken Kniekehle mit Muskelattrition, Knochensplittern und Zerstörung des neurovaskulären Bündels« [im Klartext: an der *Hinterseite* des Knies] und schildert die Beschaffenheit der Grotte [man kommt aus ihr nur heraus, indem man sich hochzieht, was es schwierig macht, sich einen Mann vorzustellen, der »ungestüm« aus ihr herausgesprungen sein soll] –, Dianou habe in der Tat einen Tritt erhalten, doch erst nachdem der Schuss aus der Entfernung gefallen sei: Die Kugel habe sein Knie getroffen, dann sei Dianou inmitten der umgemähten Menge dem GIGN-Mann vor die Füße gefallen.)

Und dann? »Alphonse wurde vor der Grotte bestens medizinisch versorgt. Er wurde mit einem Tropf stabilisiert und befand sich absolut nicht in Lebensgefahr. Dann wurde er auf eine Bahre gelegt – was danach passiert ist, weiß ich absolut nicht mehr ... Hätten Alphonse und ich uns über unsere jeweiligen Vorgesetzten hinwegsetzen können, hätten wir alle lebend da herausgebracht. Sein Tod ist absolut unnormal. Wenn er noch unter uns wäre, würden wir heute vielleicht miteinander feiern!«

Ein Jahr später erklärt mir echauffiert derjenige, den man beschuldigte, Opfer des Stockholm-Syndroms gewesen zu sein – womit man eine ethische und politische Position für psychisch krank erklärt, um sie nicht anhören zu müssen –, es sei sinnlos, Einzelpersonen, einfachen Soldaten oder Generälen, oder den Streitkräften im Allgemeinen die Schuld zu geben, verantwortlich sei einzig und allein die politische Führung. Chirac, und noch mehr Mitterrand. Am Ende frage ich ihn, ob es geheime Informationen gebe, die er nicht preisgegeben habe: »Sehr wenige, ich habe alles gesagt. Und was ich nicht sage, ist nicht entscheidend.«

Legorjus konnte nachts nicht schlafen, so besorgt und irritiert war er von dem aus seiner Sicht schleppenden Umgang mit dieser inzwischen fast zwei Wochen andauernden Krise.

»Ruhe und Gelassenheit« empfahl ihm Vidal am 4. Mai.

Ein Militär, der nicht wusste, ob er den Sturmangriff überleben würde, bat darum, beichten zu dürfen; die GIGN *machte Gefechtsübungen – Aufstellung, Bewegung, Angriff –; Alphonse Dianou begann sich wegen Legorjus' langer Abwesenheit Sorgen zu machen und Misstrauen zu hegen und versuchte weiter herauszufinden, wer von den Geiseln der Auftraggeber für den Todesschuss auf Machoro gewesen war; Picon hatte in der Grotte sorgfältig den Schmuck vergraben, den er trug und auf dem seine Initialen und sein Geburtsdatum eingraviert waren ...*

Einer der Dianou-Brüder (laut General Picard Hilaire, laut Legorjus und dem Journalisten Henri Weill Alphonse) forderte die Geiseln auf, sich einen Sprecher zu wählen, der vor dem Mikro von Antenne 2 *ihre (guten) Haftbedingungen bezeugen würde. Er gab ihnen außerdem die Erlaubnis, an ihre Familien zu schreiben. Hilaire (diesmal sicher er) schlug einen der Gendarmen und beschuldigte ihn, Bewohner von Gossanah angegriffen zu haben.*

Um achtzehn Uhr – kaledonischer Zeit – versammelte der General die Befehlshaber der Operation, um ihnen die Einzelheiten für den kommenden Tag mitzuteilen und ihnen Glück zu wünschen. Er wies sie auch an, nicht auf die Entführer zu schießen, wenn diese sich ergäben. Ein Offizier, berichtete Legorjus, ließ am Ende der Versammlung die Bemerkung fallen: »*Jetzt knacken wir die Kanaken.*« *Der* GIGN-*Chef verkündete Vidal, er werde sich nicht an diesem Sturmangriff beteiligen; in seiner Rolle als Vorgesetzter gab der General ihm jedoch den Befehl, seine Funktion auszuüben. Resigniert erinnerte Philippe Legorjus seine Männer daran, sich keinerlei Fehlverhalten zuschulden kommen zu lassen.* »*Wogegen ich zwölf Tage lang gekämpft habe, ist kurz davor, Wirklichkeit zu werden. Ich weiß, dass ein Kapitel meines Lebens beendet sein wird.*«

Die vierundsiebzig Militärs (oder fünfundsiebzig oder achtundsiebzig, je nach Quelle), die innerhalb der verschiedenen Einheiten an der Operation beteiligt waren, schmierten sich die Gesichter schwarz ein und liefen im Gänsemarsch sieben Stunden lang durch die Nacht, bis zum Morgengrauen, bis zur Grotte. Eine »*unglaubliche Prozession*«, *schrieb einer von ihnen. Gleichzeitig ging in Frankreich der 4. Mai zu Ende und parallel zu Chiracs Erklärung, man sei nicht bereit zu verhandeln, und zur von Mitterrand bereits genehmigten Offensive wurde von demselben Mitterrand die* »*Vereinbarung zu einem Abkommen*« *zwischen dem* FLNKS *und dem Hochkommissar der Republik Edgard Pisani unterzeichnet … Doch das erfuhr Legorjus erst zwei Jahre später von Pisani persönlich. Die Flugpläne waren fertig und die Anordnungen im Namen der Regierung ordnungsgemäß ausgestellt und von Tjibaou gebilligt. Am 7. Mai landeten zwei Delegationen von Verhandlern in Nouméa; am Morgen des 9. Mai sollten die Geiseln auf Befehl des* FLNKS *von Alphonse Dianou und seinen Mitstreitern übergeben werden, ein Transportflugzeug Typ Transall des Militärs im Gegenzug sämtliche Gefangene und Entführer nach Sydney bringen, eine zweite Maschine, in diesem*

Fall ein Linienflugzeug, am 10. Mai um sechs Uhr morgens in Paris landen und die Unabhängigkeitskämpfer dort inhaftiert und dann strikt im Rahmen des Gesetzes verurteilt werden.

Wenige Stunden später wird der Befehl zum Sturmangriff gegeben.

40 Drei Männer stehen auf der Betonterrasse eines Gebäudes mit hellen Wänden um Alphonse Dianou herum. Der junge Unabhängigkeitsbefürworter ist zu dieser Zeit seit ein oder zwei Jahren in der Union calédonienne engagiert – nachdem er seinen letzten Atemzug getan hat, wird das medizinische Personal seinen Mitgliedsausweis bei der drei Jahrzehnte zuvor gegründeten Partei in einer Tasche seiner khakifarbenen Militärjacke finden. Zwei Hunde, einer davon gescheckt, schnüffeln den Boden ab; eine Frau in Sandalen und traditionellem Kleid stützt sich einige Meter entfernt auf einen Stab; alle scheinen zu diskutieren, außer Alphonse, der mit gesenktem Kopf und konzentriertem Blick einen kleinen Gegenstand in seinen Händen zu betrachten scheint – er trägt ein enganliegendes Matrosenshirt, an einer Halskette einen Anhänger und weite Hosen.

Alphonse Dianou steht in der letzten Reihe einer fröhlichen Gruppe zwischen einem Dutzend melanesischen und europäischen Kindern und Erwachsenen. Eingerahmt von seiner krausen Haarpracht lächelt er ins Objektiv. Diese unveröffentlichten Bilder erreichen mich unerwartet aus Larzac: Jedes von ihnen gibt seinen Worten, meinem Lehm, einen Ort.

In Hienghène, im Nordosten von Grande Terre, schneidet die Horizontlinie scharf den schwarzen Kalkfelsen aus und zittert dann verstört zwischen Himmel und Meer. Die Bucht zeigt ihr die kalte Schulter – unter den Schichten des Schwarzweißabzugs wähne ich feuchte Smaragdgrüns, trübes Schlammgrün, Kleckse von Hellgelb, Fetzen von Seladongrün und Stahlgrau, Reflexe von Moosgrün und Flecken in Naturweiß. Ein französisches Paar sitzt im Vordergrund auf einem Steinmäuerchen; Alphonse Dianou, sieben- oder achtundzwanzig Jahre alt – das ist eine Frage von Tagen –, steht. Sie sind gerade von einem Gespräch mit Jean-Marie Tjibaou gekommen: Der Präsident des FLNKS – der danach zugab, der junge Funktionär habe ihn beeindruckt, wie einer der Biografen schreibt – hat sich besorgt zur Zukunft des Landes geäußert. Alphonse' Gestalt sticht heraus und gibt Rätsel auf. Die offensichtliche Entspanntheit seines Körpers (Hände in den Taschen, eingeknicktes linkes Bein) steht im Widerspruch zu seinem verschlossenen, starren oder auch sorgenvollen, vom stumpfen Schatten geraubten Blick. »In der Fotografie wird immer etwas gestohlen«, schreibt Raymond Depardon in *Notes*. Dianou runzelt die Stirn und richtet seine unerkennbaren Augen ins Off – und zeigt damit, was nur er gesehen hat, der Fotograf dem Betrachter aber vorenthält. Dieses Außerhalb des Bildausschnitts beschäftigt mich und verweist mich zugleich auf das, was innerhalb zu sehen ist: Dianou schaut in die Ferne, weil er in sich hineinschaut, besorgt oder defensiv, das Spiel dieses Moments absichtlich verweigernd oder auch nicht. »Vielleicht waren es die pessimistischen Worte von Tjibaou, über die Alphonse nachgedacht oder gegrübelt hat«, legt mir dreißig Jahre später der Mann nahe, der rechts von ihm abgebildet ist. Dianous Falte zwischen den Augenbrauen, die berühmte Zornesfalte, veranlasst mich, den wirren Faden eines bald schon verbrannten Knäuels vielleicht etwas weiter abzuwickeln als geboten – der auf diesem Papier unsterblich gemachte sozialistische Freiheitskämpfer wird zehn Monate später tot sein: eine Falte als Anfang von etwas, das bald schon ein Graben sein wird …

»Ich überrasche wohl niemanden damit, wenn ich sage – und das ist höflich ausgedrückt –, dass ich diesem Gesetzestext gegenüber, dessen Konsequenzen ich erahne und fürchte, zumindest sehr reserviert bin«, hatte François Mitterrand zu Bernard Pons bei einem Ministerrat zwei Jahre vor dem Sturmangriff gesagt, nachdem dieser seinen Gesetzesentwurf für Neukaledonien vorgestellt hatte, und geschlussfolgert: »Hoffentlich folgt daraus nicht, dass der so naheliegende Rassismus und die Gewalt wieder aufflammen, wer auch immer dann regieren mag.«

»Kämpfen bis zum Ende, / Kämpfen bis zum Tod / Um frei zu sein für immer, / Für die Befreiung und / Auferstehung von Kanaky. / Selbst wenn wir / Bis ans Ende der Welt / Und aller Zeiten kämpfen / Selbst wenn wir / Eine Ewigkeit kämpfen, / Von Ewigkeit zu Ewigkeit / kämpfen wir. / Wir kämpfen bis zum Ende. Viel Glück, Euer Bruder im Kampf, Alphonse Dianou.« So die Worte in einem Brief in freiem Vers, den er zwei Monate vor seiner Ermordung schrieb.

Patricia Dianou lässt mir ein Gedicht zukommen, das sie zur Erinnerung an ihre beiden Brüder geschrieben hat: »Heute geht alles so schnell / Dass das schmerzliche Gestern aus dem Gedächtnis fällt / Ein Volk beweint seine verlorenen Kinder / Verloren in einem gnadenlosen Kampf / […] Allein vor dem Leben / Wohin mit mir ohne euch?«

Ich kontaktiere den Journalisten Jean-Guy Gourson, damals Mitarbeiter der Zeitschrift *L'Évènement du jeudi*: Im Frühjahr 1994 erhielt er Zugang zu den Fotografien der neunzehn Leichen. Die Szene, wie er sie beschreibt, spielte sich an einem Morgen in Paris an der Gare de Lyon ab: Ein stämmiger Mann mit Regenmantel, Schlapphut und Sonnenbrille kam auf ihn zu (»wie in einem schlechten Krimi«, erzählt er). Im Kellergeschoss eines Cafés zog er zwei zusammengeheftete Alben heraus, die sämtliche Fotos enthielten, die im Wald von den Kripo-Beamten und während der gerichtsmedizinischen Untersuchungen in der Flugplatzhalle von Ouloup aufgenommen worden waren: Nahaufnahmen, Körperteile und Gesichter, Wunden, Verbrennungen. Neunundachtzig mit Anmerkungen versehene Fotos. »Schwer anzuschauen. Unmöglich abzudrucken«, fügt der pensionierte Journalist hinzu.

Hat er selbst die Leiche des Freiheitskämpfers auf den Fotos erkannt? »Ja, ich habe die sechs Fotos von Alphonse Dianous Gesicht und Körper, die ein Gendarm der Ermittlungseinheit von Nouméa bei diesen Untersuchungen aufgenommen hatte, mehrmals mit eigenen Augen gesehen«, antwortet er mir – und ist im Übrigen »überzeugt«, dass Alphonse Dianou nicht hinter den beiden Morden steht. Ich bitte ihn, die Fotos sehen zu dürfen: Sie befinden sich nicht mehr in seinem Besitz; Gourson musste sie einem seiner Vorgesetzten aushändigen, als er seine Stelle aufgab, und der weiß nicht mehr, wo sie abgeblieben sind … Dianous Körper habe ausgesehen, als sei er »fast vollständig mit blauen Flecken übersät gewesen«, präzisiert mein Gesprächspartner noch.

Wie ist das zu verstehen, was mir so oft als Handabdrücke auf der Innenseite des Sargdeckels beschrieben wurde? »Die Leichen, von denen viele über den Boden geschleift und in einem Netz transportiert worden waren, wurden nach Beendigung der gerichtsmedizinischen Untersuchungen in Särge gelegt, die am selben Morgen bei einer Firma in Nouméa bestellt worden waren. Die Leichensäcke, in die man sie am Vorabend gelegt hatte, waren über Nacht in einem LKW mit Plane gestapelt gewesen, um sechs Uhr morgens waren dann Männer gekommen, hatten sie abgeladen und waren dabei auf manche draufgetreten, um an andere heranzukommen; dann haben sie alle vor dem Flughafen aufgereiht, von wo aus sie für die Untersuchungen in die Halle gebracht werden sollten. Die Särge wurden aufgestapelt und vernagelt und später für die Identifizierung durch die Familien wieder geöffnet. Nach den Obduktionen waren die Deckel aber scheinbar verwendet worden, um die Leichen vor die Flughalle zu bringen, bevor sie eingesargt wurden. Der Boden von Lavellois Sarg war unter dessen Gewicht durchgebrochen, wie zuvor auch schon der Sack, in den man ihn gelegt hatte. Da war so viel Blut überall, dass ein Deckel leicht Flecken abgekriegt haben konnte …«

41 Die Bahn schiebt sich unter einem verspiegelten Gewölbe durch die Pariser Banlieue. Die Passagiere scrollen die Bildschirme ihrer ortbaren Telefone durch oder verbringen die Zeit – In-Ear-Kopfhörer in den Ohren – mit Musikhören.

Mein Großonkel, ein ehemaliger Arbeiter in einem Sägewerk, hat in Algerien gekämpft; ich erinnere mich an ein Gespräch, das ich mit ihm einmal in seinem Esszimmer geführt habe, in dem pausenlos der Fernseher lief. Mein Großonkel ist ein liebenswürdiger Spaßvogel, nichtsdestotrotz waren die *fells*, auf die er und seine Waffenbrüder damals mit Granatwerfern geschossen haben, in seinem Mund »Ratten«.

Mein Großvater dagegen, während seines Militärdiensts in den 1950er Jahren Stabsgefreiter und gerade frisch verlobt, wurde freigestellt: Im Ersten Weltkrieg war mein Ururgroßvater im Kugelhagel der Deutschen gefallen und 1940 sein kranker Sohn zum nächsten Weltkrieg eingezogen worden; sehr geschwächt war er wenige Jahre später ebenfalls gestorben – dadurch war mein Großvater zum Kriegswaisen geworden und konnte dem Algerienkrieg entkommen. Als Sympathisant von de Gaulle war er sich zudem bewusst, dass die Unabhängigkeit unvermeidbar war: Wozu also für eine bereits verlorene Sache verrecken?

Banale Geschichten – wie es sie in fast jeder Familie im besetzten und besetzenden Frankreich gibt.

Dieses Algerien jedenfalls lernte ich aus eigener Anschauung erst lange Zeit später kennen und dann unabhängig. Dieses Algerien, das Jean-Marie Tjibaou fünf Jahre vor dem Aufstand von Ouvéa besucht hatte, weil er herausfinden wollte, ob es »im Kampf gegen dieselbe Kolonisierung andere politische Wege« gebe. Dieses Algerien, das den Befehlshaber der Streitkräfte von Neukaledonien kämpfen und jenen Mann zur Welt kommen sah, der mutmaßlich für den Tod von Alphonse Dianou verantwortlich ist.

Eine spezielle Brut gefällt sich in einer unheiligen Allianz aus steriler Sprache und verkümmerter Seele darin, die »Büßer« und Verfechter von »Schuldzuweisungen« als unverbesserliche Feinde der Nation, verbriefte Frankreichgegner, »Gutmenschen« und Opfer von »politischer Korrektheit« zu verunglimpfen: Auch wenn diese Kritik gerade im Trend liegt und der Wind von rechts weht, kann man sich darüber wundern. »Der Staat ist nicht das Vaterland; er ist die Abstraktion, die metaphysische, mystische, politische und juristische Fiktion eines Vaterlands«, schrieb Bakunin 1871 in einem Rundbrief an seine italienischen Freunde. Ein Land ist nichts als die riesige Menge derer, die es ausmachen und in seinen Tiefenstrukturen gestalten: einfache Leute und Kreative, Arbeiter und Habenichtse, Schmiede- und Dichterhände. Das Frankreich »der einfachen, anonymen Bürger«, fasste es der Leader der kanakischen Unabhängigkeitsbewegung Nidoïsh Naisseline zusammen. Der Kolonialismus ist eine Ausgeburt der Herrenmenschen, einer Handvoll Leute, die überall als Usurpatoren auftreten, einer Klasse, die überall einen Überschuss verzeichnet, eines Schorfs, der schwer abzukratzen ist: Unter dem Deckmantel der Treue berauscht sich die Hatz auf den

»Selbsthass« einzig an den mörderischen Halalis des Staats, der selbst zur Treibjagd bläst.

General Vidal gab zu, »das koloniale Werk immer verteidigt« zu haben und sprach von der »Niederlage« in Diên Biên Phu – doch war sie eher ein Sieg für uns. Wenn ein Mensch aufsteht, folgt die Menschheit ihm nach: Vietnam hat Frankreich von seiner verlogenen Bürde befreit. Man wird entgegnen – und das tut der General –, als unabhängige Nationen seien diese Länder weit davon entfernt, Häfen des Friedens zu sein: Das stimmt, ändert aber nichts in der Sache. Seine Hausaufgaben nicht zu machen oder einen Bürgerkrieg zu führen ist eine Freiheit, die das imperiale Regime nicht einmal zuließ. »Ich habe Frankreich geliebt«, schrieb der General in seinen Memoiren. Ich liebe es auch, und nicht im Perfekt, aber wenn das Land eine Geschichte braucht, warum sie mit der Feder der Machthaber schreiben? Diese hier jedenfalls ist mit der Tinte der Vergessenen verfasst, der Ausgeschlossenen, der Nichtmitgezählten, derer, »die nichts sind«.

Der Zug ruckt, der Stift zuckt, ich lese die Bibel, zumindest das Neue Testament, bei dem ich es noch nie – zugegeben ist halb entschuldigt – bis zur letzten Seite geschafft habe. Um es klar zu sagen: Vom Glauben habe ich keinen blassen Schimmer. Das große Mysterium und die »Hinterwelten«? Kenne ich nicht. Das Simone Weil so teure »ewige Licht«? Unterwegs ausgegangen. Ein Hohlblockstein würde, was das angeht, mehr Zweifel hegen als ich. Das Herz hört eines Tages auf zu schlagen und die Sache ist erledigt, nächstes Kapitel. Ein Atheist wie er im Buche steht also, aber ein Atheist ohne Bitterkeit: Predigten langweilen mich zu Tode, trotzdem würde ich einem zynischen, spöttischen Freigeist immer einen rechtschaffenen

Gläubigen vorziehen, der fest zu seinen Werten steht (Jesus, der die Händler hinausprügelt und schwört, das Paradies gehöre nicht den Reichen; Abû Bakr, der schreit, es sei verboten, die Palmen, Weizenfelder und Obstbäume zu zerstören; Buddha, der beteuert, sich von Tieren zu ernähren töte das Mitleid ab). So wenig ich auch davon verstehe, habe ich doch mehr als einmal und in den verschiedensten Breiten dieser Welt gespürt, dass der Regierungskritiker und der Fromme, der an den Himmel glaubt, um wachsam zu bleiben, einiges gemeinsam haben: Die Aufteilung der Welt stößt beide gleichermaßen ab. Ich gebe zu, wenig sensibel für die religiösen Reden von Alphonse Dianou und mancher seiner Angehörigen zu sein, Materialismus verpflichtet, aber das ist auch nicht die Frage, denn sie haben bereits eine Antwort auf diese so schlecht eingerichtete Welt gefunden, die einzig gültige, ob mit Gott oder ohne, und die lautet: nicht aufgeben.

Ich lese weiter und denke an Jacques Hamel, den Pfarrer einer Gemeinde in der Normandie, dem 2016 zwei Faschisten, die ihn als Geisel genommen hatten und sich gleichzeitig auf den Islam, den Frieden und die Beendigung der Bombardierungen in Syrien beriefen, die Kehle durchschnitten; seine Schwester erzählte, dass er sich im Algerienkrieg geweigert hatte, zum Offizier befördert zu werden, weil er nicht willens war, »Menschen den Befehl zu geben, andere Menschen zu töten«. Ich weiß nicht, warum die Nachricht von seinem Tod mich mehr traf als so viele andere Tode, die unseren Alltag durchlöchern; ich weiß auch nicht, warum ich, als ich sie eines Julimorgens unterwegs erhielt, benommen, niedergeschlagen und wütend in eine Kirche gehen musste, die sich auf meinem gepflasterten Weg befand.

Ich lese weiter und behalte im Kopf, dass Alphonse die Bibel in völliger Einsamkeit las, studierte und auf sich wirken ließ, dass dieser Text in seinen Augen mehr war als ein Text, weil er ihm als Heilige Schrift galt – über alle möglichen Reibungen mit den Positionen der Coutume, den Mythen der Vorfahren und seinem Ressentiment gegen eine Kirche hinweg, die sich auf ewig einer Zwangschristianisierung schuldig gemacht haben wird. Bei einem späteren Telefongespräch bestätigt mir Hélène, Alphonse sei trotz allem bis zu seinem Tod immer gläubig geblieben: »Dessen bin ich mir absolut sicher. Wir haben zusammen gebetet.« Ihr Blick färbt seither auch meinen. (Alphonse? Dianou? Manchmal sowohl der eine als auch der andere, gebe ich zu: Das Persönliche hat auf das Unbekannte gebissen, Zähne in die kalte Materie; die historische Figur wurde mit den Tagen und Erzählungen vertraut – und die Distanz verkürzt, die Vorbehalte verworfen und die Zurückhaltung aufgegeben.)

Selig sind die Armen, die Hunger und Durst haben nach Gerechtigkeit, selig die Verfolgten und die, die Frieden wollen, erklärte natürlich Matthäus.

Liebt eure Feinde, gebt dem euren Mantel, der sich eurer Tunika bemächtigen will, und leistet dem Bösen keinen Widerstand, predigte natürlich Jesus.

Tut denen Gutes, die euch hassen, und betet für die Verleumder, insistierte natürlich Lukas.

Aber, warnte Paulus in seinem Brief an die Römer, lehnt euch nicht gegen die Obrigkeit auf, denn diese Rangordnung ist gottgewollt: »Die aber widerstehen, werden ein Urteil über sich bringen.«

Wer war wichtiger für den Kanak Alphonse Dianou, der Priester oder der Sozialist?

Der Zug hält am Bahnhof. Der grau ist und potthässlich. Ich ziehe los, um Archive zu durchforsten, ohne zu wissen, ob der Name Alphonse Dianou dort zu finden sein wird. Fünf, sechs Kartons. Studenten und Forscher blättern in der Stille Seiten von Manuskripten und Zeitungen durch. In einer damals in der *Libération* abgedruckten anonymen Zeugenaussage wird von der geplanten Freilassung der ältesten Geisel gesprochen, die im Rahmen des Interviews mit *Antenne 2* stattfinden sollte: »Alles war arrangiert, hatte Alphonse uns gesagt. Er hatte für die Coutume an den Gendarm sogar eine traditionelle Keule und eine Matte vorbereitet …« Der Anführer der Freiheitskämpfer habe seinen Männern erklärt: »Wir müssen den *Alten* freilassen, nach der Coutume fügt man den *Alten* keinen Schaden zu, die *Alten* müssen geachtet werden.«

Ordner stapeln sich auf dem Tisch. Zeitungsausschnitte, handgeschriebene Briefe, Interviews, Flugblätter. Ich lese weiter: Während des Sturmangriffs habe Dianou einem Verletzten gesagt, er werde »versuchen, die Schießerei zu beenden«. In der Nummer 112 der Zeitschrift *Bwenando* vom Oktober 1988 entdecke ich eine Abbildung des jungen Martial Laouniou, den ich in Téouta getroffen hatte: »Nein, darauf waren wir nicht gefasst gewesen, wir hatten ja die Freilassung der Geiseln geplant.«

42 Die für die australischen Medien gefilmte Szene ist kurz. Eine Menge kanakischer Frauen und Männer sitzen am 22. August 1987 auf der Place des Cocotiers in Nouméa am Boden; manche schwenken singend einzelne oder Trauben von Luftballons: gelbe, blaue, rosafarbene, rote. Alphonse Dianou befindet sich irgendwo dazwischen. Falls er auf dem Bild zu sehen ist, kann man ihn unmöglich in der Menge ausmachen.

Ein Polizist geht – Nahaufnahme – mit einem Megafon auf sie zu. Er trägt ein dunkles Jackett über einem weißen Hemd ohne Krawatte und einen Schnauzbart, die Haare hinter seinen Ohren sind gelblich. Seine durch den Verstärker dröhnende Stimme befiehlt: »Respektieren Sie das Gesetz! Lösen Sie die Versammlung auf!« Die Kanak rühren sich nicht: Es handelt sich um eine gewaltfreie Sitzblockade, die im Rahmen von »Zwei Wochen für Kanaky« von der Unabhängigkeitsbewegung organisiert wurde, um gegen das von der Regierung Chirac für Mitte September vorgesehene und von Bernard Pons initiierte Referendum zur Selbstbestimmung zu protestieren – der FLNKS hat zum Boykott aufgerufen, da er nicht hinnehmen will, dass nach den von Frankreich festgelegten Richtlinien auch alle erst seit drei Jahren in Neukaledonien ansässigen Wähler über die Frage der Unabhängigkeit mitentscheiden dürfen.

Mit der linken Hand gibt der Beamte den CRS das Zeichen zum Anmarsch. Die Bereitschaftspolizisten starten ihren

Einsatz: mit Helmen, Kampfstiefeln und Schlagstöcken. Der Chef der Truppe, Typ Zuchtbulle, versetzt einem sitzenden Demonstranten einen ersten Schlag. Weitere folgen. Auf Schultern, Rücken und direkt auf den Kopf. Schreie. Die Demonstranten springen einer nach dem anderen auf, kurz darauf Massenpanik. Rauchbomben gehen hoch, Körper stoßen aneinander, straucheln, Polizisten schlagen zu. Und schlagen weiter. Demonstranten werden Richtung Straße weggezerrt. Eine stehende Frau wird von einem CRS-Polizisten gewaltsam weggestoßen.

Abscheuliche Bilder, die um die Welt gingen.

Alphonse Dianou wurde also geprügelt, ins Gefängnis gebracht und dann zu fünfzehn Tagen Haft verurteilt – und mich beklemmt Élie Poigounes Bericht, der folgende Worte des jungen Häftlings zitiert: »Das war's mit der Gewaltlosigkeit, ich glaube nicht mehr dran.«

Jacques Chirac erklärte danach im Ministerrat, er sei »schockiert von der Bedeutung, die man diesem Ereignis beimisst«; Mitterrand dagegen warnte vor einer »Gewaltspirale«.

Es war kurz nach sechs Uhr morgens, als General Vidal den Hubschraubern das Startzeichen gab. Zwei Jahrzehnte später gibt er zu, ihm seien wenige Stunden vor dem Angriff Zweifel gekommen, aber, habe er zu seiner Beruhigung gedacht, die Entführer hätten ja jeden Kompromiss abgelehnt und ihre Forderungen seien inakzeptabel gewesen.

Am Rand der Grotte machten die Teebringer der Tribu Gossanah gerade ihr Gabenritual. Die Unabhängigkeitskämpfer, die in der Luft plötzlich Lastenhubschrauber erblickten, dachten, es handele sich wie vereinbart um Antenne 2. *Einer der Puma-Helikopter blieb schwebend über dem Krater stehen; aus der offenen Tür schob sich ein Gewehrlauf. Schüsse, sofort. Ein Soldat an Bord wurde getroffen, die Freiheitskämpfer stürzten auf ihre Kampfpositionen, die als Geisel genommenen Gendarmen flüchteten in den nun unbewachten hintersten Teil der Grotte und legten sich auf den Boden, der Hauptfeldwebel und der GIGN-Mann zückten die beiden Revolver, die ihnen der Staatsanwalt zugesteckt hatte, bereit, jeden zurückzuhalten, der zu ihnen hinuntersteigen würde. Ein Unabhängigkeitskämpfer tauchte auf, der Elitesoldat zielte, verfehlte ihn und sah, wie sein Opfer sich wieder aufrappelte. Am Eingang der Grotte ging eine Handgranate hoch. Schüsse knallten. Wenceslas Lavelloi stieg mit seinem Famas-Gewehr hinunter und wurde von Kugeln der beiden Geiseln empfangen; er drückte selbst ab, doch niemand wurde getroffen. Der kanakische Gendarm – der freiwillige Gefangene – ver-*

suchte, Lavelloi »aufzuhalten«, so ein Leutnant, der sich mit im unteren Teil der Grotte befand.

»Der Krieg ist total und gnadenlos«, schrieb später Legorjus, damals in Kampfanzug und nachtblauem Schal. Niemand sah etwas, man musste auf gut Glück zielen, erklärte Unteroffizier Lefèvre: »Überall brechen irgendwo Kanaken zusammen. Sie schießen. [...] Sie ballern verzweifelt herum.« Durch die Einschüsse abgeplatzte Baumrinde flog durch die Luft, Angst verzerrte die Gesichter. Die drei für das Maschinengewehr zuständigen Kanak flüchteten und schossen blind um sich, bevor sie selbst von Kugeln niedergestreckt wurden. Der nördliche Teil des Kraters war nun unter Kontrolle des Commando Hubert; dem elften Fallschirmjäger-Sturmregiment gelang es unter größeren Schwierigkeiten, den östlichen Teil einzunehmen.

Alphonse Dianou stand verborgen am Eingang der Grotte. Zwei Militärs brachen zusammen, wahrscheinlich von Kanak-Kugeln getroffen – von Lavelloi, behauptet später Legorjus, wobei die Obduktion den Gebrauch von zwei verschiedenen Waffen ergeben wird. Drei Geiseln wurden als menschliche Schutzschilde benutzt, was die Truppen davon abhielt, Handgranaten zu werfen. Ein GIGN-Leutnant wurde von einer Kugel mitten in den Kopf getroffen, er fiel ins Koma (wurde nach Ouloup gebracht, geheilt und Jahre später mit der Ehrenlegion ausgezeichnet).

General Vidal – der die Grotte in der ersten Phase des Angriffs in einem Alouette-Hubschrauber überflog – behauptete später, der mit einer Pistole bewaffnete Alphonse Dianou habe gegen die französischen Streitkräfte gewütet und sich hinter einem der Gefangenen versteckt, einem Oberstabsfeldwebel seines Staats. Legorjus bestätigte diese Aussage, ohne jedoch eine Waffe zu erwähnen. Der betreffende Oberstabsfeldwebel selbst jedoch berichtete,

Hilaire habe sich seiner »als Schutzschild« bedient und »wie ein Wahnsinniger mit seinem Jagdgewehr um sich geschossen«.

Sieben Uhr dreißig: Stille kehrte ein, zumindest fast.

Ein erster Rapport wurde gegeben: Der Krater war nun in den Händen der Militärs; acht Entführer befanden sich in der Grotte bei den Geiseln; dreizehn Kanak lagen tot am Boden, zwei Soldaten waren getötet worden, zwei schwer verletzt und zwei leicht.

Auf Bitte eines Oberstleutnants ließ der General offiziell das Feuer einstellen, um die Verletzten zu evakuieren. Er landete, tauschte sich mit Legorjus aus, rückte sein rotes – zu auffälliges – Barett zurecht und kam gegen neun Uhr morgens an die Grotte. Man teilte ihm mit, Alphonse Dianou weigere sich, sich zu ergeben. Die Zeit war reif, um eine zweite Angriffsphase zu starten und die Gefangenen zu befreien.

Eine Stunde verging.

Bis heute stehen sich zwei radikal verschiedene Versionen gegenüber: Legorjus berichtet, der General habe, obzwar skeptisch, eingewilligt, die Operation für »einige Stunden« auszusetzen, damit er, Legorjus, ein letztes Mal versuchen könne, mit der Leitung des FLNKS *noch einen Weg aus der Krise auszuhandeln. Vidal dagegen behauptet, dergleichen habe nie zur Debatte gestanden, Legorjus habe nur die Erlaubnis erhalten, sich umzuziehen, um Gespräche mit Dianou in Zivil zu führen; noch einmal das Gespräch mit der Befreiungsfront zu suchen, hätte er »niemals gebilligt«.*

Legorjus erzählt, er habe – vergeblich – versucht, Paris und das Politbüro der kanakischen Befreiungsbewegung zu erreichen. »Der FLNKS *will keinesfalls mit dieser Affäre in Verbindung gebracht werden.« Niedergeschmettert, erschöpft und seelisch am Boden beschloss er, hier müsse er aussteigen, er könne die zweite*

Angriffsphase nicht kommandieren. Er kehrte zur Grotte zurück und teilte dem General mit, er habe nichts erreicht – behauptet er. Dieser wiederum erklärt, er habe während der dreistündigen Abwesenheit des GIGN*-Chefs die Geduld verloren und einen seiner Männer, Lefèvre, damit beauftragt, das Kommando an Legorjus' Stelle zu übernehmen – den er umgekehrt beschuldigt, »schamlos« zu lügen.*

Der in Nouméa versammelte FLNKS *sendete eine Pressemitteilung aus, in der er erklärte, es sei »möglich, die Sache politisch zu lösen; zwischen dem* FLNKS *und einem gemeinsam von der Regierung und Matignon ernannten Vermittler müssten Verhandlungen eingeleitet werden«, und fügte – ohne jedes Wissen um den Stand der Operation – hinzu, es sei »noch Zeit, umzukehren und das Leben von 23 Geiseln und die Chancen für die Zukunft zu retten«.*

Von der Grotte aus forderte Dianou den Rückzug der Truppen, damit man verhandeln könne. Kategorische Weigerung: Stattdessen forderte man ihn auf, sich zu ergeben. Dianou bat, der zu diesem Zeitpunkt im hintersten Teil der unterirdischen Höhle befindliche Staatsanwalt möge kommen, um bei den Gesprächen zu helfen: Dieser schüttelte wortlos den Kopf. Schließlich verlangte Dianou die Mitwirkung von Legorjus: Man forderte ihn auf zu warten. Einige Unabhängigkeitskämpfer erklärten den Geiseln: »Das ist nicht, was wir wollten, wir wollten verhandeln!« Ein Kanak mit einer Kugel im Brustkorb weinte; ein gefangener Oberstabsfeldwebel riet Dianou, ihn evakuieren zu lassen, doch dieser weigerte sich, dann änderte er seine Meinung und der Verletzte wurde aus der Grotte gebracht. Manche Unabhängigkeitskämpfer schenkten sich Tee ein, der Oberstabsfeldwebel zog sein Hemd aus, um seinen weißen Oberkörper bloßzulegen. Eine der Geiseln behauptete später, den an die tentakelartigen Wurzeln eines Banyanbaums gelehnten Alphonse Dianou mit einer Automatikpistole gesehen zu haben.

»Stillschweigend verfluche ich den Blödsinn von Dianou und seinen Männern, sich in diese Scheiße verrannt zu haben. Von den eigenen Leuten im Stich gelassen und am Rand des Wahnsinns führt er seinen Krieg. Mit welchem Recht?«, fragte später der GIGN-Mann Michel Bernard.

Es war nach zwölf.

Der General hoffte, den kanakischen Anführer mit einem zielgerichteten Schuss niederstrecken zu können und dadurch die Moral seiner Männer zu schwächen. Ein unterer Dienstgrad des Commando Hubert schrie Dianou zu, Legorjus werde nicht zurückkommen, er solle sich ergeben. »Ich mach der französischen Armee die Hölle heiß! Wenn ich sterben muss, dann sterbt ihr mit mir, auf meinem Boden!«, soll er zurückgerufen haben. Oder in einer anderen Version: »Und die Geiseln sterben mit mir!« Ein Schuss ließ den Kopf eines Unabhängigkeitskämpfers zerplatzen, den man mit Dianou verwechselt hatte, eine Geisel wurde von einem Soldaten ins Bein getroffen – das einzige »Opfer« unter den rund zwanzig Gefangenen, das bei dem gesamten Angriff zu beklagen war...

Ein Flammenwerfer zischte. Das elfte Sturmregiment nutzte die Feuerwand und stürmte auf die Grotte zu; die GIGN drang ein (»sie lassen die Waffen sprechen und machen die Hölle los«, schreibt später Legorjus; »die Apokalypse«, erinnert sich Lefèvre); Blitze, Kugeln, Rauch, Gas; ein paar Unabhängigkeitskämpfer versuchten, sich den Geiseln zu nähern, wurden aber von Schüssen der beiden Wachposten abgehalten. Ein harter Kern von Freiheitskämpfern, das letzte Aufgebot unter der Führung von Al-

phonse Dianou, zog sich in den hintersten Teil der Grotte zurück, während die Geiseln durch einen natürlichen Tunnel nach draußen flüchteten.

Lefèvre schrie Dianou zu, er solle sich ergeben; der Unabhängigkeitskämpfer wiederholte seine Weigerung und prophezeite: »Ihr werdet weit weg von zu Hause und von euren Familien sterben! Das hier ist nicht eure Sache, geht heim!« Darauf fragte ihn ein alter Kanak: »Aber wenn wir alle sterben, wer bleibt dann auf dieser Erde?« Der Achtundzwanzigjährige hörte dem Alten zu – »Alphonse sah das ein; er sagte, ich solle hinausgehen und der GIGN mitteilen, er gehe die Geiseln befreien«. Dianou hatte offenbar keine Ahnung, dass diese bereits einen Weg nach draußen gefunden hatten ...

Rauch vernebelte den Eingang zur Grotte. Der Anführer ging voraus, seine Kameraden folgten ihm. Eine Pumpgun ging los; Alphonse Dianou fiel nieder und blieb liegen.

Legorjus lief zur Grotte.

Schüttelte seinen geretteten Männern die Hand. Lefèvre, der zwei Jahrzehnte später schreiben wird, »die Kanaken verstehen nur die harte Tour«, denkt an diese »erfüllte« Mission mit einer Mischung aus Stolz und Verbitterung zurück: Er habe die gefangenen, zu Tode erschöpften Unabhängigkeitskämpfer betrachtet, diese »verrenkten Hampelmänner«, wie sie »enttäuscht auf den Boden starrten«. Der General schickte eine Nachricht nach Paris – »alle Geiseln wurden unversehrt befreit« – und sah, wie sich der GIGN-Chef über Alphonse Dianou beugte, der auf einer Bahre lag.

»Alphonse, warum hast du nicht nachgegeben?«

»Philippe, warum habt ihr das getan? Hätten wir das nicht anders machen können?«

Auch Staatsanwalt Bianconi kam dazu; der Sohn von Téouta flüsterte ihm zu, er werde mit dem, was er vorhabe, »bis ans Ende« gehen. Eine große Blutlache machte sich breit, aber »er war bei völliger Klarheit«. Ein Offizier soll Vidal vorgeschlagen haben, er könne Dianou erschießen, er habe »keinerlei Gewissenskonflikt«; darauf soll der General geantwortet haben: »Schluss jetzt damit, hört auf!«

Kahnyapa Dianou, genannt Alphonse, in zwei Monaten neunundzwanzig Jahre alt, Sohn eines Bergarbeiters und einer Küchenhilfe, geboren irgendwo im Gras dieses Archipels, der 1853 erobert und dem Volk von Paris fast acht Jahrzehnte später in einer Art Menschenzoo vorgestellt wurde, erhielt dennoch kurz darauf eine »Herzmassage durch Stiefeltritte«, wurde dann auf einen Kirchplatz am Meer gebracht und später totgeprügelt.

»Ein dantesker Sieg«, schrieb der GIGN*-Mann Michel Bernard.*

Die Rede ist von Tötungen nach bereits beendetem Kampf.

Einer der Männer, der die Grotte täglich mit Lebensmitteln versorgt hatte und nicht zu den Geiselnehmern gehörte, wurde von einem Gendarm kalt umgelegt.

Ein anderer Teebringer, enthüllte Legorjus 2011, wurde von einem Fallschirmjäger der EPIGN *umgebracht, als er zurück in sein Dorf wollte.*

Wenceslas Lavelloi, der sich ohne Waffe im Gefolge seines Freundes Alphonse ergeben hatte, wurde der Obduktion zufolge mit einer Kugel mitten in der Stirn gefunden. Der Mann, der Dianou überzeugt hatte, nicht in der Grotte zu sterben, erzählte später, er habe gefangen neben Lavelloi gesessen, als ein Soldat diesem befohlen habe, ihm zu folgen (»Du bist doch hier der

Rambo, oder?, dann komm!«); ein paar Augenblicke später habe er einen Schuss gehört. Der Teebringer Georges Wea und die zwei Tangopi-Brüder Xavier und Benoît machten später gleichlautende Aussagen. »Lavelloi ist lebend hinausgegangen«, bestätigte ein Hauptmann der Marineinfanterie Pazifik-Polynesien. Auch wenn General Vidal diese Tötung später hartnäckig leugnete (»völlig frei erfundene« Versionen, behauptete er im November 2011 in France 3, »wie aus einem schlechten Film!«), wird Legorjus sie schließlich aufgrund der Aussage eines »direkt beteiligten Zeugen« bestätigen.

Samuel Wamo, der nur am Oberkörper getroffen und vor der zweiten Angriffsphase abtransportiert worden war, wurde erschossen, erklärte einer der Unabhängigkeitskämpfer – und auch das rechtsmedizinische Gutachten attestierte eine Kugel im Schädel.

So viele Reminiszenzen an »die dunkle Seite Frankreichs in Algerien«, bemerkte Philippe Legorjus: »Für mich haben die Herren Mitterrand und Chirac eine Gelegenheit verpasst, sich auf der Höhe unserer republikanischen Werte zu zeigen. Sie hätten dieses Massaker verhindern können – sie haben es nicht getan.«

Die GIGN-Männer flogen nach einer Nacht im Club Med direkt nach Frankreich zurück.

Ein »Gemetzel«.

Nannte Mitterrands Sonderberater die Operation in seinem Tagebuch und empörte sich über die Tatsache, dass die Chirac-Regierung nur die zwei Toten aufseiten der Militärs beklagte und nicht die neunzehn anderen, die »ebenfalls Franzosen« waren, Tote, die »nicht einmal das Recht hatten, Menschen genannt zu werden«. »Die Bilder der vergnügten Soldaten nach der Rück-

kehr von der Operation wecken alte Erinnerungen. Seit dem Algerienkrieg hatte man nicht diese viehische Befriedigung gesehen, ›Bougnoule-Pack‹ fertiggemacht zu haben«, schreibt Attali weiter. »Philippe Legorjus ist am Boden zerstört. Er glaubt, versagt zu haben, weil es Tote gab.« Mitterrand wird ihm später unter vier Augen gestehen: »Das ist eine sehr schmerzhafte Geschichte: einundzwanzig Tote, Niedertracht, ein Meineid und Lügen ... für hunderttausend Stimmen! Man holt sich Wählerstimmen nicht mit Geld und Blut!«

Innenminister Charles Pasqua dagegen war der Ansicht, »man macht kein Omelett, ohne Eier aufzuschlagen«. Und Jean-Marie Le Pen applaudierte ihm: »Ich begrüße die Operation in Neukaledonien ohne Einschränkungen, allerdings zieht man leider nicht die richtigen politischen Konsequenzen. Es war völlig indiskutabel, überhaupt mit dieser terroristischen Organisation zu verhandeln, und es war richtig, sie zum Schweigen zu bringen.« Jean-Marie Tjibaou wiederum wünschte Pons »zur Hölle« (während der durch diese Erfahrung gestärkt hervorgehende Minister sich seinerseits wünschen wird, »die Armeen zu haben«, sprich das Verteidigungsministerium, falls Chirac die Wahlen gewinnt).

Am nächsten Tag, Freitag, den 6. Mai 1988, räumt François Mitterrand in Toulouse ein, dass diese Affäre ihn »vielleicht« »einen halben Punkt« gekostet hat – er wird zwei Tage später mit 54,02 % der Stimmen wiedergewählt. Vier Jahre später schreibt der Hochkommissar der Republik Edgard Pisani in seinen Memoiren: »Hier wurde vorsätzlich ein Massaker verübt.«

43 Zwei Kometensterne breiten ihre Arme aus, alle fünf von einem so schönen Blau, dass die Wilderer zwischen den rosa, gelben und weißen Korallen und denen, die der Tod grau färbt, vor Neid erblassen: die Clownfische und die zahlreichen anderen, deren Namen ich nicht kenne, aber deren von einer erfinderischen Natur verliehene Farbtöne ich bewundere. Seegurken kriechen am Boden der Lagune entlang, weichliche schwarze Körper mit zahnlosem Maul. Eine Riesenmuschel leuchtet auf und schließt sich wieder. Ein Fischschwarm schwimmt durch mich hindurch. Ich streife einen Felsen und bemerke rechts davon einen grauen Riffhai, der meinem Blick zuvor verborgen geblieben war.

Wieder an Land verbietet die Sonne den nackten Füßen, den Boden des Atolls zu berühren, über das sie ungeteilt herrscht und das ich ein Jahr später noch einmal absuche: Mir fehlen noch ein, zwei Teile, um dieses unmöglich fertigzustellende Puzzle zumindest zu ergänzen und dabei den *Weg der Coutume* über die nächsten Angehörigen von Alphonse Dianou zu wahren.

Die Tribu Gossanah empfängt mich unterm Dach von Kötrepi: Alle drei haben sich nicht verändert. Die Hitze macht meinem Gastgeber noch mehr zu schaffen als die von der Jahreszeit in einen Blutrausch versetzten Mücken – von einem Verwandten auf Durchreise hat er sich den Kopf scheren lassen. Scharfsinnig und immer zu Späßen aufgelegt, einzelgängerisch und zugleich um den gemeinschaftlichen Rahmen besorgt, genügsam und philosophisch bis zum Weiß seines dichten Barts zündet der knapp Sechzigjährige mit Reisig und Kokosnussschalen ein Feuer an – die Nacht ist aus Südlichtschleiern genäht –, dann streckt er sich auf einer geflochtenen Matte aus und schlürft einen Tee. Zwei Welpen balgen miteinander und Freund Dragon, der mir auf dem Dorfplatz entgegengerannt kam und den ich voller Freude begrüßt habe, tut jetzt mit der ganzen Kraft seiner Gelassenheit, als schlummerte er.

Werden die Tribus es schaffen, der Dampfwalze der kommerziellen Moderne standzuhalten? Dem »Fortschritt« und dem freien Spiel des Markts, der Werbung und dem Management, der permanenten Erreichbarkeit und Beschleunigung, der Videoüberwachung und dem ständigen Tracking, die meine Gesellschaft schon jetzt in Fesseln gelegt haben? Werden sie das Unabwendbare abwenden können? Kötrepi ist zuversichtlich: Die Kanak von den Inseln werden sich an die Entwicklungen anpassen können und zugleich – und trotz der Bildschirme, die sich täglich vermehren, und einer Jugend, die überall herumschwirrt – die solidarischen Beziehungen aufrechterhalten können, die ein Hauptbestandteil ihrer sozialen und kulturellen Ordnung sind. »Den Kommunismus leben wir doch schon. Einen in groben Zügen zumindest. Hier gibt es keine Klassen, keine Armen und Reichen: Was manche von euch in Europa wollen, haben wir hier. Auch wenn wir uns noch weiterentwickeln müssen, die Fronten von innen verschieben müssen, Konservatismen über Bord werfen müssen – zur Frage der Parität im Ältestenrat zum Beispiel.«

Auf einem selbstgebauten Tisch tropft das Geschirr vom Abendessen ab. Ein kurzatmiger Nachbar mit dunkler Mütze und Seemannsbart setzt sich zu uns; er spricht wenig, wir hören ihm zu.

Die Tribu organisiert eine Feier zum Ende der Trauerzeit – die Angehörigen des Verstorbenen kommen von den Inseln und von Grande Terre. In der Ferne höre ich Kirchengesänge; man lädt mich zu einem Frühstück nach der Messe ein. Zwei Frauen schälen Süßkartoffeln, eine dritte schneidet Kochbananen in Stücke; ein Mann knackt mit dem Fuß einer Schubkarre Kokosnüsse, während ein anderer mit der Machete das Schwein zerlegt, das am Vortag geschlachtet wurde; dazwischen laufen sieben oder acht Hunde herum, der eine sich seines Daseinsrechts gewiss, der andere furchtsam und ängstlich, der eine ausgelassen und gefleckt, der andere mit schwarzem Gesicht. Ich trinke Kaffee, ein kleines Mädchen greift nach meiner Hand. Der Doc versichert mir, sich selber treu: »Das bisschen, was wir haben, teilen wir.«

»Ich spreche eher von Emanzipation als von Unabhängigkeit. Von Landeshoheit. Unabhängigkeit ist ein wichtiger Begriff, um die Zeit zwischen 1970 und 1988 zu verstehen, glaube ich. Aber inzwischen gefällt mir ›sich emanzipieren‹ besser. Das ist weitergefasst«, erklärt mir Kötrepi am gedeckten Tisch eines Freundes.

In eine Hütte kann man nur eintreten, indem man sich bückt.

»Die Erde ist unsere Mutter«, flüstert der alte Aïzik Wea, der neben seiner Frau auf einer Matte sitzt. Die runde Behausung ist aus Lianen, Niaoulirinde und Palmwedeln gemacht. Das Sprechen entwickelt sich hier aus der Stille, keiner käme auf die Idee, irgendjemandem das Wort abzuschneiden: Erst der Schlusspunkt macht Platz für eine Antwort. Der ehemalige

Diakon nimmt eine Art Holzlöffel mit einem angehefteten Stückchen Tüll von der Wand, den er von einem Ahnen hat, und schenkt ihn mir. »Ich rede lieber nicht«, sagt er in seinen langen Bart. »Ich spreche nicht so gut Französisch ...«

Ich gehe zu einem Treffen mit Xavier Tangopi: Wie sein Vater und sein Bruder war er bei der Besetzung der Gendarmerie dabei und ist auf der Fotografie vom Kirchhof Saint-Joseph mit dem Gesicht zu Boden festgehalten. In Arbeitshose lädt er Zuckersäcke ab, um einen kleinen Lebensmittelladen in der Chefferie von Takedji zu beliefern. Um ihn nicht bei der Arbeit zu stören, schlage ich vor, uns für später zu verabreden, doch er erklärt mir, er habe sowieso nichts über Alphonse zu sagen, er habe ihn kaum gekannt, und das AA-52-Maschinengewehr, für das er verantwortlich gewesen sei, sei während des Sturmangriffs nie benutzt worden aus dem einfachen Grund, dass der Schlagbolzen fehlte.

Eine unbekannte Familie von nebenan lädt mich auf einen Tee ein: ein junger Mann mit nacktem Oberkörper und sein einjähriger Sohn, der mit einem Fläschchen spielt, der Großvater desselben mit Schnauzbart, Cap und Polohemd, ein schweigsamer Onkel und eine Frau am Herd. Ein Heiligenkalender und Fotos der Volley- und Fußballmannschaften von Ouvéa zieren die plastifizierte Tischplatte. »Die Armee war überall, das war wie im Krieg«, erinnert sich der Vater des jungen Vaters, der die Kolonne von entwendeten Fahrzeugen vorbeifahren sah, bevor er sich zum Zeichen der Unterstützung in Gossanah den Unabhängigkeitskämpfern anschloss. Inzwischen hat Frankreich die Existenz der Kanak anerkannt, das befriedigt ihn und, sichtbar enttäuscht von der fehlenden Kommunikation mit den eigenen Leuten seitens der Leader der Unabhängigkeitsparteien, strebt er heute auch nicht mehr nach mehr.

»Hier war es«, zeigt Kötrepi und bekräftigt, selbst Augenzeuge gewesen zu sein, hier erklärte ihnen der mit der Operation Victor beauftragte General den Krieg. Hütten und Kokospalmen stehen um uns herum. Das Gras schimmert. Wir setzen uns an seinen Küchentisch und plötzlich liefert mir der ehemalige Bibliothekar, der auf Biolandwirtschaft umgesattelt hat, die wertvollen Elemente, die seinem Bericht seit unserer ersten Begegnung fehlten. Nichts überstürzen, niemals: Jedes Wort hat seine Zeit. »Es gibt nur einen Aufbruch und nur eine Ankunft in unserem Leben, dazwischen navigieren wir herum.« Und Kötrepi gedenkt sein Boot in seinem Tempo zu steuern ...

Er saß mit an Bord des Flugzeugs, das Alphonse Dianou und Wenceslas Lavelloi von Nouméa nach Ouvéa brachte – ein Zufall, erklärt er. Er erinnert sich an das Gewehr, das sie, als Besen getarnt, bei sich führten, das eine mit Dianou bekannte Nonne besorgt hatte. »Zu Anfang sollte das Ganze eine gewaltfreie, symbolische Aktion werden. Wir wollten nur die französische Fahne herunterholen und unsere hissen. Dafür hatte ich mich gemeldet, aber dann wurden wir von den Ereignissen überrollt. Ich habe übrigens erst im Laufe der Zeit kapiert, dass Alphonse der Chef war, das war anfangs nicht so klar. Mit der politischen Erfahrung, die er hatte, hat er ganz natürlich die Initiative ergriffen. Er konnte Leute führen. Ich war knapp siebenundzwanzig. Ich hatte keine Sturmhaube auf, als wir in die Gendarmerie sind. Da waren die Gendarmen auch schon tot. Das war das erste Mal, dass ich Tote gesehen habe, die erschossen worden waren. Die Hälfte ihres Schädels fehlte. Ich als Pazifist ... Ich war lange komplett blockiert. Ich konnte nichts mehr essen. Habe ein Magengeschwür bekommen. Ich habe mich gefragt, ob das alles wahr war, was ich da gesehen hatte ... Wir waren eine Menge Leute damals, es hat geregnet. Ich hatte gerade den Roman *Entre chiens et loups* von Gilbert Cesbron über den Widerstand in Algerien gelesen. Eine einzige Geschichte der Entgleisung. Der FLN hatte Rückzugsorte in den Bergen vorgesehen ... In der Gendarmerie dachte ich sofort an dieses Buch. Mir war gleich klar, was nun kommen würde. Die ersten Geiseln sind Richtung Süden losgefahren. Wir haben eine große Kanaky-Fahne an den Jeep gehängt. Und alle gerufen: ›Es lebe die Unabhängigkeit!‹«

Auf dem Fenstersims brummt das Radio, zwischen zwei Werbespots werden die letzten Raubüberfälle in der Stadt aufgezählt: im Wesentlichen Tabak und Alkohol. »Als ich später in die Grotte kam, war die Stimmung sehr angespannt. Die Gesichter waren nicht mehr dieselben. Am Eingang stand das Maschinengewehr. Die Jungs waren verstört und fassungslos. Sie haben viel mit Kahnyapa geredet. Ich habe zu ihm gesagt: ›Jetzt gibt es kein Zurück mehr.‹ Alles wurde gemeinsam entschieden. Sie waren in einer neuen Phase: Eine Kriegsstrategie musste improvisiert werden. Ich habe jeden Morgen mit einem alten Transporter das Essen gebracht. Die Soldaten haben mich im Dorf an einen Hauspfosten gefesselt. In der prallen Sonne. Ohne Wasser. Andere haben Steine mit sich rumgetragen. Legorjus befahl ihnen, mit den Übergriffen Schluss zu machen, er sagte, das sei unter ihrer Würde. In der Kokosplantage haben sie Ziegen mit Minen hochgejagt. Sie haben die Reissäcke der Genossenschaft aufgestochen. In eine Hütte geschissen. Elektroschocker an den Hoden angesetzt – allerdings nicht bei mir.

Ich war wahnsinnig wütend. Und voller Angst. Wir wussten, dass die Gendarmen irgendwie auch Opfer waren, auch wenn sie Vertreter des Staats waren. Wir haben immer gesagt, das sind Familienväter wie wir. In der Grotte hat sich das Ganze dann beruhigt. An die Geschichte mit *Antenne 2* habe ich bis zum Schluss geglaubt … Aber auch da haben sie uns richtig reingelegt. Ich war im Dorf, wir wurden von den Soldaten abgeriegelt, damit wir nirgendwo mehr hingehen konnten. Wir haben den ganzen Morgen lang Schüsse gehört. Dann haben sie uns in einem Bus in die Gendarmerie gebracht.«

Ein Gastredner im Radio spricht über die »Wettbewerbsfähigkeit« der kaledonischen Wirtschaft. Kötrepi trägt ein Achselshirt und Shorts. An einer Küchenwand hängen zwei auf rechteckige Zettel geschriebene und mit Klebeband befestigte Bibelverse. Er fährt fort: »Ich sehe mehrere Figuren in Alphonse. Den Gläubigen, den Aktivisten und den Kämpfer; er war eine Mischung aus allen dreien. Das Bild, das sie von ihm gezeichnet haben, entspricht ihm nicht, es sagt absolut nichts über ihn als Menschen. Frankreich weiß nichts über Alphonse Dianou. Bevor die alle ihre Bücher geschrieben haben, hätten sie sich mal erkundigen sollen! Alphonse war ein offener Mensch. Natürlich, in der Gendarmerie und in der Grotte, mit der ganzen Spannung, da war er auch von anderen Dingen beeinflusst, da war er ein anderer. Aber später, als er sich beruhigt hat und mit Legorjus und Bianconi verhandelt hat, hat man ihn wieder so erlebt, wie er eigentlich war. Aber er hat bis zum Schluss die Verantwortung für die Situation übernommen. Er hat sich wie Machoro der Armee entgegengestellt – Machoros Märtyrertod hatte ihn geprägt. Alphonse hatte keine Waffe. Er hat an seine Keule aus Canala geglaubt. Er hat in diesem *spirit* gelebt. Er hat sich nur zur Tötung der beiden Gendarmen bekannt, weil er der Chef war; er hat alles auf seine Schultern genommen. Er hatte Legorjus gebeten, er solle ›seine‹ Männer retten. Er wollte seinen Bruder beschützen, damit der nicht ins Gefängnis wandert. Das war nicht mehr Kahnyapa, der durch seinen Mund sprach, es ging ihm nicht um seinen persönlichen Ruhm, es ging um das Land. Und wenn wir sehen, was letztlich die Ergebnisse seiner Aktion für die Gemeinschaft waren: Matignon, Nouméa, die Autonomie, ›die Kanak im Zentrum der Maßnahmen‹, das ›gemeinsame Schicksal‹ … Uns als Terroristen zu bezeichnen war eine Art, uns zu verunglimpfen, uns klein zu machen.«

44 Keiner kann sich aus einem Streit heraushalten: Sich nicht zu entscheiden ist auch eine Entscheidung, nicht zu urteilen ist auch eine Tat, keine Stellung zu beziehen ist auch eine Parteinahme. Und keiner schreibt mit unbeteiligtem Herzen und ohne Gefühle, keiner ist Stadtschreiber außerhalb der Mauern, mit sauberen Händen und dem reinen Bewusstsein des Humanisten: Neutralität ist ein anderer Name für Kollaboration.

Die Vergangenheit ist das wert, was sie an Gegenwart mitträgt und an Zukunft gebiert. Man kann das Rad der Geschichte nicht zurückdrehen, aber man schuldet der, die entsteht, sie mitzugestalten. Der Zorn gehört den Toten: Es gibt nichts zu büßen, aber alles zu erkämpfen. »Für die Vergangenheit kann man nichts mehr tun«, schrieb Simone de Beauvoir in *Für eine Moral der Doppelsinnigkeit*, sie ist gewesen, man kann nichts mehr daran ändern. Aber man kann mit den Worten, die damals fehlten, jene mit »ins Erbe der Menschheit aufnehmen«, die die Zeit ohne Pauken und Trompeten hinter sich gelassen haben.

Mein Blick ist einmal dem von Ataï begegnet, wenn man das so sagen kann, auch wenn dieser hinter geschlossenen Augenlidern aus Gips verborgen war: Die Anthropologische Gesellschaft von Paris hatte einen gewissen Félix Flandinette beauftragt, einen Abguss seines abgeschnittenen Kopfes zu machen, der in Nouméa in einem Glasbehälter mit Formalin konserviert worden war. Das Hirn quoll aus dem Schädel und das Glas trug fälschlicherweise die Aufschrift: »Ataï, Anführer der neokaledonischen Aufständischen, getötet 1879«. Tatsächlich war der Melanesier ein Jahr zuvor gestorben – und sein Kopf erst 2014 an Neukaledonien restituiert worden.

Die Legende erzählt, Ataï sei ein Jahr vor dem Aufstand zum französischen Gouverneur des Archipels gegangen, in jeder Hand einen Sack. Er habe einen davon, der mit Erde befüllt war, ausgeschüttet und gesagt: »Das ist, was wir haben.« Dann habe er den zweiten, der voller Steine war, ausgelehrt: »Das ist, was du uns lässt.«

Viele Kanak, erklärte Alphonse Dianou in *Direct Action*, einem australischen Organ der Sozialistischen Arbeiterpartei, kennen das Todesjahr von Ataï. »Auch das gehört zu ihren Wurzeln.«

Im Profil habe ich den toten Kämpfer übrigens als Tattoo auf dem linken Arm eines jungen Kanak in einem Bus gesehen, der mich bei meiner Ankunft in die Gemeinde Bourail brachte, zweieinhalb Stunden von der Hauptstadt entfernt. Ich wollte die Einrichtung sehen, in der Alphonse Dianou als Erzieher gearbeitet hatte. Die katholische Berufsschule Père-Guéneau – zur Zeit des Revolutionärs École rurale artisanale, ERA – war kurz zuvor angezündet worden.

Danach traf ich Dave Lavelloi wieder, auf den Hügeln von Nouméa, während die Sonne über der verrosteten Karosse eines Autowracks zusammensank (»Nach der Grotte habe ich Hilaire oft wiedergesehen, er war Alkoholiker geworden und ist in der Stadt herumgeirrt. Er ist in diesem Zustand Anfang der 2000er Jahre gestorben. Zu denen, die er mochte, war er anständig … Er hat nie verarbeitet, dass sein Bruder an seiner Stelle die Verantwortung übernommen hat, hat er mir gesagt. Das alles hat ihn zerstört«); ich lernte in seinem Pfahlhaus seinen Bruder kennen, einen Ofen- und Schlackenarbeiter im Bergbaustandort Doniambo, und seine wallisianische Schwägerin (»Wir haben unsere Eltern, die aus Wallis und Futuna gekommen sind, um in Neukaledonien zu arbeiten, angelogen; wir haben ihnen gesagt, die Unabhängigkeitskämpfer wollen die Weißen und die anderen Communitys rausschmeißen …«); ich aß mit Hélène in Hafennähe zu Mittag; traf zufällig zwei Rentnerinnen, die aus Kontinentalfrankreich stammen, aber seit Jahrzehnten in Neukaledonien leben, für die Unabhängigkeit kämpfen und sich Sorgen machen, die Melanesier könnte irgendwann das Schicksal der Aborigines in Australien ereilen (»Die Kanak sind viel zu gut … Warum rebellieren die Leute nicht, bei der ganzen Misere und Ungleichheit?«); wurde per Anhalter von einer abgebrannten Bretonin mitgenommen, die stolz ist auf eine Gegend, an die sie keinerlei Erinnerung hat, da ihre Familie Frankreich verließ, als sie ein Kleinkind war; besuchte Hilaire Dianous Tochter Nelly, die so strahlte, dass mir Zweifel kamen, in meiner Erinnerung dieselbe Person abgespeichert zu haben; traf Darewa und seine Frau wieder, die ich schwanger kennengelernt hatte und die jetzt den winzigen Joseph auf dem Arm trug; und Alphonse Dianous Sohn, dessen Bart und Haarschopf immer buschiger werden, schenkte mir ein Nautilusgehäuse, um »die Kraft zu behalten«.

Im Dorf von Téouta unter dem Dach eines Schulhofs neben seiner Frau sitzend empfängt mich schließlich noch der ehemalige Sänger der Riverstars. Er heißt Laurent Nassele, genannt Lox, und sie Marguerite, genannt Guiguite. Er arbeitet als

Buchhalter auf Ouvéa, sie ist Grundschullehrerin. »Ich weiß schon lange, dass Sie mich treffen wollen, aber ich spreche nicht gern mit Journalisten, die können alles verbiegen ...« In seiner Stimme keinerlei Feindseligkeit, nur Misstrauen gegenüber einer Zunft, die er für die meine hielt – und ich verstehe ihn: Obwohl unentbehrlich, muss dieser Beruf auch für Legionen von Paparazzi, Betrügern, Hofschranzen und Botschaftern der besseren Gesellschaft einstehen.

Neonröhren beleuchten die geviertelten Früchte auf einem Teller, mit denen wir unseren Appetit stillen. Eine weiße Blume prangt auf Marguerites Kopf, der voller so präziser Erinnerungen ist, dass ihr Mann gern auf sie zurückgreift. Der Frontmann der kanakischen Band – sein Vorname steht auf der Rückseite der von Studio Horizon produzierten Plattencover – wirkt aufgewühlt. Ein vergrößertes Foto von Alphonse Dianou, der zwei Jahre jünger war als er, hängt in ihrer Küche: zugerichtet von der Zeit, unscharf, safrangelb. »Wir waren unzertrennlich.« Anfang der 1970er Jahre wurden sie zusammen im Internat Saint-Léon eingeschult, das von den Maristen-Brüdern in der Gemeinde Païta geführt wurde. »Wir haben zusammen Musik gemacht. Unsere eigenen kleinen Songs. Wir haben die ganzen Ferien damit verbracht – auch zusammen mit Hilaire. Später, als Alphonse im Priesterseminar war, hat er, wenn er von den Fidschis nach Hause kam, Platten von Jimi Hendrix mitgebracht. Er hat mir auch eine Gitarre geschenkt. Er hatte immer irgendwelche Zeitungen dabei. Französische. Ich weiß gar nicht, wie er immer an die rankam. *Le Nouvel Observateur* und solches Zeug. Er hat viel gelesen. Wenn wir zu ihm nach Rivière Salée kamen, haben wir oft gedacht, er sei nicht da; stattdessen saß er in seinem Zimmer und las.«

Laurent Nassele trägt einen Kinnbart und ein Fußballshirt. Er hat mit Alphonse nie über Politik gesprochen und macht eine Pause, als ich ihn frage, ob sein Freund mit dem Attribut »Einzelgänger« richtig bezeichnet ist. »Das würde ich nicht sagen. Oder wenn, dann ein Einzelgänger in seinen Gedanken.« Der Mann lächelt bei der Erwähnung einer anderen Musikgruppe, die er gegründet hat, Zanué Oné Sina: Dianou habe viel Zeit mit ihnen verbracht, sei aber kein Mitglied gewesen. »Er war einfach, wirklich einfach. Und sanft.« Marguerite nickt. »Das mit der Gendarmerie hat mich total überrascht. Wir sind beide ruhige Typen, wir haben dasselbe Temperament. Deshalb haben wir uns auch so gut verstanden«, erklärt Laurent Nassele leise, während mehrere ihrer Katzen miauen.

Das letzte Mal, dass sie ihn gesehen haben, war hier an diesem Ort – gemeinsam. »Ich kam gerade von der Arbeit«, erzählt Alphonse Dianous Freund. »Er hat mich gefragt, ob ich 270er-Munition hätte. Meine Frau wollte wissen, wofür. Er meinte, um die Flughunde dranzukriegen. Ich hab das damals nicht verstanden.« Marguerite legt schnell nach: »Das war ein oder zwei Wochen vor der Gendarmeriegeschichte. Er war kurz zuvor zu mir in die Schule gekommen, ich war schon im Klassenraum und er hat an die Tür geklopft. Er hat mich gefragt, ob ich eine Rolle Packpapier für eine Versammlung hätte. Er hat uns nichts gesagt. Er wollte uns da nicht reinziehen. Dann kam er zu uns nach Hause und hat gefragt, ob wir ein Gewehr für ihn hätten. Wir haben nein gesagt. Er hatte mir erzählt, er wolle nach Nouméa fahren. Später habe ich ihn noch einmal vorbeifahren sehen. Ich habe in einem Transporter seinen Afro erkannt. Er wollte uns schützen. Wir haben von dem Ganzen dann so erfahren wie jeder. Das mit der Gendarmerie hat mich wirklich kalt erwischt. Ich hätte nie geglaubt, dass er in solche Sachen verwickelt ist. Er war nicht gewalttätig und nicht cholerisch. Er war sehr ausgeglichen, eher zurückhaltend und sehr aufrichtig. Das war kein autoritärer Mensch. Er hat zu seinen Ideen gestanden, das ja, aber er hat sie niemandem aufgezwungen. Er war kein Diktator! Er hat die Dinge auf den Tisch gelegt und ist ihnen auf den Grund gegangen. Er war ein Vorbild für die Jungen. Wir haben immer noch das Bild eines Optimisten von ihm.«

Kurz nach der missglückten Besetzung kamen die Soldaten zu ihnen nach Hause. Ein Hubschrauber landete im Garten, in dem an diesem zu Ende gehenden Tag zwei geparkte Fahrzeuge stehen. Das Paar hatte nichts auszusagen und weiß auch heute noch nichts über die Einzelheiten und die jeweiligen Verantwortlichkeiten.

»Esst die Früchte auf«, insistiert Marguerite. Sie gesteht, immer noch viel an ihren verschwundenen Freund zu denken, und versichert, das sei kein »Selbstmordkommando« gewesen: Dass er in seinem Kampf gegen die koloniale Ordnung das Leben verlieren könnte, sei für den Aktivisten, der er war, sicher denkbar gewesen; aber dass er sich mit gesenktem Kopf in den Tod gestürzt hätte, passe nicht zu ihm. »Wenn ich an Alphonse denke, dann denke ich an die Momente, in denen wir gelacht haben.«

»Ich bin mir immer sicher gewesen, dass er nicht geschossen hat«, beteuert Marguerite; »ich hab das auch nie geglaubt«, fügt Laurent hinzu. Die beiden Eltern eines kleinen Alphonso sind überzeugt, es sei wichtig, »Alphonse' Würde endlich wiederherzustellen«.

45 Irgendwo im nördlichen Teil von Australien, im Outback in der Wüste, hält Alphonse Dianou eine Rede; sieben Monate später wird er gegangen sein, Staub zu Staub, Erde, von der alles kommt, aber für den Augenblick spricht er noch auf der Tribüne eines Pazifistentreffens, das von der *Australian Anti-Bases Campaign Coalition* organisiert wurde, um sich gegen die Militärpräsenz der USA im Land zu stellen. In der rechten Hand ein Mikro mit Kabel, in der linken Notizen, die er gesenkten Blickes abliest. Kurzärmeliges gemustertes Hemd, Jeansweste, die Unterarme von Muskelsträngen durchzogen, Spitzbart und der unerschütterliche Afro.

Eine kanakische Unabhängigkeitsflagge prangt in ihren Farben neben ihm. Hinter ihm eine großformatige Illustration des Erdballs, darüber in Großbuchstaben auf Englisch die Aufschriften: »Global denken, lokal handeln« und »Für eine atomwaffenfreie, unabhängige Zone«. Man erahnt ein Dutzend Köpfe, die zu einem Podest außerhalb des Bildausschnitts dieser Fotografie aufblicken, die Hélène in ihrem Besitz aufbewahrt und von der ich im Dorf Gossanah am Stamm eines Zitronenbaums noch einmal einen Abzug sehen werde. Alphonse Dianou trägt an jedem Ringfinger einen Ring und als Kettenanhänger die himmelblaue Nabelschnurklammer seines Sohnes, die er bis zu seinem Tod bei sich behalten wird.

»Was die Kanak tatsächlich zur Revolte getrieben hat, war die kulturelle Entfremdung, die ihnen der Westen aufgezwungen hat. Danach wurde der Kampf immer politischer«, erklärt Dianou auf dieser Australienreise im Oktober 1987. »Der Einzelne trägt etwas zur Gemeinschaft bei, und die Gemeinschaft muss jedem erlauben, sich selbst zu entfalten: So können beide einander bereichern.«

Die Palmen scheinen der Welt beweisen zu wollen: Niemand hat sie je schlappmachen sehen. Reifen lungern um verkohlte Baumstümpfe am Rand der Teerstraße. Ein alter, grauer Peugeot verrostet im wilden Gras, die Kühlerhaube zerknautscht, der linke Kotflügel eingestoßen, das Dach zusammengesackt unter rauem Gestein. Ein Stück weiter verdauen Farne Fernseher und leere Farbtöpfe. Drei Hunde weisen mir mit den Schnauzen den Weg auf der Straße, die das Atoll durchschneidet, dieses vom Korallenmeer umfasste Gewirr aus Wald, Kämpfen und Kratzspuren.

Ein paar Meter von der Lagune entfernt bleibe ich an Alphonse Dianous Grab stehen. Der nackte Christus am Kreuz. Kunstblumen. Münzen und Gaben. Seine achtzehn Kameraden, deren Namen am Rand der Geschichte stehenbleiben werden, rechts und links von ihm. Die Gaben, die man in Gossanah in Aussicht auf die Befreiung der Geiseln hergestellt hatte, wurden am Ende hier mit den Entführern begraben. »Es liegt an uns zu entscheiden, welchen Weg wir im Leben gehen wollen, um das zu werden, was man ›menschlich‹ nennen kann«, hatte der junge Kahnyapa einmal seiner Schwester auf einer Postkarte geschrieben, die inzwischen vergilbt und von wermutgrünen Flecken überzogen ist.

Ein Medaillon auf dem Grabstein zeigt das schweigsame Gesicht des Aufständischen. Die dunkle Linie seiner Augenbrauen. Obsidianschwarze, gesenkte Augen. Von Barthaaren dunkel umrahmte Jochbeine. Breite Nasenspitze. Ungebrochene Linie der Lippen, die eine Stimme bargen, über deren Klang ich noch gar nichts weiß und der vielleicht für immer in Luft aufgelöst ist, ausgelöscht, zerstoben wie Seifenblasen. Die Toten wie die Lebenden bewahren ihre Schlupfwinkel, Rätsel, Schutzräume, Geheimnisse für sich, schotten die sicheren Orte ab und bewachen ihre Kehrseite. Liebkosung oder Dolch: Man wird das Herz immer verfehlen, das zu finden man ausgezogen ist. Über dreißig Monate habe ich seines zu erforschen gesucht, in seiner Nähe gelebt, für zwei gedacht und manchmal gezweifelt, bin auf zwei Kontinenten jedem seiner Schläge in den Erzählungen derer gefolgt, die noch Blut durchströmt. Die Haut hält die Knochen zusammen, die bald dem Wind überlassen sein werden: Der Körper hat seine Konturen dem Gedruckten vermacht, Verurteilte auf Bewährung, die wir sind, mit Zügen, die der Zukunft gehören: verhärtet, versteinert – auch wenn wir es nur halb eingestehen –, erstarrt zwischen den Zähnen der Wolfsfalle Zeit. Ich blicke noch ein letztes Mal in die Augen dessen, von dem der Staat behauptete, er sei weniger als ein Mensch: Sie weichen knapp aus, ein wenig gesenkt, im Ungefähren, würde man sagen, vielleicht verloren, gewiss melancholisch – verdammte vergebliche Wörter, aber sie sind alles, was uns bleibt.

September 2015 – Mai 2018

BIBLIOGRAFIE

In diesem Bericht zitierte oder während der Erstellung konsultierte Bücher:

Frédéric Angleviel: *Un drame de la colonisation. Ouvéa, Nouvelle-Calédonie, mai 1988*, Vendémiaire, 2015.
Jacques Attali: *C'était François Mitterrand*, Fayard, 2005.
Ders.: *Verbatim II (1986–1988)*, Fayard, 1995.
Ders.: *Verbatim III (1988–1991)*, Fayard, 1995.
Jean Baronnet und Jean Chalou: *Communards en Nouvelle-Calédonie. Histoire de la déportation*, Mercure de France, 1987.
Jean-Pierre Bédéï: *L'Info-pouvoir. Manipulation de l'opinion sous la Ve République*, Actes Sud, 2008.
Alban Bensa: *Chroniques kanak. L'ethnologie en marche*, Ethnies-Documents, 1995.
Alban Bensa, Yvon Kacué Goromoedo und Adrian Muckle: *Les Sanglots de l'aigle pêcheur. Nouvelle-Calédonie: la guerre kanak de 1917*, Anacharsis, 2015.
Michel Bernard: *GIGN, le temps d'un secret*, Bibliophane-Daniel Radford, 2003.
Jean-Louis Bianco: *Mes années avec Mitterrand. Dans les coulisses de l'Élysée*, Fayard, 2015.

François Burck: *Mon cheminement politique avec Eloi Machoro (1972–1985)*, Éditions de la province des îles Loyauté, 2012.

Jacques Chirac: *Chaque pas doit être un but*, Nil, 2009.

Michèle Cotta: *Cahiers secrets de la Ve République,* Band 3: *1986–1997*, Fayard, 2009.

Thierry Desjardins: *Nouvelle-Calédonie. Ils veulent rester français*, Plon, 1985.

Roland Dumas: *Coups et blessures. 50 ans de secrets partagés avec François Mitterrand*, Cherche Midi, 2011.

Pierre Favier und Michel Martin-Roland: *La Décennie Mitterrand,* Band 2: *Les Épreuves (1984–1988)*, Seuil, 1991.

Michel Feltin-Palas: *Le Roman des Chirac*, Michel Lafon, 2017.

Patrick Forestier: *Les Mystères d'Ouvéa*, Filipacchi, 1988.

Déwé Gorodé und Nicolas Kurtovitch: *Dire le vrai*, Grain de Sable, 2006.

Jean Lacouture: *Mitterrand, une histoire de Français*, Band 2: *Les Vertiges du sommet*, Seuil, 1998.

Michel Lefèvre: *Ouvéa. L'histoire vraie*, Éditions du Rocher, 2012.

Philippe Legorjus: *La Morale et l'Action*, Fixot, 1990.

Philippe Legorjus und Jacques Follorou: *Ouvéa, la République et la morale*, Plon, 2011.

Louise Michel: *Exil en Nouvelle-Calédonie*, Magellan & Cie, 2005.

Dies.: *Memoiren. Erinnerungen einer Kommunardin*, Unrast Verlag, 2016.

Hamid Mokaddem: *Kanaky et/ou Nouvelle-Calédonie?*, Expressions – la courte échelle / Transit, 2014.

Pierre Montagnon: *Histoire de la gendarmerie*, Pygmalion, 2014.

Ders.: *Commandos de légende. 1954–2011*, Pygmalion, 2012.

Roland Môntins: *GIGN. 40 ans d'actions extraordinaires*, Pygmalion, 2013.

Nidoïsh Naisseline: *De cœur à cœur* (mit Walles Kotra), Au vent des îles, 2016.

Vincent Nouzille: *Les Tueurs de la République. Assassinats et opérations spéciales des services secrets*, Éditions universelles, 1989.

Charles Pasqua: *Ce que je sais,* Band 1: *Les Atrides*, Le Seuil, 2007.

Alain Picard: *Ouvéa. Quelle vérité?*, LBM, 2008.

Gilbert Picard: *L'Affaire d'Ouvéa*, Éditions du Rocher, 1988.

Edgard Pisani: *Persiste et signe*, Odile Jacob, 1992.

Anne Pitoiset: *Nouvelle-Calédonie*, Autrement, 1999.

Edwy Plenel: *Le Journaliste et le Président*, Stock, 2006.

Ders.: *La Part d'ombre*, Gallimard, 1992.

Ders. und Alain Rollat: *Mourir à Ouvéa. Le tournant calédonien*, La Découverte et Le Monde, 1988.

Bernard Pons: *Aucun combat n'est jamais perdu*, L'Archipel, 2018.

Antonio Raluy: *La Nouvelle-Calédonie*, Karthala, 1990.

Michel Rocard: *Si la gauche savait*, Robert Laffont, 2005.

Antoine Sanguinetti (collectif): *Enquête sur Ouvéa. Rapport et témoignages sur les événements d'avril-mai 1988*, Ligue des droits de l'Homme, Études et documentation internationales, 1989.

Jacqueline Sénès: *La Vie quotidienne en Nouvelle-Calédonie de 1850 à nos jours*, Hachette, 1985.

Jean-Marie Tjibaou: *La Présence kanak*, Odile Jacob, 1996.

Jacques Vidal: *Grotte d'Ouvéa. La libération des otages*, Volum, 2010.

Éric Waddell: *Jean-Marie Tjibaou, une parole kanak pour le monde*, Au vent des îles, 2016.

Henri Weill: *Opération Victor. GIGN et services secrets dans le Pacifique*, Éditions universelles, 1989.

ZEITSCHRIFTEN

Kanaky Nouvelle-Calédonie: situations décoloniales, Mouvements, La Découverte, Nr. 91, Herbst 2017.

Charles, Nr. 23, Herbst 2017.

Paris Match, Nr. 2035, 27. Mai 1988.

Bwenando, Nr. 112, Oktober 1988.

DOKUMENTARFILME

Élisabeth Drevillon: *Grotte d'Ouvéa: autopsie d'un massacre*, Infrarouge, 2008.

Mehdi Lallaoui: *Retour sur Ouvéa*, Mémoires Vives Productions, 2008.

Olivier Rousset: *Le Temps kanak*, Nord-Ouest films, 2012.

WEBSEITE

Ouvéa 1988, administriert von Jean-Guy Gourson:
jggourson.blogspot.fr

DANKSAGUNG

Grüße an diejenigen, die sich bereiterklärt haben, auf diesen Seiten Zeugnis abzulegen.

An die Familie Dianou.

An Olivier, Iabe, Kötrepi und Dave, die mir den Weg geebnet haben: Ohne sie wäre dieses Buch niemals entstanden.

An Pip, Jimenez, Jules und Marie D. für ihre Meinung und Unterstützung.

An Jean-Guy Gourson für seine journalistische Gründlichkeit, seine Gesprächsbereitschaft und seine wertvollen Hinweise.

An die Hunde Dragon, Palestine und Lune.

An diejenigen, die sich den »rostigen Splittern der Geschichte« (Hawad) stellen.

An Ö.

GLOSSAR UND ZEITTAFEL ZUR DEUTSCHEN AUSGABE
von Claudia Hamm

ALTEN, DIE – (frz. *les vieux*) In der sozialen Ordnung der Kanak diejenigen, die aufgrund ihrer Erfahrung Entscheidungen für die gesamte Gruppe treffen.

BOUGNOULE – Rassistische Bezeichnung für Schwarz- und Nordafrikaner, abgeleitet von bu ñuul (Wolof) = schwarz.

CHEF – (frz. *chef*) In älteren deutschen Übersetzungen »Häuptling« eines »Stamms«. Um die postkolonialen Verhältnisse abzubilden, in denen der *chef* als Vorstand eines durch die Kolonialisten geschaffenen Reservats auch Verwaltungsfunktionen hat, wird der zeitgenössische Begriff Chef bevorzugt, der keine »wilden« Verhältnisse suggeriert.

CHEFFERIE – Wohnsitz des Chefs einer Tribu. Verwaltungseinheit der Kanak in Neukaledonien, Untereinheit einer *grande chefferie* bzw. eines *district coutumier* (Gebiet einer oder mehrerer Tribus), der wiederum Teil einer der neun *aires coutumières* ist und zuständig für privatrechtliche Angelegenheiten in Bezug auf den besonderen Status der Kanak, ihrer Sprachen und Kulturen.

CRS – *Compagnies Républicaines de Sécurités*, kasernierte Abteilung der Polizei, vergleichbar der Bereitschaftspolizei.

COMMANDO HUBERT – Eliteeinheit der Marine für maritime Kommandooperationen. Zum Einsatzprofil gehören Aufklärung, Sabotageakte, Antiterroreinsätze und Geiselbefreiungen, aber auch die Atomtests Frankreichs und UNO-Friedensmissionen. Das Commando Hubert wurde in den Kolonialkriegen in Algerien und Indochina eingesetzt; während des Kalten Krieges waren die Kampfschwimmer an geheimen Aufklärungseinsätzen gegen Einrichtungen des Warschauer Pakts und an sämtlichen französischen Interventionen im Ausland beteiligt.

COUTUME – Wörtlich »Brauch«, ehemals verharmlosend folklorisierender Begriff der französischen Kolonialisten, der von den Kanak jedoch als allen autochthonen Sprachen übergeordneter Begriff übernommen wurde, um verändert gebraucht zu werden: »Coutume« bezeichnet für die Kanak sowohl die Geografie des Landes als auch die gesellschaftliche Organisation, sie verortet den einzelnen Menschen in seinem Milieu und in Beziehung zur Kosmogonie und zu einem höheren Wesen, bestimmt die mütterlichen und väterlichen Genealogien und beschreibt den rituellen Gabentausch (»*faire la coutume*«), mit dem der Respekt für den anderen markiert wird, sie steht für Lebensregeln, Anstand, Gastfreundschaft und Demut und den größeren spirituellen und gesellschaftlichen Zusammenhang, den Geist. Die Coutume rhythmisiert das Leben des Einzelnen zwischen den drei großen Momenten seines Lebens Geburt, Heirat und Tod. Sie manifestiert sich in Worten, Gesten, Gaben und Zeremonien.

ĐIỆN BIÊN PHỦ – Stadt in Nordwestvietnam. Die Schlacht um Điện Biên Phủ 1954 zwischen den Streitkräften Frankreichs und den Truppen der Unabhängigkeitsbewegung Viêt Minh endete am 8. Mai trotz der gewaltigen militärischen Überlegenheit der Franzosen mit deren Niederlage. Sie leitete das Ende des französischen Kolonialreichs in Indochina ein (heute Vietnam, Laos und Kambodscha).

DOM-TOM-GEBIETE – (frz. *Départements et Territoires d'outre-mer*) Veraltete, heute umgangssprachliche Bezeichnung für französische Überseeterritorien. Dazu gehören Gebiete in der Karibik, der Antarktis und im Indischen Ozean, in Polynesien und Melanesien sowie Mayotte, La Réunion und Französisch-Guyana. Alle Überseegebiete sind französisches Territorium, allerdings mit unterschiedlichem Status. Außen- und verteidigungspolitisch sind sie direkt Frankreich unterstellt. Das zuständige Ministerium ist seit 1946 direkter Nachfolger des 1710 gegründeten Kolonialministeriums.

FALLSCHIRMJÄGER-STURMREGIMENT, ELFTES – (frz. *11e régiment parachutiste de choc*) Teil der Generaldirektion Äußere Sicherheit. 1948 u. a. von General Aussaresses gegründet, der in Algerien die Folter verteidigte und umsetzte. 1993 aufgelöst.

FELLS – Abkürzung des Plurals von *fellagha*, arabischer Kämpfer gegen die französische Herrschaft in Algerien und Tunesien in den 1950er Jahren.

FOULARDS ROUGES – 1969 gegründete politische Vereinigung kanakischer Studierender gegen die französische Kolonialherrschaft.

»GEMEINSAMES SCHICKSAL« – Im Abkommen von Nouméa etablierter symbolischer Begriff, der eine kaledonische Staatsbürgerschaft postuliert.

GENDARMERIE – Gehört als Militärpolizei in Frankreich zum

Heer. Methoden und Aufgaben von Heer und Gendarmerie unterscheiden sich allerdings. (Die Rangbezeichnungen in der Übersetzung folgen dem Nato-Rangcode.)

GIGN – (*Groupe d'intervention de la gendarmerie nationale*) Spezialeinheit der französischen Nationalgendarmerie mit dem Einsatzschwerpunkt Terrorismusbekämpfung und Geiselnahmen, vergleichbar der deutschen GSG 9.

KOHABITATION – (frz. *cohabitation*, »Zusammenleben«) Bezeichnet eine Situation, in der der Staatspräsident einerseits und die stärkste Fraktion im Parlament und damit die Regierung andererseits zwei unterschiedlichen Parteien angehören. Das Staatsoberhaupt ist in Phasen der Kohabitation in seinen Kompetenzen stark eingeschränkt und auf enge Zusammenarbeit mit der Regierung angewiesen.

KANAK – Vom hawaiianischen *kanaka* für »Mensch« entlehnten die Franzosen die pejorative Bezeichnung *canaque* für alle Bewohner des Pazifikraums. Da die melanesischen Bewohner Neukaledoniens keine übergeordnete Bezeichnung für ihre verschiedenen Volksstämme (mit ihren 28 Sprachen und 11 Dialekten) hatten, übernahmen sie das französische Schimpfwort, änderten seine Schreibweise in *kanak* und banden es so an das hawaiianische *kanaka* zurück. Die Bezeichnung *Kanaky* für Neukaledonien (»das Zuhause des Menschen«) folgt dieser Praxis.

LARZAC – Anfang der 1970er Jahre plante die französische Regierung, das Militärübungsgelände auf dem Plateau von Larzac auf das Sechsfache auszuweiten. Bauern sollten ihre Ländereien dafür zu Spottpreisen verkaufen oder enteignet werden. Sie beschlossen, gewaltfreien Widerstand zu leisten und erfuhren Unterstützung aus der ganzen Welt; auf dem Larzac fanden Versammlungen mit bis zu 100 000 Teilnehmern statt. Als Mitterrand 1981 Präsident wurde, wurden die Pläne verworfen.

MAMA – Frau in ihrer sozialen Rolle als Mutter.

MANOU – Buntes, pareoartiges Tuch. Traditionelles Geschenk beim Gabentauschritual. An Gegenständen, Orten etc. Botschaft an die Ahnen.

MATIGNON – Sitz des französischen Premierministers (Hôtel Matignon in Paris) und Verhandlungsort des gleichnamigen Abkommens.

MELANESIEN – Neben Polynesien (östlicher) und Mikronesien (nördlicher) die Australien am nächsten gelegene Region des Pazifiks mit den Staaten Papua-Neuguinea, Salomonen-Inseln, Fidschi und Vanuatu, der indonesischen Region Westguinea, dem französischen Überseeterritorium Neukaledonien und den australischen Torres-Strait-Inseln. Ethnien, die zu den Melanesiern gezählt werden, leben auch in angrenzenden Regionen.

MUTTERLAND – (frz. *métropole*) Kontinentalfrankreich. Das Wort »Mutterland« wird im Duden mit der Sprechintention »verhüllend« beschrieben. Im postkolonialen Kontext dieses Buchs wird es als Übersetzung für *métropole* dennoch verwendet, um die konfliktuöse koloniale Logik von »Zentrum« und »Peripherie« bzw. »ernährend« und »fremdernährt« deutlich zu machen.

OAS – *Organisation de l'armée secrète*, ehemalige geheime französische Militärorganisation, die mit Folter, Verschwindenlassen, Attentaten und Sprengstoffanschlägen die Unabhängigkeit von Algerien zu verhindern versuchte.

PAPA – Mann in seiner sozialen Rolle als Familienvater.

POULO CONDOR – Gefängniskomplex auf der Inselgruppe Côn Đảo in Vietnam (ab 1861 von den Franzosen kolonisiert) mit den berüchtigten »Tigerkäfigen«, wo Oppositionelle gefangen gehalten und gefoltert wurden.

REDE – Die rituelle Rede wird als Inkarnation des Ahnengeists verstanden. Dieser verortet den Menschen und seinen Clan in Raum und Zeit. Sprechen und Zuhören heißt, sich in Respekt und Demut vor dem anderen verneigen. Die rituelle Rede sorgt für Gegenseitigkeit in den Beziehungen; für die Kanak ist jede Rede kulturell, sozial und spirituell verankert.

RPR – *Rassemblement pour la République*, konservative Partei Jacques Chiracs.

SFIO – Französische Sektion der Arbeiter-Internationale.

TRIBU – (frz. *tribu*, wörtl. »Stamm«) Einerseits administrativer Begriff, der seit 1867 die Reservate bezeichnet, in die die Kanak-Clans verwiesen wurden, heute etwa »Ansiedlung«; andererseits kleinere Gemeinschaft, die auf vorkapitalistische Weise unter der symbolischen Leitung eines Chefs oder Häuptlings lebt. In der vorliegenden Übersetzung je nach Kontext Tribu, Stamm oder Dorf. Leben in einer Tribu heißt heute: nach den Traditionen leben.

ZEIT, KANAKISCHE – (frz. *le temps kanak*) Zeit wird als Raumzeit-Erfahrung verstanden und als Zyklus bzw. Spirale (und nicht als Strahl) visualisiert: als Erfahrung des Rhythmus der Natur, von Hitze und Kälte, von Alter und Jugend, aber auch der Ereignisse, die Verbindungen erneuern und Gemeinschaft stärken. Nach Jean-Marie Tjibaou denken die Kanak Zeit in vier Typen: als Zeit des Yams, als Geschichte der Clans, als Mythos und als »heiße soziale Zeit« (Feste, gemeinsame Arbeiten, Zeremonien rund um Geburt, Heirat, Tod).

Z'OREILLES – Ursprünglich auf La Réunion, dann in Neukaledonien, inzwischen auch in anderen Überseegebieten verwendeter Begriff für Kontinentalfranzosen.

Zur ausführlicheren Darstellung des kulturellen Kontexts und seiner Übertragung ins Deutsche siehe:
hanser-literaturverlage.de/Kanaky/toledo-journal

ZEITTAFEL

VERMUTLICH UM 1500 V. CHR. Besiedlung Neukaledoniens durch Melanesier und Polynesier.

AB 1841 Beginn der Missionierung durch protestantische Missionare der »London Missionary Society« und französische Maristenpatres.

1853 Neukaledonien wird im Auftrag von Napoleon III. von Frankreich erobert.

1863 (bis 1931) Nach dem Vorbild Australiens Straflager für Mörder, Bettler und Prostituierte, aber auch für politische Aufrührer wie die Mitglieder der Pariser Kommune oder aufständische algerische Kabylen. Um die Besiedlung der Kolonie voranzutreiben, erhalten sie nach Verbüßung ihrer Strafe Land, das den Einheimischen genommen wurde. Die Hälfte der einheimischen Bevölkerung stirbt an eingeschleppten Krankheiten.

1843–1870 46 Aufstände der Kanak gegen den Landraub der französischen Siedler, Niederschlagung durch die Kolonialherren, unter den Opfern 200 Kolonisten und 1200 Kanak, weitere 1200 Kanak werden auf andere Inseln zwangsumgesiedelt.

1878 Fast einjährige Rebellion der Kanak, Enthauptung des Stammesführers Ataï.

1880 Beginn des Nickelabbaus durch die Société le Nickel. Als

Arbeitskräfte werden Gefangene aus der Strafkolonie, aber auch Freigelassene, angeworbene Arbeitskräfte aus Asien und Ozeanien sowie getäuschte oder gewaltsam verschleppte Inselbewohner des Südpazifiks eingesetzt.

1887 »Eingeborenenkodex« (*code de l'indigénat*): zunächst für Algerien eingeführte, später auf alle französischen Kolonien ausgeweitete Sammlung von Dekreten, die die »Eingeborenen« zu »Untertanen der französischen Republik« erklärt und sie ihrer politischen Rechte und Freiheiten beraubt (Enteignung und Verdrängung in Reservate, Zwangsarbeit, Ausgangssperren, »Kopfsteuer«, Verbot einheimischer Sprachen und traditioneller Bräuche, Verbot von ungenehmigten Versammlungen und Verlassen des Gemeindegebiets, Bestrafung von »Unehrerbietigkeit«, Hausdurchsuchungen).

1900 Die Kanak »besitzen« nur noch 7 % der Fläche Neukaledoniens.

1917 Weitere Aufstände, als Kanak zum Ersten Weltkrieg eingezogen werden.

1931 Im Rahmenprogramm der Kolonialausstellung »Völkerschau« der »polygamen, menschenfressenden Wilden« mit 91 Männern, 14 Frauen und 6 Kindern als »Menschenzoo« im Jardin d'acclimatation in Paris. Die Kanak werden unter dem Vorwand, einheimische Tänze und Gesänge zu präsentieren, in die »*mère-patrie d'adoption*« gelockt, wo sie mitten im Winter mit Lendenschurz bekleidet, die Frauen mit nackten Brüsten, rohes Fleisch essen, Speere schwingen, auf Bäume klettern, Kannibalismus simulieren und Schreie ausstoßen sollen (obwohl sie perfekt Französisch sprechen). Eine 30-köpfige Untergruppe wird im Austausch gegen Krokodile in den Zoos von Frankfurt/Main und Hamburg vorgeführt.

Die »Reise« bleibt im kulturellen Gedächtnis der Kanak wegen der erlittenen Demütigung ein totgeschwiegenes Tabu.

1946 Neukaledonien wird zum Überseeterritorium erklärt.

1953 Die Kanak erhalten die französischen Bürgerrechte.

1969–1975 Nickelboom.

1973–1995 Atomversuche auf dem Mururoa-Atoll, die Folgen der Radioaktivität sind bis Neukaledonien zu spüren.

1975 Jean-Marie Tjibaou organisiert das Festival *Mélanesia 2000* zur Feier der kanakischen Identität, das erste Zeichen für kulturelle Selbstbestimmung.

1977 Die Union calédonienne spricht sich für die Unabhängigkeit aus.

1984 Gründung des FLNKS, Bildung einer provisorischen Gegenregierung mit Jean-Marie Tjibaou als Präsident, Attentat durch französische Sicherheitskräfte auf die Familie von Tjibaou, 10 Tote.

1984–1988 Zahlreiche von Frankreich niedergeschlagene Protestaktionen und Aufstände der Kanak, über 70 Tote. Im September 1985 mehrere Bombenattentate der ultrarechten *Colons* auf kanakische Institutionen. Förderung der Einwanderung nach Neukaledonien durch den französischen Staat.

1986 Die UN nimmt Neukaledonien (erneut) in die Liste der zu dekolonisierenden Länder auf.

1988 Matignon-Abkommen. Die Vereinbarungen, die im Sitz des Premierministers in Paris getroffen wurden, sehen eine zehnjährige Frist mit wirtschaftlichen und institutionellen Garantien für die Kanak vor, bis alle Neukaledonier über eine Unabhängigkeit entscheiden (tatsächlich dauert es 30 Jahre bis zum ersten Referendum).

1998 Abkommen von Nouméa. Neukaledonien wird eine Besondere Gebietskörperschaft (*Collectivité sui generis*) der Französischen Republik und erhält schrittweise mehr Autonomie.

1998 Eröffnung des *Centre culturel Tjibaou* durch den französischen Staat, ein von Renzo Piano entworfener Ausstellungs- und Veranstaltungsort für die Kultur der Kanak.

2007 Erklärung der UN-Vollversammlung über die Rechte indigener Völker, sie schließt das Recht auf Selbstbestimmung ein, das Recht auf Bodenschätze und das Recht, frei über die wirtschaftliche und gesellschaftliche Entwicklung zu entscheiden. Diese Erklärung wird von Frankreich ratifiziert, aber nur bedingt umgesetzt.

2014 »Charta des kanakischen Volks« als Grundlage einer künftigen Verfassung. Der Kongress erkennt das Dokument nicht an.

2018 1. Unabhängigkeitsreferendum am 4. November 2018. 56 % stimmen für den Verbleib bei Frankreich und 44 % dagegen (die Kanak stellen seit 2014 nur noch einen Bevölkerungsanteil von 39 %). Die Siedlungspolitik hat jede Möglichkeit, auf dem Weg der Wahl indigene Interessen durchzusetzen, unterbunden. Die sprachlich-kulturelle Vielfalt des Landes steht unter Druck. Die verbliebenen autochthonen Sprachen werden nur zur Kommunikation innerhalb der Sprechergemeinde verwendet, Amtssprache ist allein Französisch.

2020 2. Unabhängigkeitsreferendum am 4. Oktober 2020. 53 % stimmen erneut für den Verbleib bei Frankreich, 47 % dagegen. (Im Matignon-Abkommen ist die Möglichkeit festgehalten, bis zu drei Referenden abzuhalten, wenn ein vorangegangenes nicht zur Unabhängigkeit geführt hat.)